红色沃土

秦皇岛历史上的100个红色记忆

张星茂◎主编

燕山大学出版社
·秦皇岛·

图书在版编目（CIP）数据

红色沃土：秦皇岛历史上的 100 个红色记忆 / 张星茂主编．—秦皇岛：燕山大学出版社，2021.12（2026.1重印）
ISBN 978-7-5761-0238-3

Ⅰ．①红… Ⅱ．①张… Ⅲ．①中国共产党—地方组织—党史—秦皇岛 Ⅳ．① D235.223

中国版本图书馆 CIP 数据核字（2021）第 214334 号

红色沃土——秦皇岛历史上的 100 个红色记忆

张星茂 主编

出 版 人：陈　玉
责任编辑：孙志强　唐　雷
封面设计：方志强
出版发行：燕山大学出版社 YANSHAN UNIVERSITY PRESS
地　　址：河北省秦皇岛市河北大街西段 438 号
邮政编码：066004
电　　话：0335-8387555
印　　刷：廊坊市印艺阁数字科技有限公司
经　　销：全国新华书店

开　　本：787mm×1092mm 1/16　　印　　张：17.5　　字　　数：338 千字
版　　次：2021 年 12 月第 1 版　　印　　次：2026 年 1 月第 2 次印刷
书　　号：ISBN 978-7-5761-0238-3
定　　价：69.00 元

前言

山河已无恙，江山当铭记

沧海横流，方显英雄本色。

红色土壤，大写气壮山河。

踞两京锁钥之地，凭万里长城之险，拥碧海金沙之美，享秦皇求仙之名，风光旖旎的滨海名城秦皇岛，从不缺少惊心动魄的历史，也不缺少慷慨悲歌的人物，更不缺少伴随共和国一起成长的一段段红色记忆。

秦皇岛是一个有着光荣革命传统的地区。1919 年革命先驱李大钊在五峰山撰写完成《我的马克思主义观》《再论问题与主义》两篇著名论著，开辟了马克思主义在中国传播的新境界；1922 年党的一大代表王尽美在秦皇岛领导工人运动，在山海关铁工厂建立起秦皇岛地区第一个党小组，在秦皇岛地区播下革命火种；在伟大的全民族抗日战争期间，秦皇岛人民在党的领导下发起冀东抗日暴动，开辟和创建了孤悬于敌后的滦东抗日根据地，为我党我军先机挺进东北创造了前沿阵地；在解放战争期间，滦东根据地军民浴血奋战，坚守战略要地山海关，为我党实施“向北发展，向南防御”创造了有利条件；1948 年秦皇岛获得解放，使秦皇岛从一个帝王驻跸之地，成为充满无上荣光的红色沃土。新中国成立 70 多年来，在中国共产党的领导下，传承红色基因、赓续红色血脉的秦皇岛人民，自力更生，艰苦奋斗，攻坚克难，砥砺前行，取得了社会主义革命、建设、改革、发展的伟大胜利，创造了一个又一个令世人瞩目的佳绩，现代化国际化的“沿海强市、美丽港城”正在由蓝图变为现实。

红色历史，弥足珍贵，而记载这些历史的书籍与资料，更是浩如烟海。我们感谢前辈用鲜血和汗水绘就这座城市的历史以及为城市发展所作的历史贡献，同时也珍惜几代学者、专家、历史研究者为我们留下的真实记录和精神财富。这些给本书提供了丰富的营养。但从新闻传播学的角度，把这些浩瀚的史料梳理清晰、萃取精华，使之成为广大干部群众特别是青少年能够进行学习的通俗易懂、特色突出的红色读物，并非易事。作为新闻工作者来完成这一工作，责无旁贷。

《红色沃土——秦皇岛历史上的100个红色记忆》是一部由新闻工作者整理编辑、创作完成的对建党百年的献礼之作，它不是历史的大事记，也不是全景式的历史，而是以散点式、碎片式、检索式的形式，对秦皇岛红色革命历史及发展历程进行的回顾与思考，在“百年”秦皇岛党史中提炼出与之息息相关的“百个红色记忆”。在每一个记忆里，我们都能追寻到积淀在历史深处的智慧与能量，从中汲取继续前行的力量。

“为中国人民谋幸福，为中华民族谋复兴”，是中国共产党人的初心和使命。为了这个梦想，秦皇岛人民在党的领导下，创造了一片红色的沃土。一代又一代的传承者和建设者，凭着这份革命激情与理想，在这片红色沃土上创造了一个又一个奇迹，让城市蝶变重生，让人民安居乐业。这是一个开创梦想的过程、奋斗梦想的过程，也是一个传承梦想的过程。红色人物、红色土地、红色血脉，是一代代共产党人在奋斗中留下的珍贵财富。为此，我们选取了秦皇岛近现代史上有代表性的40个党史人物、30个红色主题基地以及新中国成立后秦皇岛发展历史上30个重大的历史事件，总计100篇文章，写成此书。

这些内容以百年党史为经，以秦皇岛红色记忆为纬，完成了建党历史与秦皇岛红色革命历史两个“一百年”的融合、交汇，体现了“双百”创作的红色主题。我们也希望通过这本书，弘扬主旋律，传递正能量，再现秦皇岛光荣的历史征程和创造的辉煌成就。

本书在创作的过程中，参考了大量档案文献及党史资料，在此对原创者、有关部门和新闻媒体表示敬意和感谢，也对为本书的出版给予大力支持并提出指导性意见的秦皇岛市委宣传部、秦皇岛日报社、秦皇岛党史研究室及燕山大学出版社等部门，表示诚挚的谢意。

历史是凝固的现实，现实是流动的历史。百年时光，悠悠而过，但红色记忆，却长存天地。谨以此书致敬为秦皇岛革命、建设、改革、发展作出有益贡献的广大党员干部；谨以此书致敬为中国革命、建设、改革、复兴作出卓越贡献的秦皇岛人民；谨以此书献给历史，献给未来！

编者

2021年9月

目录

★红色人物★

★红色基地★

★红色传承★

★红色人物★

在新中国成立之前的峥嵘岁月，一批批革命者被共产主义理想感染、鼓舞与召唤，毅然来到秦皇岛这片红色沃土，为了民族解放前赴后继。革命先驱李大钊在昌黎五峰山撰写了《我的马克思主义观》，首次对马克思主义理论进行了系统的论述；秦皇岛地区第一位共产党员杨宝昆来到山海关铁工厂，建立起秦皇岛地区第一个中共党小组；中共一大代表王尽美振臂一呼，吹响京奉铁路大罢工的号角；高敬之、茹古香等人举起抗日的旗帜，用青春热血掀起了冀东抗日大暴动；李运昌、曾克林、马骥深入敌后开辟游击根据地，建立党组织、革命政权和地方武装……

这些红色英烈，构筑起了中国共产党人的精神谱系，

成为秦皇岛这片红色沃土上最闪亮的群星。

1

李大钊：登高一呼天下应

◎李大钊（1889年10月29日—1927年4月28日），字守常，河北乐亭人。中国共产主义运动的先驱，伟大的马克思主义者，杰出的无产阶级革命家，中国共产党的主要创始人之一。

李大钊

在乐亭县李大钊纪念馆的前广场，矗立着8面描绘他一生重要经历的浮雕墙，其中有两面是关于五峰山的。这座位于昌黎县的秀美高山，在李大钊走向革命先驱道路上具有重要的意义。作为中国最早的马克思主义者，他曾8次登临五峰山，在这里游览、暂居、避难和从事革命活动，播下共产主义的火种。他由这里寄出了给胡适的著名的《再论问题和主义》，并撰写出了中国最早系统介绍马克思主义学说的《我的马克思主义观》，由此高高擎起马克思主义的大旗，李大钊钟情于此地，把五峰山视为第二故乡。

“我出生在离北戴河大约百里的海滨。”李大钊在留学日本时的英文习作《我的自传》中曾这样描述他的第二故乡。早在1905年，李大钊就曾作为永平府中学堂招考的第二届学生，到永平府治所卢龙县城内的永平府中学堂学习，从此与秦皇岛结下了不解之缘。

1907年，有感于“国势之急迫，急思深研政理，求得挽救民族，振奋国群之良策”，李大钊决心从研究政治入手，寻求民族解放的道路，因此没等毕业，就赶赴天津报考北洋法政学堂。

在永平学府仅两年的时间，李大钊就开始接触西方先进科学文化知识的启蒙，广泛接触社会新思想，眼界大开，逐渐从科举道路的禁锢中解脱出来，把个人的命运与国家前途联系在一起，开始了一生的伟大追求。

1907年，18岁的李大钊与3名学友在暑假返乡的途中，冒雨第一次游历了五峰山。五峰环屏的景观和守祠老人刘克顺的热情相待，给从小喜爱大山的李大钊留下了美好印象，称作“生平此游最乐”。4 年后，李大钊从北洋法政学堂毕业，为寻求救国之道，准备去日本留学。出发前，他又登上五峰山，在韩文公祠暂住。其间，昌黎车站发生了 5 名铁路巡警被日本驻军枪杀的惨案，将他由世外桃源拉回到残酷的现实。

李大钊闻讯悲愤交加。面对黑暗的现实，他在五峰山上盟誓报国，并写下《游碣石山杂记》：“彼倭奴者，乃洋洋得意，昂首阔步于中华领土，以戕我国士。伤心之士，能无愤慨？自是昌黎遂为国仇纪念地。山盟海誓，愿中原健儿，勿忘此弥天之耻辱，所以不与倭奴共戴天者，有如碣石。”

盟誓碣石后，李大钊东渡日本求学。1917 年，他回国后，俄国十月革命爆发，他开始关注这场马克思主义领导下的革命，并多次重返五峰山，探望结下深厚情谊的刘克顺老人；在幽静的山林中，潜心研究俄国十月革命的真谛；登上山巅静坐、思索，以尽览风景的胸怀坚定革命信心。撰写介绍马克思主义著作时，他用山顶上最喜爱的一棵“孤松”作为自己的笔名。

李大钊从这里针对胡适《多研究些问题，少谈些主义》一文，寄出著名公开信《再论问题与主义》，这是马克思主义者和反马克思主义者在中国的第一次论战。随后，他在韩文公祠笔耕日夜，撰写出中国最早系统介绍马克思主义的长篇论著《我的马克思主义观》，由此擎起马克思主义大旗，扩大和深化了马克思主义在中国的传播，为中国共产党的创建奠定了坚实的理论基础。中国共产党建立后，李大钊代表党中央指导北方地区党的工作，同时提任中国劳动组合书记部北方区分部主任，在北方广大地区领导宣传马克思主义，开展工人运动，建立党的组织，做出了大量的工作。

1924 年 5 月，为躲避北洋政府的追捕，李大钊最后一次来到五峰山。6 月上旬，党内决定委派李大钊为中央代表团首席代表，赴莫斯科参加共产国际大会第五次代表大会。他接到了作为代表参加共产国际大会的通知。前来通知的党内同志给他带来夫人赵纫兰写的一封家书，赵纫兰在信中与他商量，想给他在北洋法政学堂读书时的同窗好友、时任吴佩孚总参议的白坚武写一封信，请其设法撤销通缉令。

李大钊不同意夫人的做法，在告别五峰山的夜晚，李大钊给妻子赵纫兰写下一封家信，满怀信心地说：“目前统治者的这种猖狂行为，只不过是一时的恐怖罢了。不出十年，红旗将会飘满北京城。看那时的天下，竟是谁人的天下！”

1927 年 4 月 28 日，李大钊被军阀绞杀在西交民巷京师看守所内。牺牲前，他还在竭尽全力保护战友和同志。

如今，红旗猎猎已满天下，匆匆一别后，五峰山却再也没等到李大钊的归期。然而，这里的人们没有忘记那个于此勾勒出鲜红党旗雏形的先驱者。

2
王尽美：京奉罢工唤怒潮

◎王尽美（1898年—1925年8月19日），原名王瑞俊，山东省诸城市枳沟镇大北杏村人，中国共产党创始人之一，山东党组织最早的组织者和领导者，在党的创建和早期革命活动中，作出了卓越贡献。

1921年7月下旬至8月初，13位风华正茂的年轻人辗转于上海与浙江之间，荡舟南湖，在惊险与激情中，一个崭新的政党——中国共产党诞生。

南湖上的游船由此获得了一个永载中国革命史册的名字——“红船”。时年23岁的王尽美是“红船”上年轻的一员。

王尽美，原名王瑞俊。中国共产党的建立坚定了他为实现“尽善尽美”的共产主义崇高理想而献身革命的信心和决心，为此他改名王尽美，并写下这样的诗句：

贫富阶级见疆场，
尽善尽美唯解放。
潍水泥沙统入海，
乔有麓下看沧桑。

王尽美

“尽善尽美唯解放”，百年后，当我们再一次走进中铁山桥集团有限公司，才真正理解到这诗句的真谛。

1922年8月，王尽美作为中国劳动组合书记部（中华全国总工会前身，1921年中国共产党专门成立的领导工人运动的总机关）北方部副主任，来到山海关，以京奉铁路山海关铁工厂（中铁山桥集团有限公司前身）为重点，组织领导工人运动，并建立了秦皇岛地区第一个党组织。

“工人白劳动，厂主吸血虫。工人无政权，世道太不公。工人站起来，革命打先锋。”多才多艺的王尽美曾教工人以《苏武牧羊》的曲调传唱这首歌谣。

百年前的山海关，扼京奉铁路咽喉，是铁路工人比较集中的地区，具备开展工人运动的有利条件。

王尽美把山海关铁工厂作为发动全地区铁路工人起来斗争的重要活动阵地。建立工人俱乐部、开办工人夜校，在他的组织领导下，山海关京奉铁路工人团结起来，以反对铁工厂封建把头赵壁为开端，掀起了京奉铁路的第一次工人大罢工。

这也是秦皇岛历史上的第一次工人大罢工。罢工从10月4日开始。10月9日，工人卧轨截车，导致京奉铁路中断4个多小时，迫使京奉铁路局于12日答复了工人所提条件。

历时9天的山海关铁工厂工人大罢工，在王尽美的领导下树立起一面胜利的旗帜。在这面旗帜的带动下，秦皇岛、唐山两地的工人运动此起彼伏：山海关铁路工人罢工胜利宣告上工的当天，京奉铁路唐山制造厂就宣告罢工。10月23日，唐山制造厂罢工胜利后的第三天，秦皇岛港和唐山开滦五矿（唐山、赵各庄、林西、马家沟、唐家庄）工人的总同盟罢工又开始了。

秦皇岛港码头工人在王尽美的组织领导之下，妥善处置各种事变，讲究斗争策略，令反动军警无隙可寻，未敢猖狂镇压，罢工一直持续至最后（11月17日）。

英国《泰晤士报》曾报道：“查五矿同盟罢工，以秦皇岛团结最力……所以罢工三星期之久，举动文明，毫无激烈之行为。”

近百年前，数千名刚刚组织起来的工人，竟然可以做到这种程度，足见王尽美高超的领导艺术和所下的苦心。

王尽美特别注重从根本上提高积极分子的革命觉悟，使大家明白工人斗争不只是为了涨几个钱，而是为了整个阶级的利益。

经过两次罢工斗争的实际锻炼和考察，王尽美觉得发展党员的时机已经成熟，于是他对骨干分子加紧了党的教育，告诉他们，不是王尽美个人有多大能力，而是有一个为无产阶级奋斗的党，使他们对党有了认识，产生了入党的要求。

1922年9月，王尽美和杨宝昆（1921年8月，我党派来秦皇岛地区的第一个共产党员）一起发展佟惠亭、刘武入党，正式成立以杨宝昆为组长的党的秘密小组。这样，秦皇岛地区就在中国共产党成立后的第二年有了第一个党组织。

秘密小组成立后，又陆续发展了鲁懋堂、王桂林、王国清等人入党。到1923年2月，党的秘密小组党员数量达到13名。

1923年2月，京汉铁路发生反动军阀屠杀罢工工人的“二七惨案”后，山海关反动当局也伺机反扑，于2月中旬的一天逮捕了王尽美和杨宝昆。

在党的秘密小组的领导下，400多名工人集结起来，围攻反动当局，成功营救出了王、杨二人。但是不久因反动军阀通令缉捕，王尽美还是不得不于2月下旬离开了秦皇岛。

王尽美虽然走了，但他却在秦皇岛地区为党的事业播下了点点星火。他使秦皇岛地区的工人阶级真正组织起来，在恶劣的环境中，工会仍然坚持活动；他领导建立了秦皇岛地区第一个党组织，为以后成立支部做好了准备；1924年年初成立的山海关特支，书记、委员都是他发展的党员，山海关特支一直活动到1929年。

“红船”上带来的红色基因，从此在山桥扎下了根，被山桥人一代代传承。一代代山桥人逢山开路、遇水架桥，凭借自强不息的工匠精神，创下了一个又一个“中国第一”，乃至“世界第一”，书写出新时代的“红桥”精神。

从“万里长江第一桥”——武汉长江大桥，到打破苏联专家“中国人自己不能在长江造桥”断言的“争气桥”——南京长江大桥；从被业界赞誉为“世界翘楚”的香港昂船洲大桥，到被称为“世界第八大奇迹”的世界级跨海大桥——港珠澳大桥；从“一带一路”倡议的重要交通支点工程——孟加拉国帕德玛大桥，到瑞典首都斯德哥尔摩的“金桥”……至今，山桥已累计制造各种桥梁3200余座。这些桥梁37座跨长江、20座跨黄河、15座跨海湾，展现出世界一流的“中国跨越”。

3

杨宝昆：建立首个党小组

◎杨宝昆（1880年—1928年5月17日），天津人。1921年10月来到京奉铁路山海关铁工厂，以铁匠的身份开展革命活动。1922年9月初，秦皇岛地区第一个中共党小组（亦为京奉铁路早期党组织之一）建立，他任组长，领导了京奉铁路第一次大罢工。1928年5月被捕牺牲。

杨宝昆生于天津，由于生活所迫，他二十几岁的时候领着两个弟弟到北京长辛店铁路工厂做铁匠，每天要抡锤打铁十几个小时。散工后，兄弟三人依偎在破工棚里，啃硬菜团子。杨宝昆虽然做着粗活，但心却非常细。严酷的现实生活，让他经常陷入思考，产生了改变社会现状的强烈愿望。他立下志向，一定要赶跑骑在工人头上的洋人、资本家、工头恶霸，让穷苦弟兄们吃上饱饭、住上好房、穿上暖衣。

1920年10月，北京共产主义小组成立后，李大钊派邓中夏等人到北京京汉铁路长辛店开展工人运动，创办劳动补习学校，并成立长辛店铁路工会。杨宝昆第一批报名在劳动补习学校学习。他聆听了邓中夏、罗章龙等人的讲课，对劳动创造世界的理论有了初步认识。半年的时间里，杨宝昆学到了不少知识，思想开始成熟起来。1921年7月，中国共产党宣告成立。北方党组织领导人李大钊责成中国劳动组合书记部北方分部在产业工人中发展一批工人党员，把北方的革命火种点燃起来，杨宝昆在长辛店第一批加入中国共产党。入党后，杨宝昆担任工会委员，整天为工人的事奔走，为维护工人利益英勇斗争，积累了丰富的工人运动经验。

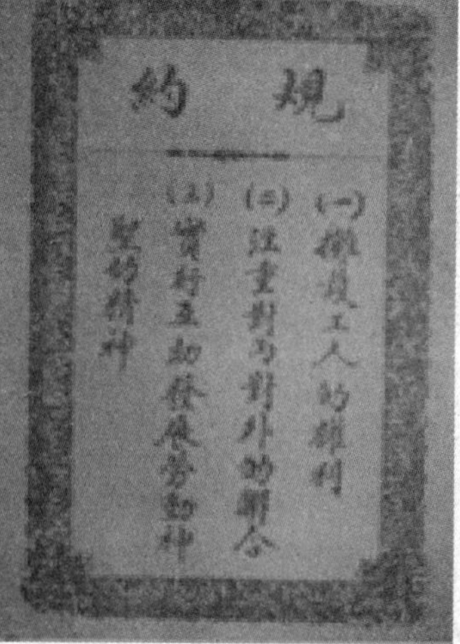

铁路工友俱乐部会员证

10月，中国劳动组合书记部北方分部派杨宝昆到京奉铁路山海关铁工厂，以铁匠的身份开展革命活动。在长辛店机车厂中威信很高的杨宝昆，在山海关铁工厂也没让党组织失望。他本身就是穷苦的工人，很快就和同样穷苦的山海关铁工厂的工人兄弟们打成一片。

山海关铁工厂原是清政府官办的工厂，属京奉铁路局管辖。尽管清政府开办了工厂，却无能力管理工厂，从 19 世纪末建厂到 20 世纪 20 年代的 30 多年时间里，一直高薪聘请英国人当厂长（总管）。在洋老板和狗腿子们的把持下，工厂生产发展缓慢。到 1922 年，铁工厂 1400 名工人，加上车站、机务段的工人，山海关地区的铁路工人达 2500 多人，山海关的工人过着饥寒交迫的生活。

杨宝昆了解了山海关地区工人状况后，秘密开始革命宣传发动工作。白天，他进厂做工，和工人们交流技艺，增进感情与友谊，夜里，他走家串户，访贫问苦，结拜“把兄弟”，很快从工人中找出骨干分子，有重点地启发这些人的觉悟。为了把这批人组织起来，杨宝昆与工人刘武、佟惠亭、景树庭等人办起了工人夜校，以教书识字的名义团结工人，由浅入深地向工人们宣传革命道理。一间小茅屋，一盏小油灯，每天屋里挤满了工人。慢慢地，小小的茅屋，装下了山海关铁工厂 1000 多名工人的整个天地。在杨宝昆的秘密宣传、组织、引导下，山海关铁工厂的工人不断加入，工人活动逐步展开。

1922 年 4 月，京汉铁路长辛店工人俱乐部成立，杨宝昆等人决定将夜校改成工友俱乐部，但几次写“禀帖”报路局和县衙，均未获批准。后来在中国劳动组合书记部密查员安体诚的帮助下，利用吴佩孚“保护劳工”的旗号，使“禀帖”获准。8 月 15 日，在山海关南门外福庆里筹建了山海关京奉铁路工友俱乐部，杨宝昆当选为俱乐部交际委员。山海关京奉铁路工友俱乐部的建立，使山海关铁工厂工人有了自己的战斗组织，也为我党领导和开展工人运动创造了条件。俱乐部成立后，杨宝昆向到山海关指导工作的中共特派员王尽美汇报了铁工厂工人状况和工人积极分子等情况。9 月初，发展刘武、佟惠亭为工厂第一批中共党员。这是秦皇岛地区第一个中共党小组，这也是京奉铁路早期党组织之一，杨宝昆任组长。

根据形势的需要，制定党小组的任务：秘密发动群众，通过俱乐部把工人组织起来，举行罢工，打倒工贼，反抗军阀。至 1923 年 2 月，秘密党小组已有党员 13 名，隶属中国劳动组合书记部北方分部领导。

随后，杨宝昆等组织工人进行反对铁工厂把头赵壁的斗争。铁路局迫于当时形势，批准工人要求，撤掉赵壁监工职务。但厂方英人总管包孟和机械工程师陈宏经拒不执行，反而借故把工人代表佟惠亭、景树庭开除，这个事件激起工人义愤。

1922 年 10 月 4 日早上，山海关铁工厂汽笛长鸣，全体工人举行京奉铁路第一次大罢工。10月9日清晨，刘武等带领110多名工人冲上山海关站外铁轨，拉开100多米长的队伍，卧轨截住开往北京的快车，使京奉铁路交通中断4个小时。至此，路局代表才不得已表示愿意谈判，请临榆县县长出面调停。10月12日，京奉铁路局被迫答应工人们提出的绝大部分条件。山海关铁路工人大罢工，取得了完全胜利，这是京奉铁路工人第一次大罢工，在中国铁路工运史上写下了光辉的一页，很快促成了京奉铁路唐山制造厂和开滦煤矿工人的罢工斗争，掀起了京奉铁路大罢工的高潮。1923年2月初，杨宝昆作为京奉铁路总工会山海关分会的工人代表，到郑州参加京汉铁路总工会成立大会。3月，京奉铁路总工会山海关分会被封闭后离开山海关。

1928年，杨宝昆在丰台家中被捕，在北京天桥刑场被敌人杀害。

4
李运昌：烽火遍燃冀热辽

◎李运昌（1908 年 9 月—2008 年 10 月），原名李芳岐，河北省唐山市乐亭县人。早年就读于乐亭中学，1925 年 10 月赴广州考入黄埔军校第四期。同月转为中国共产党党员。1940 年 7 月任冀东军分区司令员后，一直在冀热辽区任我军领导职务。解放战争初期率部挺进东北，担任东北人民自治军第二副总司令员，并任中共晋察冀中央局委员。中华人民共和国成立后，历任中央人民政府政务院交通部常务副部长、中共党组书记，中共中央监察委员会常务委员（专职），国务院司法部第一副部长等职。

抗日战争期间，日军曾印制了一张《北支那方面敌情要图》（1941 年 1 月下旬印制）。地图分别在西北军区、冀中军区、冀南军区等处，用红字标注了“贺龙集团”“聂荣臻集团”“刘伯承集团”“徐向前集团”。在冀东军区这里，则是用红字标注了“李云长”。

在八路军的著名将领中，并没有“李云长”这个名字，那么这个“李云长”是谁呢？

“李云长，大忠良，骑红马，挎大枪，打日本，捉豺狼。”抗战时期的冀东地区传唱着这样一首民谣。

李运昌

原来，“李云长”的真实姓名叫李运昌。当地人民不知是因为读音相近还是别的原因，不经意间把这位抗日将领叫成了关云长一样的人物。而日军也按照当地人民的叫法把他的名字写了“李云长”。

李运昌和李大钊是同乡。1925 年，他和乐亭中学同学孙鸿祥一同到北京去找李大钊，本来是要去苏联学习，但由于去苏联的船已开走，李大钊便推荐他们去黄埔军校学习，并语重心长地说：“你们去那里学了军事，将来对革命有用处。”

李运昌于是成为黄埔军校第四期学员。1926 年毕业后，他被中共广东区委抽调到广州农民运动讲习所学习。学习后，他在彭湃的领导下搞农军，领导了普宁农民暴动，之后转战湘赣。

革命队伍被打散后，李运昌回到家乡组织领导恢复当地的党组织，先后组建了中共乐亭县委、中共滦（县）乐（亭）中心县委、中共京东特委。

1937 年 5 月，李运昌在延安参加了中国共产党的苏区代表、白区代表会议，并代表冀东地区党组织，从冀东地区的地理概况及重要的战略地位、冀东地区近代工业的产生与帝国主义势力的侵入、黑暗的军阀统治与冀东人民奋起反抗等四个方面，详细介绍了冀东地区的基本形势和冀东人民反日反汉奸斗争的情况。

中央领导同志第一次听到冀东的真实情况，十分重视。当时的中共中央宣传部部长凯丰，让李运昌把会议讲话写了出来，刊登在党中央主办的《解放周刊》第 7 期上，题目是《日寇、汉奸统治下的冀东人民》，署名“鹿鸣”。

延安会议后，李运昌被任命为中共河北省委书记。

七七事变爆发后，1937 年 8 月，毛泽东在洛川会议上指出：“红军可以一部分于敌后的冀东以雾灵山为根据地，进行游击战争，创建冀热边抗日根据地。”

9 月，中共中央北方局书记刘少奇提出，在冀东应准备迅速发动抗日武装起义，以配合全国抗战。随即他亲笔写信给李运昌，指令他担任中共冀热边特委书记，回冀东发动抗日游击战争。

李运昌回冀东后，组织起“华北人民武装抗日自卫会冀东分会”，为抗日武装大暴动准备了生力军和骨干力量。

1938 年 5 月，中央军委和八路军总部决定，宋时轮支队和邓华支队合并组成八路军第四纵队，挺进冀东，为酝酿已久的抗日大暴动，点上最后一把火。

7 月 6 日晚，滦县的港北村打响了冀东抗日大暴动的第一枪。暴动风潮如火山喷发，势不可当。至 8 月底，共有 21 个县发动了抗日大暴动，参加暴动人数达 20 万。

暴动的红旗迎风招展，星火燎原之势令人震惊。孤悬于敌后的冀热边地区，爆发如此规模的抗日武装大暴动，震惊全国。组织、发动整个大暴动的李运昌，一时间成为传奇人物，当地老百姓将他编入了民谣。

冀东抗日大暴动后，党和军队的一些领导人把冀东形势看得过于严重，高估了敌人的力量，忽视了自己的有利条件，决定把抗日联军西撤至平西根据地。

抗日联军西撤过程中，在日伪军的围追堵截下，损失惨重，约 5 万人的抗联队伍，最后到达平西根据地的只有千余人。眼见队伍不是全军覆灭就是全部跑光，李运昌果断停止西撤，带领部分抗日联军返回冀东，为革命留下了火种。

1938年11月，李运昌在迁安县柳沟峪主持召开会议，鼓励大家在处境十分艰难的情况下，“像孙悟空钻进牛魔王的肚子里一样”，重整旗鼓，继续和敌人作战，把抗日的红旗扛到底。

重召队伍，再举红旗，在李运昌的组织领导下，冀东地区恢复与重新组建了一支抗联总队，筹建了路南办事处、昌乐办事处，到1939年夏末，抗日游击武装发展到了4000多人。

1940年年初，冀东抗联武装和八路军留在冀东的包森等三个支队整编为八路军冀热察挺进军第十三支队，李运昌任支队司令员。7月，十三支队番号取消，成立冀东军分区，李运昌被任命为军区司令员。冀东的主力部队同时进行了整编，整编后的第十二团主要坚持在冀东东部，第十三团和第三游击队主要坚持在冀东西部。

此后，李运昌带领抗日队伍一直坚持在孤悬敌后的冀东地区，不断发展、壮大抗日根据地，开展游击战争，反清乡、反扫荡、反“无人区”，与日伪军进行犬牙交错的生死搏斗。

在以李运昌为代表的中国共产党人的坚强领导下，抗日大暴动点燃的抗日烽火，再次燃遍冀东大地，并越燃越旺，直至发展成为冀热辽抗日根据地（李运昌后来担任中共冀热辽区党委书记、行署主任、军区司令员兼政治委员），为彻底打败日本侵略者做好了充分准备。随着冀热辽抗战队伍的壮大，李运昌率领部队先后渡过滦河建立卢抚昌抗日游击根据地，跨越长城建立凌青绥抗日游击根据地，为最后的总攻、率先出兵东北奠定了军事与地缘优势。

1945年8月，中国历史上的转折点。8月8日，苏联政府宣布布对日作战；8月9日，苏联百万红军进入中国东北；8月10日，朱德总司令发布延安八路军总部第一号大反攻命令；8月10日到11日，总司令朱德一口气连发了七道命令，其中第2号命令是直接发给李运昌的。

“现在河北、热河、辽宁边境李运昌所部，即日向辽宁、吉林进发。”

李运昌接到朱德的命令，连夜召开冀热辽党政军领导人紧急会议，会上决定组成由李运昌、朱其文、焦若恩、李荒等人参加的“东进工作委员会”和“东进总指挥部”，会议是在丰润县大旺庄一间平顶破房中召开的。一张土炕上放着一个油漆脱落的炕桌，李运昌端坐在桌子一头，桌上摆着几只瓷碗和一张电文，朱总司令的电文他一字一句地读了三遍，在座的有詹才芳、李中权、张明远、彭寿生、朱其文、苏林远、李子光、曾克林等，每个人的脸上都显现着惊异和激动：党中央是要我们去端日本鬼子的老巢。

时间紧迫，容不得多想多议，李运昌当即决定抽出8个团、1个营、2个支队共计13000余人（占当时冀热辽主力部队总数的三分之二）、4个分区司令员和4个地委书记及2500名地方干部，分三路迅速向东北、热河挺进。

原来李运昌想把东进的部队和地方干部集中起来作个动员，为了抓紧时间东进，他决定由各路部队自己动员，大讲东进的光荣使命，并确定挺进东北、热河的任务是：（1）配合苏联红军作战，消灭东北、热河日伪军武装力量及汉奸势力。（2）接管敌伪城市，建立人民政权。（3）没收敌伪武器、资财，扩大部队。（4）为后续部队、干部进入东北打开通道。

会上决定：李运昌为“东进工作委员会”的书记，亲自率三路大军挺进东北，詹才芳留守冀东，同时任命张明远为唐山市市长、朱其文为秦皇岛市市长。会议之后，军区上下便忙开了，忙着发指令、贴布告，宣布收复后的城市实行紧急军事管制，安顿城镇人民生活。

李运昌命令三路挺进东北的部队火速前进，不断扩大战果，各路不断传来捷报：西路在兴隆地区收编了伪满七个讨伐队两千余人及伪满第二十四旅，成立了冀热辽第二十四旅、挺北第一支队，解放了围场、隆化、滦平诸县，在承德与苏军会师。中路在平泉收编伪满第十九旅，成立了冀热辽第二十五旅，解放了赤峰、建平、朝阳等8个县，与苏军会师。曾克林、唐凯率领的东路军战绩最大，他们昼夜兼程，从义院口、九门口绕道出关进入辽宁，在绥中县前所与苏联红军会师后解放了山海关。

1946年6月，李运昌兼东北行政委员会冀察热辽办事处主任、冀察热辽军区副司令员、中共冀察热辽分局委员，为解放战争作出极大的贡献，其后又担任中共热河省委书记，参与领导解放热河的多次战斗和热河地区的土地改革及恢复发展生产、支援前线等工作。

李运昌在近20年的战争岁月里，任过许多职务，从1938年到1945年他就先后担任冀东抗日联军领导人、冀东军分区司令员、晋察冀军区第十三军分区司令员、冀热辽军区司令员兼政委。抗日战争时期冀东流行着歌曲：“李运昌司令员，率领八路三个团，打得鬼子心胆寒……”

李运昌成了人民群众心目中传奇式的英雄。尽管他很早就离开了军队，后又曾任热河省政府主席兼省委书记、交通部副部长、司法部副部长兼党组书记等，在冀东的秦皇岛、唐山一带，人们仍然称呼他为“司令员”。

离休后，他曾多次回到秦皇岛参加纪念李大钊、“两战山海关”座谈会等活动。1991年7月28日，李运昌在北戴河观看纪念建党70周年历史文献片《开天辟地》后，即兴题词：“中国共产党的成立标志着中国革命开始了新纪元，电影《开天辟地》再现了共产主义者的光辉形象和丰功伟绩。”

2007年，李运昌在99岁高龄之际，还为卢龙县柳河北山题写了“卢抚昌抗日根据地”。

5

王平陆：冀东抗战第一枪

◎王平陆（1902年—1938年11月），1932年2月加入中国共产党，曾任中共迁安县委书记，京东特委委员，冀热边特委书记、军事部长和华北人民抗日自卫会冀东分会常委等职。创建华北抗日联军冀东第一支队，任支队司令员。1938年1月7日夜，率队攻打迁（安）青（龙）交界处的清河沿敌伪警防所时身负重伤，翌日牺牲。

在冀东，王平陆是个传奇式人物。

王平陆

王平陆原名高永祥，1902年出生于河北梨花峪，农家子弟。他25岁闯关东，在哈尔滨铁路谋生，从苏联工人那里了解到“十月革命”。九一八事变，他目睹家国沦亡，回到冀东老家，加入共产党，探索革命之路。家人最先支持他的工作，搬到茅草房，腾出院落让他办公。受其影响，弟弟高永瑞也加入党组织，妹妹高素珍入了团。1933年下半年，他接任迁安县委书记，在他的领导下，全县很快发展到40多个支部、400多名党员。

有斗争，就会有牺牲。1934年1月，迁安暴动失败后，弟弟高永瑞被捕，至死抗争。父亲一路乞讨到热河高里木避难；儿子高玉书躲到姨娘家柴草垛里躲过敌人疯狂追杀；妻子和襁褓里的幼女，在颠沛流离中惨死。

不畏牺牲，但斗争要讲策略与方法。白色恐怖下，他一边发动群众，一边恢复党组织，带领了一支人数极少却都是党员的队伍。借助民团，枪决了伪冀东防共自治政府所属的第三保安队队长刘佐周。

彭真来到冀东后，传达贯彻中央瓦窑堡会议精神，并任命王平陆为冀热边特委书记。洛川会议后，王平陆任冀东分会常委兼特委军事部长。群众恐日心理还很严重，全民的抗战情绪亟待激发和引导。他回到迁西，发动群众，把30多人游击小组扩充到300多人，正式组建“华北抗日联军第三军区第一支队”，他任支队司令员。

这支游击队改编的队伍，有着强悍的配置。

支队长孔庆同是参加过长征的老红军，到达陕北时已经是营长了。副政委李润民在陕北曾任红四方面军某团政委。

支队成立后袭击青龙县清河沿村伪满“国境警防所”。1938 年 1 月 7 日夜，王平陆率队直抵清河沿。日伪军并无防备，正在酣睡。王平陆指挥战士将警防所包围，搭起“人梯”翻墙入院。一个队员不慎走火，惊起犬吠，屋内伪军慌忙向外开枪。老红军李润民、孔庆同挺枪欲上，王平陆一把拽住他们：“你们是上级派来的，打掩护吧！”说着，右手摸出手枪，左手提着大刀冲到警防所所长佐佐木住的房间窗前，抡起大刀猛砍窗棂。这时，屋内日伪向外还击，王平陆胸部中弹，倒在地上。副支队长刘永峰和特派员周治国等将王平陆从弹雨中救出，支队遂撤出战斗。王平陆断断续续地命令道：“快！通知转移。周治国（较早参加抗联的骨干）领大家去找魏春波（特派员）……”王平陆被队员们送至村庄抢救，翌日，壮烈牺牲，年仅 36 岁。

王平陆在临终之前，不断地询问党内情况，弥留之际仍振作精神，向守护在身旁的同志们说：“我死了，同志们一定要把冀东游击战争坚持下去……”

王平陆牺牲后，支队在孔庆同、高振东的率领下继续游击作战。不久，王平陆之子高玉书也加入抗联。苏林燕带高玉书见到四纵领导，介绍了其父的情况，众人唏嘘不已。邓华政委亲自批示定做一套灰色小军装；宋时轮开会和下部队都会把他带在身边。临别，宋时轮拉着他的手说：“跟我们走吧！去延安，走不动就在马背上拴个筐驮你走！”高玉书拒绝了，他不能离开父亲为之献身的家乡。

后来，王平陆的副政委李润民率滦县、乐亭、昌黎等县起义队伍与李运昌指挥的部队会合。当得知高玉书在政治部时，便与高玉书同吃同住，不久李润民同志也牺牲了。

高玉书回忆：“第一支队的老同志基本上都牺牲在了抗日战场，这些指战员，在冀东坚持了多年的游击战争，为根据地和部队发展作出了不可磨灭的贡献，为党中央指挥红军挺进冀东和创建冀热辽根据地打下了基础，为我军先期收复东北创造了有利条件，后人永远不要忘记他们的功勋。”

冀东《子弟兵报》曾载文纪念王平陆，高度评价他打响了“冀东人民向日寇汉奸开火的第一枪”，这“一枪”，“形成了当年 7 月冀东人民抗日大暴动的序幕，而王平陆是当时的揭幕人”。

6 曾克林：开辟滦东建奇功

◎曾克林（1913年11月—2007年3月），江西省兴国县人。1930年10月参加中国工农红军。参加了第一至五次“反围剿”和长征。抗战期间任冀东军分区参谋长兼第十二团团长、冀热辽军区第十六军分区司令员。参与创建冀东特别是滦河以东地区抗日根据地，是解放山海关的主要指挥者之一。1955年被授予空军少将军衔。

曾克林

曾克林原名曾忠炳，16岁参加红军兴国县游击大队，次年10月，参加中国工农红军。在红军踏上长征之时，曾在红军大学学习的曾克林被编入隶属中央军委干部团任职。

1936年长征到达陕北后，曾克林调任红二十八军任二五二团参谋长，抗战爆发后，他出任冀东军分区第十二团团长，后任冀东军分区参谋长，参与创建冀东特别是滦河以东地区抗日根据地。

1942年8月18日，中共冀东地委作出《关于（滦）河东工作的决定》，要求将滦东开辟为抗日游击区。

滦东，即河北省滦河以东地区，主要包括秦皇岛境域及迁安大部。在抗日战争中，滦东地区既是日本侵略者自伪满进入冀东、华北的必经通道，又是冀东抗日武装力量向伪满发展的一个重要支点。1938年冀东抗日大暴动主力西撤后，日军恢复了对滦东的殖民统治，除有少量情报人员和抗日骨干从事秘密工作外，滦东地区没有公开的抗日活动，被日军称为“良民区”，是日军由东面进攻冀东抗日游击根据地的后方基地。因此，把这块日伪军占领区开辟为游击根据地，对于坚持与发展冀东和东北敌后抗日游击战，具有重要的战略意义。

为进一步加强开辟滦东军事力量，打击敌伪，冀东党委决定派曾克林率部出征滦东。

曾克林带领冀东第十二团东渡滦河，第十二团前身是以冀东暴动队伍组织起来的八路军第四纵队苏陈支队，这是冀东军分区的主要力量。1942 年 8 月，曾克林派出第十二团第一营作为突击部，东渡滦河开辟滦东。在部队过滦东时，面对强大的敌军对滦河西的迁安、卢龙、滦县等地的疯狂扫荡，曾克林作出决定，全团分散活动抗敌，二营部队在丰滦迁中心区，其余两个连队进至都山、平泉地区，一营渡滦河，向东发展。

一营作为突击队，像一把刀子般，越过敌人在青龙河的封锁线，插入昌黎、抚宁、卢龙等地区，1942 年 8 月 4 日，冀东十二团一营和迁青基干队伍在彭家洼设伏，歼灭日本关东军一个中队。接着又挺进抚宁，北出长城，进入青龙等地，先后进行 4 次较大规模的战斗，击溃日伪军 800 余人的阻击，为开辟滦东创造了有利的条件。

曾克林以此为契机，进一步加快开辟滦东的速度。1942 年 10 月，率大部队渡过滦河，1942 年到 1943 年间，曾克林的军队多次与日军交锋，打败的都是日军的精锐部队，振奋民心，鼓舞斗志，为开辟滦东抗日根据地、扩大抗日武装力量起到积极的作用。不断开辟新区，分别在青龙、建昌、抚宁设立交通站，打通了连接华北与东北地区的交通线。根据“敌进我退，敌驻我扰，敌疲我打，敌退我追”的战术原则，曾克林率领十二团一面打仗，一面同地方干部一起，配合地方建党建政，我地方干部迅速在 400 多个村庄建立了基层政权和群众组织，建立了临抚昌和迁卢抚两个联合县办事处，1942 年，迁卢抚昌成立了九个区，临抚昌也开辟了抚宁东山以西、滦河以东地区，在新开辟的地区，逐步建立了农救会、工救会、妇救会、青教会、文教会、儿童团等抗日组织，滦东抗日根据地长期被日伪统治的局面初步打开。

十二团东渡滦东后，打了许多硬仗，最为出名的是 1944 年在抚宁曹西庄伏击日军坦克的战斗。此战击毁日军坦克两辆，卡车两辆，歼灭日军 30 多人。这是冀东部队首次打掉敌人坦克。战斗的胜利，使根据地人民欢欣鼓舞。十二团还得到了晋察冀军区的通令表彰。

1945 年 1 月，随着抗日形势的发展变化，上级决定在滦东地区，以十二团为基础，扩大成立冀热辽军区十六分区，由曾克林任司令员，徐志任政委。分区下辖十二团和十八团以及卢抚昌和临抚昌两个县支队，部队活动的范围为迁安、卢龙、抚宁、临榆等四个县和口外的青龙、绥中、建昌、兴城、朝阳、凌源等地。

经过三年多的游击战争，滦东游击根据地由无到有，由小到大，开辟和建立了东至辽宁朝阳，南到昌黎渤海边，西到抚宁洋河，北到青龙、建昌，南北长达 600 多里的根据地。滦东的地方武装力量，从无到有，从小到大，由弱变强的发展，曾克林领导的十二团起到了决定性的作用。

滦东是曾克林的福地，在这里他与女八路军战士程君结为伴侣。两人的婚礼就是在昌黎县十里铺西山场村办的。通过游击队长高庆介绍，曾克林结识了焦如海一家，焦如海家成了转移至此的冀东军分区电台临时所在地。

1945 年 8 月 8 日，苏联红军出兵我国东北对日作战，8 月 9 日，中共中央、中央军委主席毛泽东发表了《对日寇的最后一战》的声明，8 月 10 日，朱德总司令代表八路军延安总部向各解放区所有武装部队发布了第一号大反攻命令，命令所有抗日武装部队“依《波茨坦宣言》规定，向其附近各城镇交通要道之敌人军队及其指挥机关送出通牒，限期投降。如遇敌伪拒绝投降缴械，即应予以坚决消灭”。

冀热辽军区司令员兼政委李运昌接到延安总部的电报后，立即安排部署，成立冀热辽军区“东北前进工作委员会”，分三路越过长城，向热河、辽宁、吉林进军。时任十六军分区司令员的曾克林负责东路，率领十二团、十八团、朝鲜支队、分区直属队约 4000 人，从抚宁县出发，向锦州、沈阳方向前进。十六军分区所属部队沿北宁路中段两侧，向拒绝投降之敌进行猛烈反攻。16 日，临抚昌支队、卢抚昌支队、民兵、游击队以军事上的进攻和政治上的瓦解，围攻对滦东地区威胁最大的日伪军据点昌黎县城。8 月 24 日，曾克林部队攻克卢龙县双望镇和抚宁县台头营镇、昌黎县张各庄车站，切断北宁铁路。

九一八事变前后，山海关成了伪满洲国的南大门，也是日军侵略华北、吞并中国的重要基地。8 月 15 日，日本宣布无条件投降后，山海关驻扎有日军 600 多人，伪军 1000 多人，按蒋介石的命令，拒绝向我军投降。

为了迅速挺进东北，分区领导决定：避开山海关，绕道九门口，速向锦州、沈阳挺进。28 日，曾克林占领了柳江和日伪盘踞的石门寨煤矿，截断了秦皇岛、山海关敌人的燃料基地通道。

这时，有一支苏联红军小分队正向山海关奔来。曾克林灵机一动：“我们为何不可与苏联红军一起，来杀他一个回马枪？”曾克林和唐凯找到苏联红军提出建议，不料苏军却以其任务是到东北作战，而山海关属于华北为由拒绝。曾克林说：“我们到东北来的任务是配合你们作战，收复东北失地，接管东北主权。而山海关是我军通往东北的要道，还有日军的战斗部队没有缴械投降，不打败他们，怎么谈得上配合？”苏军最终答应由曾克林主攻，苏军配合。

8 月 30 日，经过四个小时的激烈战斗，我军胜利收复山海关，为我军进驻东北打开了大门。解放山海关的胜利消息迅速报告了晋察冀军区和党中央。1945 年 9 月 6 日，延安《解放日报》在第一版上用大字标题作了报道：“华北军事要冲山海关及沦陷敌手 12

年之久之榆关镇，已于8月30日为我军光复。”

山海关攻克后，成千上万在日伪暴政蹂躏下的人民，敲锣打鼓，鸣放鞭炮，载歌载舞，欢庆翻身解放。分区派出“前锋”剧社的宣传队员及干部战士上街进行宣传。家家户户的门前插上彩旗，表达对共产党和人民子弟兵的衷心爱戴和热烈拥护。青年们踊跃参军，许多从东北失业回关里的人，路过山海关也不走了，加入了人民军队的战斗行列。

曾克林迅速率部接管了绥中、兴城、锦西、锦州等城市，于9月5日抵达沈阳。

1945年9月15日，曾克林飞赴延安，应邀参加了中央政治局会议，向中央领导人汇报东北情况。刘少奇听完汇报后指出：“东北是战略要地，进便于攻，退便于守，可以成为我们革命的重要战略地区。我们的部队站住了脚，就可以控制东北，就能为毛主席、周恩来副主席在重庆谈判创造有利地位，我们有了东北就可以加速中国革命的进程。曾克林同志，你这个先锋官，行动快，发展迅速，值得表扬。”

正是曾克林的出关，使得中央将原定“向北防御，向南发展”的重大战略方针最终改变为“向北发展，向南防御”，中央决定成立中共中央临时东北局，将原来计划派到中南、华东的部队和干部改派东北，并准备从各解放区抽调十万主力部队和两万干部到东北。东北局的成立，以及后来十万大军的挺进，让我军完成了与国民党军争夺东北关键性的一步，从而促进了整个中国的解放。

7

唐凯：前所高奏会师曲

◎唐凯（1916年—1999年8月26日），14岁参加工农红军，15岁加入中国共产党。参加了鄂豫皖苏区反“围剿”斗争和艰苦卓绝的长征。抗战胜利后，唐凯任晋察冀军区第十六军分区副政委兼政治部主任，与司令员曾克林一同带领滦东部队率先出关。新中国成立后，他历任工程兵国防工程设计院院长、党委书记，工程兵副司令员。1955年被授予少将军衔。

唐凯

“许多当年的战友谈到唐凯，评价他的特点时大致相同：文化水平不高，但是人非常聪明，领会问题快。不畏惧，敢作敢为……”（据《唐凯将军传》）

唐凯有急智。

军事科学院副院长陶汉章在2000年3月回忆了抗战期间的一件奇事，很能说明唐凯的个性。

那时，陶汉章在抗大二分校当训练部长，而唐凯则分管后勤。

秋后，正是屯粮的时节，唐凯遇到一件棘手的事儿。

为了保证学员过冬，上级特拨来一批棉衣、棉裤，有近2000件。本是件令人高兴的事情，但唐凯却发起愁来。因为这时，前来“扫荡”抢粮的日军已经靠近了他们的驻地。

其他同志提着枪，带着干粮催促他快走，他却一屁股坐下了。觉得冬装来之不易，不舍得放弃。敌人越来越近。唐凯忽然发现山坡上堆放着群众砍的干柴，计上心头。

他的想法实在是令人费解，竟然想到在课堂上学到的张飞用20余匹战马拖着扫帚扬尘吓退曹军的故事。便点着了干柴。火一燃起，山上立刻升起了烟雾。不多时，整个山头已笼罩在升腾的烟火中。观察敌情的人发现：远处的日军朝山上指指点点一番后，竟然从侧翼绕开走了！

一场血战被化解。同志们松了一口气。

陶汉章万没有想到看上去大大咧咧的唐凯能够在危急关头憋出这样一个计策来。棉衣保住了，人们对唐凯刮目相看。

滦东子弟兵挺进东北过程中同样体现了唐凯的睿智与决断。

日军投降后，冀东十六军分区司令曾克林、副政委唐凯率十二团、十八团率先出关。北上的路上遇到苏联红军，双方一接触，发现无法交流。苏联的汉语翻译是蒙古人，我军的俄语翻译来自海参崴。电台与关内也联系不上。

派出的人明显无法说服高度警惕的苏军。面对苏军近距离内一门八二迫击炮，一门三七平射炮，以及30余支冲锋枪、机枪的逼指，僵持了两个多小时。十六分区的指战员都感到了压力。

唐凯灵机一动，换下交涉人员，唐凯指着全副武装虎视眈眈的苏联官兵手中的武器，连连摆着手，一边用现学的几个单词生硬地蹦出：涅特，涅特！（不好意思），一边介绍自己是格米萨（政治委员）契丹斯基（中国人），不是日本斯基（日本人），他又想起一个词来——“达瓦里西（同志）！”

苏联军官不苟言笑，像猜谜一样眉头紧蹙，猜不出来。

忽然，他迅速将右臂的衣袖捋起，露出那伴随自己走过万水千山的斧头镰刀烙印来。“看，毛泽东，斯大林！乌拉！”他大声说。

唐凯小时候很苦，父亲很早去世，他只得与母亲一起乞讨度日。直到一天一位少共书记出现，让他加入少年先锋队，成为少共团支部书记，他从此觉得人生有了光明和希望。可是不久后，这位引路的少共书记被敌人残忍杀害了。他用钢针沾着草木灰在右臂上刺出了镰刀和斧头的图形，他发誓镰刀和斧头指到哪儿，他就打到哪儿，至死不悔。

苏军少校与上校仔细端详这条不寻常的路膊，两个人嘴里咕噜出一个唐凯有些耳熟的单词：格米尼斯特？此时，我军唱起《国际歌》。这是唐凯的“双保险”。

据中国人民军事博物馆老馆长，原十二团前锋剧社音乐队长秦兴汉回忆：“情况已经十分紧急，唐副政委急中生智，让我们宣传队带领全体官兵高声唱起《国际歌》。歌声响起，虽然中文歌词苏联红军听不明白，但这熟悉的旋律显然消除了国界和语言的隔阂，知道彼此都是布尔什维克的同志，大家激动地拥抱在了一起。”

善于决断当是唐凯另一宝贵品质。

1945年8月29日，中共中央电示：“由于苏联受中苏条约之限制，必须将东北三省交给国民党政府，国民党军队亦将进入东北三省。我党我军进入东三省后，红军必不肯和我们正式接洽，给我们以帮助。”要求进入东北的部队要用东北地方军及义勇军的名义，不要声张，不要在报上发表消息。进入东北后，开始不要坐火车进入大城市，可走小路，控制广大乡村和苏联红军未能驻扎的中小城市。同时还要求我军：“不要勉强与红军做正式接洽与联络，亦不请红军给我们以帮助。如果红军所坚决反对之事，我们必须照顾，不要使红军在外交战线上为难。”

指示发出之日，曾克林、唐凯正率领挺进东北的部队跨过山海关，并且于第二天上午便与苏军在前所会合，接着是连串的行动——由于通信联络的困难，他们根本无法得知这个指示。

但这无疑是唐凯一生中所做的最具政治风险的事情。

他们“违反”了中央指示的基本精神——中央要求不要声张，他们却插红旗、贴标语，一路传单飞扬，浩浩荡荡；中央要求不要坐火车进入大城市，他们却调集了40多节车皮组成军列驶入锦州、沈阳；中央要求用东北地方军及义勇军名义非正式进入东北，他们却使得八路军声威震动关外，以至于后来辽宁群众不是在传八路军十六军分区进入东北，而是在传八路军“16个军”进入东北；中央要求不要勉强与红军接触与联络，他们却不但与苏联红军联络上而且并肩作战。

历史证明他们没有错。他们是久经考验的共产党员、革命军人，他们深知自己的使命。革命军人天然的政治责任感促使他们义无反顾，勇往直前。在曾、唐二人心目中，二号命令是一道神圣的金牌，挺进东北、收复失地、建立人民政权这是谁也无法阻挡的。党和人民军队的原则和利益，共产党员实事求是的精神一直是左右他们行动的指南。

8

李雪瑞：血洒友邦报祖国

◎李雪瑞（1914 年 5 月 20 日—1951 年 7 月 18 日），湖南省茶陵县人。16 岁参加儿童团。1932 年加入中国共产党。1935 年 11 月，随红二方面军进行长征，1945 年 2 月，李雪瑞被调往冀热辽军区，任第十七军分区司令员。1947 年率部开展滦东战役，解放昌黎，1948 年解放秦皇岛。建立秦（皇岛）榆（关）市，任市委常委；建立秦榆市警备司令部，兼任司令员。1951 年入朝参战，遭美机袭击中弹牺牲。

李雪瑞

李雪瑞出生于茶陵县火田乡齐心村一贫苦农民家庭，因为穷，幼时就给别人放牛，12 岁做长工。1930 年，土地革命风暴波及茶陵城乡，16 岁的李雪瑞要求参军，并加入中国共产党。1933 年，李雪瑞在红十七师五十团一营一连任班长，后升排长。不久，组织上送他到红六军团政治部党训班学习。在这里，他接触了许多新事物，懂得了一些新道理，进步很快。结业后，李雪瑞回到连队，在几次战斗中立了功，很快提升为一连副连长。1935 年 11 月，红二方面军离开湘鄂川黔根据地。李雪瑞随部队进行长征，于次年 10 月到达陕北。

七七事变后，李雪瑞随八路军三五九旅东渡黄河，挺进华北敌后，开展地方工作。1945 年 2 月，李雪瑞调往冀热辽军区，任第十七军分区司令员。任职不久，日伪军出动数万人对分区进行残酷“扫荡”。为了粉碎敌人的进攻，李雪瑞沉着冷静，组织“反扫荡”战役。这一年 2 月至 4 月，分区机关直属第十四团在李雪瑞直接指挥下，打了几个漂亮仗，消灭日伪军 770 余名，有力打击了敌人的进攻。

1945 年 4 月 18 日，敌人集中 1.5 万余兵力，对路南地区进行疯狂“扫荡”，李雪瑞和分区领导亲临火线指挥战斗。李雪瑞骑着大白马，率部冲入敌群，展开肉搏。他在腿上五处挂花的情况下，仍然冲入敌阵。经过浴血奋战，打退了日军数次进攻。此战歼敌500余人，缴获马匹300余匹，沉重地打击了敌人的嚣张气焰，巩固了冀东路南抗日根据地。8月，李雪瑞率部对日军进行大反攻，一举攻占乐亭县城，扫除敌人的据点，扩大了解放区。

抗日战争胜利后，1946年7月，第十七军分区改编为冀东军区第十三军分区，李雪瑞任司令员。任职期间，7月13日，驻冀东留守营车站的美国海军陆战队第七舰队第一分队的士兵黑尔登等7人，乘两辆汽车侵入昌黎县四区西河南村，抢劫农民张志华家。第十三军分区昌黎支队闻讯后，立即派二连指导员郭丰兴，带部分战士赶来制止。不料，美军竟向当地民兵射击，进行军事挑衅，当即被冀东十三军分区解除武装，收容在驻地。14日，秦皇岛留守美军以“搜寻失踪美国士兵”为借口，出动150多人和4架飞机，侵入昌黎沿海地区，这就是当时在中、英文报纸上登载的、震惊中外的“西河南事件”。

北平军调执行部派共产党、美军、国民党三方代表组成特别执行小组，前往昌黎，李雪瑞作为中共代表义正词严，据理力争，出色完成了谈判的使命，美方不得不同意我方提出的四个条件。

1947年6月，为配合东北野战军的夏季攻势，李雪瑞奉命开展滦东战役。1948年9月，李雪瑞率部与友军协作，俘获国民党交通警备中将司令汤毅生，集合优势兵力解放了被敌人重兵驻守的昌黎城。此外从滦县到山海关沿线的诸多外围据点也被我军清除。10月3日，解放军攻克了敌人占据的上庄坨煤矿，占领了石门寨、刘家河等据点。

国民党军队在这一区域的力量被逐渐压缩。处在强大人民解放军包围中的冀东国民党军变得惶惶不可终日。从11月23日开始，驻守在山海关的国民党第八十七军开始从海上撤退。第二天凌晨，秦皇岛的国民党第八十六和五十三两个军出发开始向塘沽和青岛两个地方逃跑。到26日，国民党第五十三军的最后一批力量逃到了天津，这样在秦皇岛地区的国民党大部队就全部撤出。

敌人溃退后，李雪瑞的冀热辽军区第十三分区立即组织干部和部队接管秦皇岛。驻守在乐亭县的冀热辽军区警卫八团和另外一个警卫营共2000多人，经过一昼夜急行军于27日进驻。而冀东区委的两支干部队伍也在抚宁县集结后分两路分别接管山海关和秦皇岛。几路人马纷至沓来，一路上都没有发生战斗，解放秦皇岛可谓是不费一枪一弹。随着解放军的进入，秦皇岛宣告解放，秦皇岛人民终于迎来了新的、辉煌的历史新篇章。

11月27日，秦皇岛解放，建立秦（皇岛）榆（关）市，随即成立市委会，李雪瑞任市委常委。12月18日，奉冀察热辽军区转东北军区命令，建立秦榆市警备司令部，李雪瑞兼任司令员。

1949 年 1 月，李雪瑞率部参加平津战役。他带两个团进入滦河以西，配合主力夺取唐山。战斗一打响，敌人拼命地向天津逃跑，李雪瑞率部直追到天津。后来，李雪瑞部的任务主要是支援前线，维护治安，肃清流散的敌军。在当地民兵和广大群众支援下，李雪瑞部出色完成了各项任务。

3 月，秦榆市改为秦皇岛市，冀东区党委决定由李雪瑞代理市委书记。

1951 年，李雪瑞参加中国人民志愿军入朝作战，任中国人民志愿军第六十七军二〇〇师师长，参加了 1951 年阵地防御作战，多次受到嘉奖。7 月 18 日，李雪瑞在召开师党委和团级干部会议部署战斗任务时，遭美机袭击中弹牺牲，时年 37 岁。

9

张鹤鸣：关城保卫占先机

◎张鹤鸣（1910年—1952年7月），河北滦县人。1935年加入中国共产党，历任党支部书记、县委军事委员等职，1938年率先在滦县港北村发起抗日暴动，1945年10月至11月，张鹤鸣率万人展开英勇顽强的山海关保卫战，担任副总指挥。

张鹤鸣

1945年8月30日，冀热辽军区第十六军分区司令员曾克林率部在苏联红军的配合下，率先夺取了被日军占领多年的山海关。9月6日，延安《解放日报》在头版刊登了山海关解放的消息，新华社向全国广播："华北军事要冲山海关，及沦陷敌手12年之久的榆关，已于8月30日为我军光复。"9月中旬以后，中国共产党领导的大部队及中共中央领导彭真、陈云等人，经山海关迅速进入东北地区。

10月11日起，美国军舰运送蒋介石的嫡系部队国民党十三军3个师、九十四军1个师、五十二军2个师，总计约7万人在秦皇岛港登陆。10月18日，国民党组成以杜聿明为司令长官的"东北保安司令部"，策划"以武力打出关外、接管东北"。

对此，冀热辽军区司令员李运昌之前已有防备。他在9月初挺进东北路过山海关时，发现负责防守的第四十七团力量薄弱，果断决定冀热辽军区第十七军分区的第四十六团也驻守山海关，第四十六团和第四十七团合编组成第十九旅，并把已经出关的第十七军分区副司令员张鹤鸣调回，任第十九旅旅长。

张鹤鸣，河北省滦县人，1910年出生，1935年加入中国共产党。1938年7月6日，他率先在滦县港北村发起抗日暴动，之后，他曾任冀东抗日联军第五总队参谋长、总队长，第十三军分区司令部作战科长，第一区队区队长，冀热辽军区第十七军分区副司令员兼第十四团团长等职。

张鹤鸣在观察山海关地形之后，综合我军作战实力，考虑：假如以前面阵地为第一线，山海关石河东为预备阵地是最好的策略。但我军兵力太少，只有两个团，如果这样布置不但阻止不住敌人的攻击，而且一旦第一线被突破，就会暴露我方力量薄弱的现状。北部山地石门寨、九门口在军事上都很重要，能够决定山海关的命运。我方若能守住这两个地方或向北的山地，也就能够守住山海关。关北、角山可谓山海关附近阵地的主要支撑点，敌人若攻不下角山，就无法攻占山海关。因此，张鹤鸣将我军兵力主要放在石门寨、角山与九门口一线。

10月上旬，中央军委和东北局命令李运昌从沈阳回到锦州，整编部队，准备作战，控制山海关和葫芦岛军港，同时接运部队和干部继续进入东北。

10月25日，国民党军队进到山海关附近，先用一个团的兵力，向我军做试探性进攻。随后，国民党军队依仗其优势装备和兵力，向石河、首山、角山等阵地大举进攻。张鹤鸣率领第十九旅，面对数倍于己的国民党军队，沉着应战，打退了国民党军队的数次进攻。

在战斗激烈进行过程中，李运昌又从锦州调来战斗力较强的二十二旅第六十四团增援山海关。11月3日，杨国夫师长带领山东渤海军区第七师三个团到达山海关，使我守军兵力增至1万人。杨国夫任山海关守军总指挥，张鹤鸣任副总指挥。

国民党军队急于拿下山海关，拉开架式，接连发动了角山首山激战、石河前线大战、血战二郎庙、争夺九门口等激烈战斗。我军全体指战员奋勇阻击，国民党军队始终被阻于石河西岸。

11月4日晚上，有一个老汉拿了一份杜聿明署名的通报，送到我军阵地。通报上写着："政协决议要你们撤出山海关及铁路两侧30公里以外，不然就用武力接收山海关。"杨国夫、张鹤鸣等人研究后回信："政协没有这样的决议，山海关是我们解放的，这里没有日军，也没有伪军，秩序很好，请你们不要来，否则发生任何不幸的事件，要由你们负责，要由杜聿明负责。"

第二天天未亮，国民党第十三军第八十九师即向山海关阵地开始猛攻，其第四师和第五十四师配合行动。在大炮、飞机的掩护下，接近中午时，国民党军队攻占了二郎庙阵地。午后，国民党军队故伎重施，使用重炮开路，又一度攻占了北山阵地。

北山阵地丢失后，第十九旅指挥所和第四十六团守卫的阵地暴露在国民党军队的射击范围内，处于腹背受敌的危险境地。张鹤鸣果断决定由第四十六团发起冲锋，冲垮进攻一天、锐气已挫的当面之敌，从而摆脱北山之敌的威胁。

第四十六团在预备队的有力配合下，勇猛冲锋，在一小时之内就把第八十九师冲垮，杀伤敌军300多人。

11月5日的恶战过去后，山海关战场暂时平静下来，国民党军队待在石河西岸不敢前进一步。为了打击敌人，巩固阵地，我军又多次发动夜袭，使国民党军队更加害怕，不敢轻易发起进攻。

11月13日，杜聿明亲临石河前线督战，并重新做了战斗部署。14日凌晨，国民党军队倾其主力全线发起攻击，并以3个团的兵力出城子峪迂回至山海关东北一侧，企图包围并全歼山海关守军。

在西线，国民党军队占领石门寨后，又向九门口攻击，遭到山东军区第七师第二十团的重创。

11月15日夜间，山海关保卫战已经持续了21天，绥中县民主政府县长华玉民、中共山海关党委书记章真园先后向张鹤鸣报告，敌人偷偷越过城子峪口明天就可能到达我军的后边。

在全线战况十分危急的情况下，山海关守军于11月16日凌晨主动全线撤退，向绥中方向转移。

山东军区第七师第十九团的一个排留下来在角山朝阳洞阵地继续阻击敌人，以掩护大部队转移。最后，全排41名战士全部壮烈牺牲。

当地百姓收集起41名战士的尸骨，掩埋在附近的疙瘩岭上。1954年，山海关人民政府为无名烈士塚立碑，又几经迁址，最终在欢喜岭建立山海关烈士陵园，为41名烈士在园内设立了英雄塚。2009年，经过重新整修后，陵园更名为秦皇岛烈士陵园。

张鹤鸣率第四十六团在前所镇也对国民党军队进行了顽强阻击。之后，他率第十九旅按照师部的命令，安全转移到指定地点。

山海关保卫战，是中国共产党武装与国民党军队之间发生的第一次战役级别的武装交锋。我军“以一敌七”，英勇阻击22天，在武器装备远远处于劣势的情况下，以牺牲500余人的代价，迟滞了蒋介石争夺东北的战略计划，令蒋介石哀叹：“进展迟缓，锐气大挫，损失太大了。”与此同时，它为党中央、中央军委“进军东北、争取东北”的战略部署赢得了宝贵时间，对中国共产党先期打开东北局面起到了重要作用。

张鹤鸣后来曾担任东北铁路护路军副司令员兼中部护路军司令员、东北铁路特别军事法庭庭长等职。1952年7月，他病逝于昌黎。

10

罗文：奇袭汞矿毙敌酋

◎罗文（1913—1996年），生于热河省凌原县（现为辽宁省凌源市），1935年在日本留学期间参加革命组织。1937年抗战全面爆发后，中断东京大学学业，冒险回国投身抗日。1938年入延安抗大，后任冀中军区司令部参谋长、股长、科长。1943年调往冀东军分区，1945年挺进东北后，任辽东军区参谋处处长、东北军政大学辽东分校副校长等职务，1951年任志愿军后勤司令部副参谋长，1964年晋升少将军衔，1980年离休。1996年逝世，享年83岁。

罗文在冀东的经历主要分两段：一是1943年至1944年任冀东军分区第七武装地区队（简称七区队）队长、凌（源）青（龙）绥（中）联合县工委书记兼七区队政委，是滦东抗日根据地的开创和领导者之一；二是1944年至1945年任冀东军分区第十二团副参谋长，冀热辽军区第十六军分区副参谋长、参谋长，巩固扩大冀东抗日根据地并先机挺进收复东北。

罗文

1943年6月，罗文由冀中军区调任冀东军分区七区队队长，一年后改任凌（源）青（龙）绥（中）联合县工委书记兼七区队政委。

七区队共5个连600余人，主要任务是武装开辟敌占区，扩大抗日根据地和游击区，建立发展地下党组织和政权。1943年9月19日拂晓，七区队在队长罗文、副队长马骥的带领下，跳出日伪军对花厂峪抗日根据地的“合围”，采取“围魏救赵”的战术，在共产党员、矿山电工万振亭及地方民兵和群众的配合下，出其不意地袭击了周杖子水银矿，击毙日军少将矿长屿岛，歼灭日军、伪矿警40多人，缴获轻机枪1挺、步枪40多支、炸药2000箱，创造了反“扫荡”作战的一个经典战例。

此后，罗文指挥部队先后进行了十余场战斗，打得敌人惶恐不安。带兵之初，无论是指战员还是老百姓都对罗文将信将疑：听说是东洋回来的大学生，能带兵打仗吗？几场仗打下来大家服气了。

1945年8月8日，苏联对日宣战，百万苏联红军攻入东北。8月14日，日本天皇宣布无条件投降。毛主席、朱总司令发布进军命令，抗日战争开始了全面反攻。

李运昌司令员领导的冀热辽军区奉命分东、中、西三路进军东北。罗文所在的第十六军分区部队4000余人（第十二、十八团，分区直属队、卢抚昌支队、朝鲜义勇支队和武工队等），由曾克林率领，作为东路部队挺进东北。部队8月25日从抚宁县台头营镇出发，第二天到达榆关镇。在此，曾克林司令员、唐凯副政委交给罗文一项重要任务：带领一支精干的小分队作为先队先于大部队出关，侦察辽西敌情并与苏联红军联络，引导其入关作战。

8月27日，罗文带领侦察排排长刘九红和十二团五连携电台从榆关镇出发，避开日伪军重兵驻守的山海关，绕道九门口，沿北宁线而上，寻找、联络苏联红军。

8月29日，当部队行至关外第一县绥中县前所镇村边公路时，忽然发现公路前方有一支苏军侦察分队乘一辆卡车迎面开来，车后还拖着一门火炮。罗文带领部队迎上前去，递上事先准备好的用俄文写的慰问信。

对方是外贝加尔方面军第十七集团军武装侦察分队，少校营长伊万诺夫示意罗文去设在绥中县城的苏军指挥部接洽。

罗文赶到苏军指挥部，与一名苏军上校会面，表示代表八路军总部欢迎苏军入关作战。在随后互相介绍情况的过程中，罗文了解到，苏军根据美、英、苏三国签订的《波茨坦公告》的约定，进至山海关即停止，不入关作战，同时他们只攻占了一些大中城市，并未解除日伪军武装。

罗文敏锐察觉出苏军的战略计划与我党我军的意图大相径庭。事关重大，他速将此情写信派侦察员于当晚送到曾克林手中。

8月30日上午，曾克林司令员、唐凯副政委率军分区主力部队到达前所与苏军会师，并于当天下午协同作战攻克了连接关内外的咽喉要冲山海关，为后续部队进军东北打开了通路。

9月15日，应中央要求，曾克林司令员同苏军全权代表卫斯别夫上校乘苏军飞机到达延安。当时毛泽东、周恩来在重庆谈判，刘少奇主持召开政治局会议，听取了曾克林关于我先头部队出关情况，以及所掌握的苏军战略意图的详细汇报。第二天，中央政治局即对解放战争的战略方针作出重大调整，由原来的“向北防御，向南发展”转为“向北发展，向南防御”。

11

周家美：定将红旗上关城

◎周家美（1913年10月—1997年8月），湖北省潜江市人。1932年参加中国工农红军，1935年加入中国共产党。曾任冀东军分区司令部科长、团参谋长，冀热辽军区第十八团团长、旅长，冀热辽军区第十八军分区副司令员、司令员。长期战斗在冀东地区，是开辟滦东地区主要指战员之一，参加了山海关解放和保卫战斗。1961年晋升少将军衔。

周家美

1926年10月，土地革命的浪潮席卷了周家美的家乡，他的父亲周国栋被选为乡农民协会主席。在父亲的影响下，周家美蒙眬懂得一些革命道理。他13岁被推选为儿童团团长，跟随父亲打土豪分田地。1932年7月，在国民党疯狂“围剿”下，贺龙领导的湘鄂西根据地的红军被迫转移。周家美报名参加了红军，成为湘鄂西独立一师一团一连的战士，1935年加入中国共产党，同年11月从湖南桑植出发，随部队参加长征，经历爬雪山过草地的艰苦岁月及敌人的围追堵截，先后参加大小几十次战斗。长征途中，他机智勇敢的表现深得师首长赏识，到达陕甘苏区时，他已成长为一位优秀的特派员。

1937年8月，抗日战争全面爆发后，周家美随贺龙率领的八路军一二〇师开赴晋绥抗日第一线。1938年6月，随宋时轮和邓华第四纵队向冀东挺进。部队过了昌平后，周家美奉命带4名战士到附近筹措军饷。乘敌不备，他们采取夜间突袭、速战速决策略，仅用半个月的时间，打掉了设在乡镇的20多个伪警察局（所），缴获长短枪100多支和一些钱物。同时，他们边战斗、边宣传、边扩军，很快组织起了一支200多人的晋察冀游击队。

1943年6月，周家美在冀东被任命为第八区队区队长，当月下旬，他率部进入滦东地区，先后袭击安山东站和大横河据点，消灭敌守军40余人，俘敌180人。9月中旬，为避开日军独立第八混成旅团及伪军共4000多人对抚宁、昌黎、迁安、遵化等地的秋季“大扫荡”，将部队化整为零，跳出包围圈，端掉敌人横河据点，歼灭日伪军30多人，还趁日伪军合围“扫荡”迁安地区之机，直扑滦县，奇袭伪建设总署，击毙日军3人，俘虏伪军8人。1943年秋和1944年春，他率部在卢龙、昌黎、迁安一带奇袭日伪军，接连取得胜利。

1945年年初，周家美被任命为第十六军分区第十八团团长。8月15日，日本宣布接受无条件投降后，曾克林率领冀热辽军区第十六军分区所属十二团、十八团等部4000余人，组成八路军挺进东北先遣纵队进军东北。此时驻守山海关的日军以只向蒋介石政府投降为借口拒绝放我军出关，山海关仍然城门紧闭，城墙周围，遍布着堡垒和各种防御工事，城里仍有日伪军荷枪实弹，来往巡逻。8月30日，在苏军小分队的配合下，曾克林下达了攻打山海关的具体任务，周家美的十八团主攻日军把守的山海关“天下第一关”城楼。

十八团把突破口选在刻有“山海关”的城南门。该处接近城墙，易形成死角，易于攀城近战。战士们每人带7颗手榴弹。攻城开始，苏军首先向敌人开炮。接着，全团集中轻重机枪、迫击炮，封锁制高点，压制敌人火力。敌人顽固抵抗，妄图封锁住我军冲锋的道路。一时，枪声大作，密集的子弹不断在十八团指战员的头上飞过。战士们借着硝烟，冒着弹雨，在我军强大火力掩护下，竖起了软梯，立即爬城。敌人进行拼死抵抗。双方的轻重机枪声、步枪声、手榴弹声交织在一起，十八团指战员边爬边顺着城垛口猛投手榴弹，压制敌人火力，迅猛登上垛口。嚣张一时的日本侵略军，顿时陷于混乱，纷纷逃跑。

十八团胜利地占领了“天下第一关”，把红旗插上了城楼。敌指挥官还妄想凭借民房，继续巷战。我军不给敌人以喘息之机，后续部队炸开城门，我军和苏军蜂拥而入，对敌人穷追猛打。

为了及时指挥部队近战歼敌，周家美又将团指挥所从“天下第一关”移到街中央钟鼓楼上。由于我军动作迅速，敌人连军火库也没来得及破坏，武器弹药和军用物资统统被我军缴获。铁路、车站、机车、车辆也完好地保存下来。晚上9点钟，战斗胜利结束。

就在战斗激烈地进行时，多年来被日伪军踩在脚下的山海关人民，对敌人的仇恨像火山一样爆发出来，不顾生命危险，提着开水，举着食物，舞着旗帜涌向大街，为我攻城部队助战。战斗结束后，又敲锣打鼓，鸣放鞭炮，载歌载舞，欢庆翻身解放。

山海关的攻克，打开了解放军迅速进军东北的通道。

后来周家美率领部队参加了“四战四平”以及1947年秋季攻势和冬季攻势等多次战役和战斗，随大军南下一直打到广东省韶关，为人民解放事业立下了汗马功劳。

12

曾雍雅：首度攻占昌黎城

◎曾雍雅（1917年7月—1995年3月），江西于都人。1930年参加游击队，1931年加入中国工农红军，1932年加入中国共产党。在黄土岭战斗中一战成名，击毙日军“名将之花”阿部规秀中将，解放战争时期曾转战冀东，率部解放昌黎城。1955年被授予少将军衔。

2015年上映的电影《诱狼》，是以曾雍雅为原型创作的，讲述的正是他在黄土岭战斗中，率领游击队巧扮“狼诱子”将敌人引入雁宿崖伏击区。此战，被日军誉为“名将之花”的阿部规秀被我军击毙。这是中国人民抗战史上第一次击毙日军中将级高级指挥官，极大鼓舞了军民抗击日本侵略者的士气。

在解放战争中，国共两党军队在东北进行生死较量。为了保障刚刚取得“四保临江”胜利的东北野战军顺利开展“夏季攻势”。此时，中共中央已将包括冀东解放区在内的冀察热辽地区划归东北局领导，要求冀东军区在滦河东岸地区组织一次大规模的破交行动，阻滞华北国民党军队北援，以确保夏季攻势的胜利。独立第十旅旅长曾雍雅为主要将领承担此次任务。

昌黎，一座千年古城同时纳入对垒两军的视野。

昌黎，作为与古今山海关密切相连的军事要地，在明朝末年就有“固守做东落”“雄关此存”的称呼，可见其军事地位的显要。在京奉铁路修通以后，昌黎作为山海关内的一个十分重要的车站，军事作用比以往更加突出。

人民解放军攻陷昌黎馒头山

昌黎县城是国民党军队囤积运往东北物资的最大据点，为了保证关内与关外的联系，“确保北宁路畅通”，内宿重兵，外修工事，有着严密的防御体系，易守难攻。人民解放军为切断敌军关内与关外的联系，保证东北决战的胜利，决定攻取昌黎。

“狭路相逢勇者胜”，30 岁的曾雍雅，已身经百战，在攻克武清、通县等县城战斗中积累了一定攻城指挥经验，面对军区作战会议上的疑虑和担忧，叙说了自己了解的情况和准备采取的打法，表示要彻底破交，就要敢于攻强攻坚，去掏敌人的心窝子，打驻守昌黎县城的敌人一个措手不及。

实际上，久经战场的曾雍雅从来不打无把握之仗。会议之前，曾雍雅早已骑着战马，带着侦察科长，化装去过昌黎，用了几天时间基本摸清了昌黎县城及其周围的敌情和地形。通过实地勘察，他发现昌黎县城防虽然牢固，但也不是无隙可乘。

一是敌军在城外布置的兵力多，在城内布置的兵力少；二是城外的工事强，城内的工事弱，而城关的民房较多，并紧贴城墙，便于登城。特别是，敌军布防有一个较大的漏洞，这就是昌黎城东有一条大车道形成了一道深沟，深的地方没人，攻城部队完全可在夜间从这条直通东关的大车沟里钻进去，直接攻打县城，先控掉敌军城防的心脏部位。基于此，他在军区会议提出攻打昌黎城的建议时，心中实际已经有了一个作战的底码和计划。

1947 年 5 月 17 日，十旅从燕河营一带行军 60 里，取碣石小道，穿过马家峪、长峪山，进入县东北旷野。

曾雍雅手中有三个团，他率前沿指挥部随担任主攻的三十四团指战员一同顺那条犹如深沟的大车道向昌黎城区进军，秘密通过敌军的外围防线，直抵东城墙下潜伏。他又命令二十九团直插到南关和昌黎火车站一带；命令二十八团秘密包围小东山和蚂蚁山，以及汇文中学到汇文新村一带敌军碉堡群，待昌黎城战斗打响后展开攻击。

18 日零时 10 分，三十四团一营三连在东城门南侧民房架好梯子，一枪未发地秘密登城。同时，二营也从东门北侧抢占城垣。两支部队像老虎钳子似的向东门守敌发起袭击，仅用十几分钟就全歼守敌。

攻城战斗打响后，二十八团一营对驻守小东山和蚂蚁山之敌发起强攻，连续爆破，30 分钟全歼守敌一个连；二营向把守汇文中学至汇文新村一带工事的敌人发起进攻，连续扫除 10 道障碍，经两小时激战，歼敌 300 余人。二十九团以隐蔽动作，一举攻入南关，乘胜占领昌黎火车站。

18 日拂晓，三十四团攻占了敌昌黎县政府和国民党党部。这时，敌军两个连盘踞制高点——钟鼓楼，企图固守待援。曾雍雅见状，冒着枪林弹雨，钻进一座楼房顶上观察地形，命令炮兵架起全旅唯一的一门旧山炮，连续向钟鼓楼轰击。三十四团乘机攻克钟鼓楼和敌军师部。由于敌军利用不少城防工事进行顽抗，战斗断断续续。晚上10时，昌黎城获得解放。这场战斗，共打死打伤敌军452人，俘敌副团长以下官兵1100余人，缴获了大批武器装备和物资。

攻打昌黎县城的战斗打响后，十一旅和配合作战的其他部队先后攻克了后封台、燕家埝坨、大牛栏、张家庄、留守营等车站、据点，炸毁饮马河桥梁、碉堡，破坏了石门至留守营之间的80多里铁路、公路，彻底切断了北宁路的交通。

曾雍雅戎马一生，善于用智。扮“狼诱子”诱敌，击毙“名将之花”日军中将阿部规秀；“掏心战术”打昌黎；辽沈战役中率一师穿插打锦州；一个小时攻破阵地，将美军拉到了谈判桌上的金城战役，当是其军事生涯的亮点。美国军事家说“曾雍雅是铁腕人物”，日本《中国战将名人录》将曾雍雅列为中国军队60位近代名将之一。

13

贺晋年：连战昌黎得解放

贺晋年（1910年10月1日—2003年5月11日），陕西省安定（今子长）县贺家湾人，陕北红军创建人之一，原军委装甲兵副司令员（正大军区职待遇）。1955年被授予少将军衔。2003年5月11日因病在北京逝世，享年93岁。

1947年5月，曾雍雅将军率部第一次解放昌黎，配合东北民主联军发动“夏季攻势”，根本上扭转了东北的战略形势。一年后，辽沈战役决战前夕，为阻敌援救锦州，我军决定再次切断北宁线，攻占昌黎。此次领军的人物，也是一名身经百战的老红军——贺晋年。

红军到达陕北时，贺晋年已是宿将，任红十五军团八十一师师长。他驻守三边，每次去延安，都是毛泽东的座上客。1943年，贺晋年兼任警备三旅旅长。毛泽东在听取警备三旅参加大生产的情况汇报后，十分高兴，为贺晋年题词：“艰苦奋斗，不屈不挠。”

应该说，时任东野十一纵司令的贺晋年解放昌黎，难度要比曾雍雅大。

战略上，东北战事已进入关键时期，北宁线上的昌黎不仅是华北之敌北援的节点，也是东北之敌的退路。守敌的警惕性与决心远胜以往。

战术上，曾雍雅部解放昌黎后，国民党部队弥补防守漏洞，将靠近城墙四周的民房全部拆毁，在城内外各制高点修筑多种明暗碉堡。敌军4000余人，连以上军官均为军统分子，部队配备卡宾枪和其他轻型美械装备，并配有迫击炮。这意味着，曾雍雅的“掏心”战术失去效果，不能简单模仿。

我军突攻昌黎县西门

我方也有优势。此次是东野十一纵与华野四纵协同作战，配备有重火力，并得到了滦东军民的支持。

6月24日下午4时，十一纵队结束了昌黎外围战斗，我军在东、西、北关及南关车站外连成一片，把敌人紧紧包围在城内，准备总攻。此时，在昌黎东侧，秦皇岛敌两个旅企图增援。我军阻援部队与两倍之敌作战，毫不退缩，终将敌阻止在北戴河以东，有力地保障了纵队主力向昌黎的总攻击。

25日6时，纵队发起总攻信号，炮兵旅立即开始40分钟炮击。尖刀连趁机爆破，终于从多个方向突进城内。仅用一个半小时就突入敌人狂妄吹嘘的“固若金汤”的昌黎城。昌黎守敌，无力支撑，见固守待援无望，溃逃被截，纷纷投降。

此役共歼敌2370余名，缴获武器、弹药、器材无数。敌交警三支队中将司令汤毅生、少将参谋长薛涤愁、第五总队少将总队长周铭勋等人也都当了俘虏。

我军攻克昌黎，使敌人大为震惊，率重兵向昌黎攻击前进。为了避免不必要的对峙，十一纵奉命撤离昌黎，向北转移。

此时的东北战场已呈现大战前的宁静。东野主力经过夏季休整，兵强马壮．积极准备展开锦州战役。而北宁线仍在敌军控制之下，随时能集中兵力实施机动突击，以破坏我军的战役行动。为此，“东总”于8月20日电示十一纵：“为着整个作战行动的需要，我军目前需将滦县（不含）到昌黎一带之敌歼灭。”

9月11日，十一纵遵照“东总”命令，在各分区地方武装配合下，分三路再度向北宁线昌滦段出击。此次采取从西向东横扫的战法，三个师分头攻下滦河以东的石门、安山、后封台等车站据点。各师除攻点部队外，在地方武装和群众帮助下，积极参加破交，摧毁铁路设施。

14日，贺晋年率部分两路对昌黎实施包围，昌黎守敌已成惊弓之鸟，慑于我军威势，乘夜晚弃城东窜。我即发起追击，逃敌大部被歼。北宁线上的重镇昌黎，又被我军收复。

三次解放昌黎的战斗，贺晋年率部英勇抗击了多支敌军的轮番攻击，彻底切断了北宁线，有力地保障了锦州战役的展开，被誉为“辽沈战役第一枪”，为东北全境解放作出不可磨灭的贡献。

14

阮务德：学运领袖战日寇

◎阮务德（1914 年 3 月 24 日—1938 年 11 月），山海关人，1933 年就读于天津法商学院。积极投入抗日救亡活动。“一二·九”运动，为天津学联负责人之一，之后加入中国共产党。1938 年 10 月，时任冀东抗日联军第二十三总队政治部主任，在滦县被日伪军包围，于激战中牺牲。2015 年 8 月，名列第二批 600 名著名抗日英烈和英雄群体名录。

阮务德

阮务德一生短暂而多彩。

他出生于知识分子家庭，父亲是副总理姚依林的老师。1933 年春，品学兼优的阮务德目睹家乡沦陷，举家避难到天津。不久，父母都在抗日救亡斗争中被日军杀害。父母的惨死，更增加了他对日本侵略者的刻骨仇恨。考入河北省立法商学院后，积极开展抗日宣传，成为学生会负责人之一。

“一二·九”运动爆发后，他参加天津学联，并加入中国共产党。撰写大量抗日救国的文章与诗歌。他写的《爱国歌》语言辛辣，入木三分。一首写在传单上的拟古乐府诗《维持国货歌》，更是泾渭分明，鞭辟入里：“东邻既啼饥，西邻又号寒。为何苦饥寒？皆因赚钱难。中国人称四万万，穷者居大半。人人尽用外国货，工人全赋闲。大利尽去为外国，钱由何处赚……”

由于经常活动在天津各大中学校，又在公开场合出头露面，阮务德遭到特务的逮捕。300 多天狱中酷刑没有使阮务德屈服，他眼望铁窗外的白云，激情满怀，在狱墙上蘸血而书：慷慨思战斗，艰难未去师。振励折不挠，酬志永不迟。卢沟桥事变后，被救出的阮务德参加了平西游击队，在对日伏击战中，他忍着枪伤仍顽强射击。在党的安排下，他回到滦县养伤。正逢冀东大暴动，在冀东抗日联军第五总队政治部工作。

他善于用文化力量激励斗志。常利用战斗间隙，给抗联战士上政治课，讲抗日道理，教唱《义勇军进行曲》《东北流亡曲》《大路歌》等抗日歌曲，使部队的士气始终高涨。为了充实抗日联军的力量，阮务德带领抗日联军文艺宣传队，踏遍了燕山深处的山山岭岭，到处演唱他编写的《扩军歌》："老乡们，听我言，人穷胆大志不短；不怕死，当好汉，跟着联军去造反。老乡们，听我劝，拿起梭镖保家园，打日寇，斗汉奸，当家做主建政权。"这是冀东地区第一首抗战歌曲。

有理想，善作战，更重情义。1938年7月底，第五总队和十总队高志远部一起，攻克乐亭县城。8月初，又挥师北上攻克卢龙县城，与第二十三总队会合。随之，党组织调阮务德任二十三总队政治部主任。

11月初的一天夜晚，由于汉奸告密，部队被日军包围。阮务德和总队长高敬之将全队分为两路，各带一路，朝村外突围。

在阮务德的指挥下，敌人被击溃，部队乘机到达村西安全地带。

这时，总队长高敬之的突围方向仍然枪声激烈，村西头的敌人也穿过村庄，向村东头压去。这样一来，他们将背腹受敌。

情况万分危急，阮务德果断地命令："四分队、五分队由四分队长指挥，立即向滦河上游的北山转移，脱离险区，六分队随我来，增援总队长，快！"

敌人想不到刚刚突围的阮务德杀了个回马枪，一下乱了阵脚。被围困的指战员乘机向村东冲去。阮务德却迎面撞上日军的增援，不幸中弹，但他镇定自若，坐地指挥："六分队长，快，带领大家向村北突围！"

警卫员上来背他，不幸中弹牺牲。

阮务德摘下警卫员身上的枪和两颗手榴弹，掖在腰里，爬到一堵土墙后面，朝迎面而来的敌人射击，掩护六分队朝村北撤下去。

敌人从四面包围过来。阮务德的子弹打光了，他把枪砸碎，摘下了手榴弹……随着"轰"的一声，地动山摇，他与十几个敌人同归于尽，壮烈牺牲。

15

张化东：红旗漫卷凌青绥

◎张化东（1914年6月26日—1990年），原名张保中，辽宁省西丰县人，曾任临抚昌联合县县委书记、凌青绥联合县工委书记，带领军民建立农村基层党组织，开辟并巩固和扩大抗日游击区，壮大抗日力量。

张化东

凌青绥说的是抗战时期属热河省的凌源、青龙、建昌和辽宁省的绥中地区，处于伪满洲国的“国境”，为辽西走廊西段，南隔长城与滦东接壤，西部都山与迁青平抗日游击根据地相连，北部为深山区，可深入伪满洲国腹地，东控北宁铁路向东北发展，是进入伪满洲国的咽喉要隘。

1941年春到1942年下半年，冀热辽地区军民在党的领导下，多次粉碎了日军的进攻，开辟了热河以南和辽西等多块游击区。1942年4月至12月，日军对冀东根据地进行第四、五次“治安强化运动”，根据地遭到破坏。为保存实力，扩大回旋余地，同时为解放东北打开通路，中共冀东区分委决定开辟滦河以东地区，到青龙、凌源、建昌交界地区进行武装抗日活动。

1943年春，十三地委（冀东区分委改称）决定成立凌青绥联合县工委和办事处，主要任务是：巩固冀东，发展东北，摧毁敌伪政权，建立地方党、政、军组织，宣传党的政策，组织群众抗日，打击敌人，巩固与扩大抗日游击区。张化东就是在这样的情况下来到凌青绥的。

张化东是辽宁西丰县人，中学读书时就参加抗日救国会，从事抗日救亡的宣传活动。以后，张化东考入东北大学政治系学习。1935年，参加了“一二·九”运动，随即加入了中华民族抗日先锋队。1936年9月加入中国共产党。1937年10月，东北抗日先锋队成立，任排长、骑兵队队长。1941年年初，到延安中央党校学习。

次年2月，中央书记处在延安中央党校成立了一个东北干部训练班，参加这个训练班的有四五十人，张化东是副支部书记。4 个月训练期期满后，全班赴中共晋察冀分局，做抗日反攻准备。

同年 7 月，晋察冀分局决定设东北工作委员会，聂荣臻任书记，韩光任副书记，同时决定在冀东成立东北工作委员会。此后，冀东“东工委”首先进入滦东，逐步挺进抚宁北部山区，继而扩大到青龙、绥中、临榆以及凌源、建昌等县。1942 年 12 月，“东工委”与宋国祥工作队合在一处，组成了以张化东任书记的临（榆）抚（宁）凌（源）青（龙）绥（中）联合县委员会；同时组成该联合县政府办事处，张化东为主任。

凌青绥联合县工委把立脚点设在老岭大山脚下的花厂峪村靴脚沟。花厂峪农民在党支部领导下，誓死保卫抗日政府，保卫抗日物资，保护人民子弟兵。在这里，联合县委接收上级党委的指示，再转达给远离中央的东北同胞，鼓舞东北人民的抗日斗争士气。

在张化东的领导下，县委、县政府办事处积极执行党中央的统战方针，耐心细致地做敌伪的大乡、保、甲长的工作，争取他们首先保持“两面政权”，然后逐步使其完全为我们工作。同时广泛发动群众，建立民兵、党小组和党支部，并从中选择适合派至伪满敌占区的人员。

凌青绥抗日游击根据地创建后，关内外的日伪军大为震惊，在长城沿线大搞“集家并村”，强迫群众修“部落”（俗称“人圈”），制造广大无人区，妄图割断党与群众的联系。凌青绥人民在党的领导下开展了反“集家”、反“人圈”、反“扫荡”更加艰苦的斗争。

1943 年 4 月，“东工委”打算开辟一条由长城内到东北、锦州、沈阳一带输送秘密人员的通道，由宋国祥等同志带领一支由 58 人组成的武工队，首先向辽西、凌源、建昌一带试探开辟。部队在绥中的曹家房子迷路时与日军遭遇，被包围在曹家房子后山，一直打了几天几夜，部队又转移到杨树湾子，结果又被敌人包围，打了一个整天，“武工队”化整为零又撤了回来。

此次出击，虽然没有完成预定任务，但却轰动了伪满洲国。日本投降后，冀东“东工委”副书记赵濯华接收沈阳时听伪职员说：“八路军 1943 年便打到中北部，日军吓得火速从大连调来两个大队的日本关东军，准备参加围攻那部分八路军。”

1945 年 8 月苏联对日宣战，在张化东领导下，凌青绥军民又积极配合冀热辽“东进”部队，摧毁日伪军及土匪和敌伪组织，建立人民政权，取得了抗日斗争的最后胜利。

多年艰苦卓绝的斗争取得突出的成绩，也让张化东得到上级领导的认可。1943 年 3 月 25 日，中共中央北方局对冀东工作的指示中说：“冀东党在热河、辽宁边境内，在滦河以东及北宁略南开拓了广大游击区域，这不仅扩大了冀东游击战争的回旋地区，而且大大激励了敌后军民，特别是东北人民的胜利信心，扩大了党在国际国内的政治影响。”

16

马骥：五战五胜撼冀东

◎马骥（1913年11月—2002年6月），满族，河北省蓟县（今天津市蓟州区）人。1932年参加东北民众抗日救国会，1939年7月加入中国共产党。同年12月回冀东，在冀东根据地开展抗日活动。历任冀东十二团特务连连长，冀东十二团一营一连连长、副营长，第七区队副队长、队长，第十二团副团长。1942年春，奉命率部东渡滦河，为凌青绥根据地的开辟作出了贡献。1945年日本无条件投降后，马骥副团长奉命攻打山海关，他带领突击队强攻天下第一关，打开通往东北的交通要道。

1942年，全国人民抗战进入最艰苦的阶段。这年6月，八路军冀东军分区第十二团团长曾克林、独立营长杨思禄和一营副营长马骥，率部在滦县的干河槽设伏，一举歼灭了押运给养车队的日寇180多人、伪军200余人，并击毙了制造“潘家峪惨案”的日本军官佐佐木二郎大佐。

马骥

战斗一结束，曾克林团长就命令一营营长欧阳波萍和副营长马骥率领一营，去滦河以东开辟地区，建立抗日游击根据地。

滦东地区是据关里、关外的咽喉要地，战略地位十分重要，开辟滦东抗日根据地，对冀东抗日基本区的坚持和巩固，对今后向东北发展，都十分重要。

1942年7月初，一营带了龚发田抗日游击队共500多人，一齐东渡滦河，直达东岸的迁安县彭家洼庄南。部队刚进虎穴之地，还没容休息，迎面就遇到了从承德方向开来的日本关东军原田东两个中队共200多日军的堵击，两军展开激战。一营利用龚发田游击队熟悉地形的优势，将来犯之敌包围，一鼓作气地全歼了这股傲慢凶猛的敌人。但是在这次激烈的战斗中，营长欧阳波萍不幸牺牲。于是，副营长马骥临时负责，率领一营的三个连和游击队继续东进。

1942年这一年马骥刚刚29岁，身负重任的他带领500多人，深入日伪已统治近10年的敌后，等于孤军闯入了龙潭虎穴，任务十分艰巨。

在抚宁县台头营东北的董各庄，他们击溃前来围堵的敌伪警备大队、伪满洲国兵300多人；在临榆县的大深巷西南，击败了从海阳镇出来堵击的日军和伪军70多人；在青龙县安子岭西南隔河头以东，一举歼灭作恶多端的日伪武修忠讨伐大队200多人；迂回到建昌县老达杖子，沿途袭击了一个伪警察所，俘虏伪满警察50多人和全部装备；向青龙县界岭口以西鲇鱼洞沟出发，击溃县伪满张金祥讨伐队300多人的阻击，之后顺利进入青龙北部地区……骁勇善战的马骥率部深入敌后的滦东地区，接连取得五次战斗的胜利，大大震慑了滦东地区的敌人。

马骥率部队深入青龙县境后，了解到由于日寇在这个所谓的伪“满洲国”边境上实行血腥残酷统治，这里的老百姓生活十分贫困，没盐、没火柴、没灯油，尤其是没有衣服穿。群众中有些胆子大的，被生活逼得无奈，就偷偷地背着粮食到口里卖掉，然后买点布和盐、火柴之类的东西背回来。敌人抓住卖粮换布的人，便定为“经济密输犯”，按所谓“国事犯”论处。马骥率领部队组织和掩护群众背粮换布，为深山老区送去了共产党的温暖，受到了群众的衷心拥护。

八路军十二团一营在马骥的率领下，发扬人民子弟兵既是战斗队，又是工作队的优良传统，在坚持武装斗争的同时，配合地方工作人员进行根据地的建政、建军、统战、经济和群众工作。

从1942年8月中旬到1943年5月，这支战斗在敌人心脏地带的武装部队接连在青龙县的山神庙北沟、杨树窝铺、龙王庙三星口、安子岭以东一带，临榆县的驻操营一带，抚宁县的大新立庄、北戴河的大米河头村、卢龙县的柳河圈和昌黎县的凤凰山一带使敌人连遭重创，日寇和汉奸一听到马骥的名字，就胆战心惊。

1943年6月，八路军冀东军分区第十二团取消营的建制，一营改为第七地区队（俗称七区队），下辖三个连，成为秦皇岛地区开展武装斗争的主力，马骥任副区队长。

这时秦皇岛地区北部一带的山区农村，已成为比较稳定的抗日游击区，但时常遭到盘踞在柳江煤矿的日伪军的骚扰与蚕食。而且敌人在柳江煤矿存有大量炸药，这是当时军事上的奇缺物，是我军制造手榴弹、地雷急需的物资。因此，马骥决定攻打柳江煤矿。

1943年7月23日，马骥率部从花厂峪出发，直插柳江煤矿，乘敌不备，进行猛攻。战斗从零点打到拂晓结束，这一仗共歼灭日军40多人、伪矿警100多人、武装日军技术人员20多人，缴获轻机枪2挺、掷弹筒2个、步枪200多支、黄色炸药2000箱，并破坏了敌人控制的发电厂的主机。

1944 年 8 月 23 日，马骥率部在海阳镇范庄伏击到海阳镇政工办事处视察的临榆县日本顾问高石茂利，全歼 70 多人的日本宪兵中队（包括宪兵队长宾田和高石茂利）及 200 多人的伪军，缴获日式歪把子轻机枪 4 挺、掷弹筒 3 门、长短枪 88 支、战刀 5 把、自行车 6 辆、子弹 1 万多发。

1945 年 8 月日本侵略军投降后，已任冀热辽军区第十六军分区第十八团副团长的马骥，参加了解放山海关的战斗。

解放战争中，马骥随李运昌司令员指挥的大部队先机挺进东北，参加了著名的“四战四平”和“辽沈战役”，后随大军南下，一直打到广东韶关。

新中国成立后，马骥一直从事与中国人民解放军装甲兵相关的领导工作，曾任中国人民解放军装甲兵技术学院院长（正军级）、党委书记、装甲兵司令部顾问等职。

1955 年 9 月，马骥被授予上校军衔，后又晋升为大校军衔。

“在抗日战争年代，我和我所在的部队（十二团和七区队）转战在长城内外的临榆、抚宁、青龙、绥中、建昌、凌源等县一带。在以上各县，我有不少一起并肩战斗的军政同志牺牲在那里，有不少无辜的群众被敌杀害在那里。他们没见到抗战胜利的形势，更没看到新中国。我这活着的人，想起他们就心里难过。因此我要把我死后的骨灰分别撒在以下三处：抚宁县的柳江煤矿西山（临抚昌二总区长何景文同志和七区队一连长李德修等同志牺牲在这里）；青龙县的花厂峪（这里有数十名无辜群众惨遭杀害）；邱杖子乡乱堂子沟北山上（凌青绥总区长海瑞祥等同志牺牲在这里）……”（据马骥晚年的回忆）

2002 年 6 月 5 日，马骥同志因病在北京去世。中共抚宁县委、县政府尊其生前遗愿，将他的骨灰安葬在他曾经战斗过的天马山上，并立碑纪念。

17

张其羽：赤崖暴动敌胆寒

◎张其羽（1905年11月—1940年），本名凤翙，字其羽，河北昌黎人。1933年加入中国共产党，他是昌黎县第一名中共党员。1937年七七事变后，他奔波于昌黎、乐亭两县，组织发动群众开展抗日救亡活动。1938年7月底，张其羽约集20余人，举行了赤崖暴动，组成“冀东抗日联军第二总队”，成立了“华北抗日联军昌黎支队”，后被任命为华北抗日联军第三军区昌乐办事处主任。1940年，张其羽等在平西学习回途中与敌遭遇，不幸牺牲。

“一声霹雳十万军，振臂同呼斩妖尘，红旗漫卷燕山脊，高歌响彻渤海滨……”1938年的冀东抗日大暴动，以星火燎原之势，漫卷冀东地区21个县。

张其羽

冀东大地，烽火遍地，群雄竞起。秦皇岛地区，卢龙县有师范学校校长高敬之“骂开”卢龙城；抚宁县有进步大学生茹古香发起七家寨抗日暴动；昌黎县则由县域内的第一名共产党员张其羽在赤崖点燃了抗日的第一把烈火……

1905年出生的张其羽，因家境贫寒，未满14周岁便去东北学做生意。1930年，他弃商回家务农。

1933年，经乐亭县共产党员岳泽普介绍，张其羽加入中国共产党，成为昌黎县第一名共产党员。他平时以串卖文具为名，开展抗日联络活动。

1937年七七事变以后，他奔波于昌黎、乐亭两县，宣传共产党的主张，组织发动群众开展抗日救亡活动。12月，张其羽作为昌黎县的代表参加了在滦县多余屯召开的“冀东十县抗日人民代表会议”。临去开会之前，张其羽5岁的小儿子正躺在炕上发高烧，妻子求他请大夫治好儿子的病再走，他只留下一句“顾不了啦”便出了门。等他再回到家中，儿子已经不幸夭折。

会议确定由张其羽负责在昌黎县发动和组织抗日武装暴动。1938年8月，张其羽说服邻村王各庄的保卫团队长李盛瑞举起义旗，成为暴动的中坚力量。

8 月 4 日清晨，张其羽、李盛瑞带领 20 多人悄悄包围了赤崖据点。赤崖是紧靠滦河的一个村庄，因有红色的土崖而得名，曾是滦河口通商的重镇，伪昌黎县警察局在这里设有分驻所和警察中队。张其羽等人趁着伪警察还在睡梦之中，翻墙进入，未放一枪就缴了他们的械，拿下了据点。这便是历史上的“赤崖暴动”。

暴动队伍贴出“冀热边区第十路抗日救国军中队”的布告，署名指导员张其羽，中队长李盛瑞。随后，队伍到附近村镇收缴地主武装，逐渐扩展到近千人。

在“赤崖暴动”的震动和影响下，昌黎县境内的其他一些草莽英雄也闹起了暴动，拥枪自立。丁万有便是其中的一个，他和结拜兄弟刘成玉、王二虎等人拉起了队伍，并迅速发展到两千余人，声势浩大。

李盛瑞不满丁万有扩充队伍，一天，他趁张其羽不在，擅自率部去攻打丁万有，结果部下 30 余人被俘。

张其羽闻讯急忙从外地赶回，只身涉险，前往丁万有处斡旋。他以“团结抗日，爱国一家”的民族大义，说服丁万有放下成见，团结起来共同对敌。

随后，张其羽逐渐把昌黎县众多的暴动队伍统一到中国共产党的抗日民族统一战线旗帜下，组建了“华北抗日联军昌黎支队”。

支队很快发展到六七千人，下设 5 个总队和 1 个炮兵营，丁万有任司令，张其羽任党代表。这支抗日队伍战士们左臂佩戴红袖标，号称“红军”，行军时扛着“抗日救国”的大旗。

8 月 22 日，支队用猛烈的炮火攻打昌黎县城，因日军守备队事先得到消息，调来重兵和装甲车助战，攻城未果。

10 月，支队在丁万有的率领下，随冀东抗日联军西撤平西根据地，在河北省遵化县宫里村，遭日伪军强大兵力围攻，队伍被打散，司令员丁万有、参谋长蔺乃功等人壮烈牺牲，刘成玉、王二虎临阵脱逃投敌。

留在家乡坚持革命斗争的张其羽未随部队西撤。冀东大暴动失败后，在岳泽普的召集下，成立了“华北抗日联军第三军区司令部昌（黎）乐（亭）办事处”，张其羽任主任，继续开展地下活动，积蓄革命力量。

1939 年，张其羽在信庄村建立了昌黎县第一个农村党支部。

1940 年 4 月，张其羽又组织发动了“第二次赤崖暴动”，争取了刘成玉，击毙了叛徒王二虎，重新发展起四五百人的队伍。

1940 年冬，张其羽赴平西根据地学习，返回途中遇敌，不幸壮烈牺牲，时年 36 岁。

“干革命就要豁出点儿本钱来，不光孩子要丢掉，必要时连……”张其羽的大儿子张建国，生前曾写过一篇题为《忆爸爸》的文稿，11页的文稿恰恰在这里因遗失而中断。这是张其羽与妻子、儿女劫后重逢，听到妻子流泪诉说不得不在流亡途中将小女儿送人而说的一番话。

“必要时连命都可以丢掉！”可以推断，张其羽当时应该是这样说的。因为他后来正是这样做的，他用自己短暂的一生践行了共产党员抛头颅、洒热血的无悔初心。

《忆爸爸》文稿中有这样一段话，今日读之仍令人动容：

妈妈一边给他挑刺，一边跟爸爸说：“你豁出命来这么干，图个啥呀？别干了，在家老老实实种地，一样活着。”

爸爸笑着说：“我不图啥，我图的是救中国，让穷人不受苦，为穷人不受苦，不但我豁出命来干，你们也得豁出命来干，跟日本人打交道时刻都有被杀的危险，到时候能拼，就整死他仨俩的，不行时，死了也不要让他们逮活的，革命这条路我是走定了，你如果怕，就另想主意。”

妈妈哭着说：“我跟你走这条路是对的，我跟你走定了，你放心就是了，到时候我会对得起你。”

18

高敬之：“骂城”卢龙留传奇

◎高敬之（1903—1997年），出生于卢龙县沈官营村（现属滦州市），后在滦县师范就读。1937年，他在卢龙县乡村师范学校当校长。在震惊中外的冀东抗日大暴动中，他组织发动了卢龙暴动。其后，他的部队编入八路军主力部队，1942年奉命东渡滦河，开辟了滦东抗日根据地。1945年8月，他随军挺进东北。中华人民共和国成立后，他先后担任吉林省交通厅副厅长、水利厅厅长等职，1980年任吉林省人大常委。

在1938年震惊中外的冀东抗日大暴动中，“高敬之骂开卢龙城”成为一段历史传奇，流传至今。

这件事听起来很“神”，其实它不仅真实，更是历史的必然。作为当事人的高敬之，曾写有《从愤世到暴动》《卢龙暴动的回忆》等文章，比较详尽地记述了整件事的经过。更有同为亲历者的康子成，从旁观者的角度写有《骂城前后》，佐证了这个富有传奇色彩的历史事件。

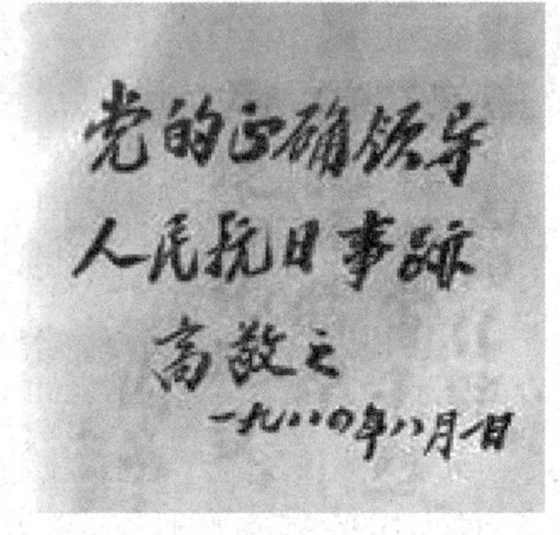

高敬之笔迹

“到卢龙城外举目一看，军警和保卫团早站在城墙上了，他们荷枪实弹，准备迎战。我先派人把县城周围的电话线割断，然后走到城东南角外面的娘娘庙前，登上庙台，冲着城墙上的军警喊话……”

“城上黑压压站满了人，其中有不少是我的朋友、同事和学生。我冲着他们说：中国人都应该起来抗日救国，谁也别帮助‘牛犊子’（当时卢龙县伪县长牛惠卿）……”

这便是1938年8月8日，高敬之在卢龙城外“骂城”的场景。当时，高敬之只带了70人的敢死队，而城内有军警500余人。在敌我力量悬殊的形势下，他不费一兵一卒便“骂开”了卢龙城，在滦东地区传为佳话。

高敬之为什么能“骂开”卢龙城？中共卢龙县委党史征集办公室于1984年编辑的《古城风云》一书中，收录了高敬之的《从愤世到暴动》与康子平的《骂城前后》，从不同角度为我们揭开了这个谜团：

曾当过卢龙县的师范学校校长、教育局局长的高敬之，是当地有名望的人物。冀东抗日大暴动爆发后，他让村中的雇工王殿以自己的名义挨家挨户发动群众，很快拉起400多人的队伍。经无税庄誓师、马各庄打“联庄会”（日伪时期的伪民团组织），队伍不断发展壮大，随后便决定攻打卢龙县城。

“不是攻下县城，就是自己阵亡。”高敬之只带了70人的敢死队就敢攻打县城，一方面是他“艺高人胆大”，一方面他也是抱着赴死的决心。

高敬之估计伪县长牛惠卿不会乖乖交城，他告诉王殿带着队伍在太阳落山前从东南角集中火力攻城，自己则带一个护兵，从东南角开始，边走边冲着城上骂，揭露牛惠卿的汉奸真面目。这样一直骂到北门，当他骂得口焦舌燥时，城上的人开始往下扔仁丹和西瓜。

太阳落山时，东边枪响了。高敬之想起兵书上说的兵不厌诈，就冲着庄稼地大声喊：“传我的命令，不准开炮，不准打机关枪，城里都是自家弟兄，别打了老百姓！”然后他又冲城上喊：“东门已经打开了，立了头功。你们还不立第二功！立功者有赏！”

“一会儿，从南边高粱地过来两个便衣队的战士，请示高敬之：‘报告司令，我们炮团已到，在哪里安营？’高敬之向南一挥手：‘驻到南菜园！’过了一会儿，又从北边走过来两个战士，问：‘高司令，三十八团已到，我们驻到哪里？’高敬之挽着袖子，向北一指：‘驻到城北范庄一带！’”此时在城内的康子平（当时任卢龙县伪警察大队第三分队队长），看到的则是这样的场景。

此前，高敬之还未攻打卢龙县城时，牛惠卿便因为得到假情报，偷偷逃出了县城，恰巧被康子平碰到。这时他见情势不妙，更是立马开溜，汉奸走狗色厉内荏、外强中干的本性暴露无遗。

城头的守军纷纷扔下枪和军帽，打开了城门。

“我之所以能把城门喊开，一是由于抗日是大势所趋，人心所向；二是我有武装作后盾，有朋友做内应。敌人也摸不清我有多少兵力，所以被我连骂带诈，乖乖地开了城门。”高敬之后来自己总结说。

除写有回忆“骂开”卢龙城经过的文章外，高敬之还写有《卢龙风暴》一文，分“图抗日滦县找党”“沈官营高举义旗”“无税庄聚众誓师”“显身手巧取卢龙”“庆会师蛟龙入海”，完整记述了他在共产党的影响下，领导卢龙民众举行武装起义，奋起反抗日本侵略者及其走狗，最终走上正确革命道路的历史。

19

茹古香：临抚枪声动洋河

◎茹古香（1914年10月—1990年8月），原名茹振泰，曾用名王铭善、舒铭，抚宁县台营镇七家寨人。1938年，正在奉天南满医科大学读书的茹振泰筹划在七家寨举行抗日武装暴动，组建了临抚抗日游击大队，暴动胜利后，他投奔八路军，从此走上革命道路。新中国成立后曾任锦州市人民政府办公室主任兼卫生局局长、辽西省卫生处处长（后改为卫生厅，任副厅长）、辽宁中医学院院长等职务。

茹古香

1938年五六月间，中共冀热边特委书记李运昌等在准备冀东抗日大暴动时，曾派人同抚宁县台营乡伪大乡长兼“自卫团”团总许维纯取得联系，相约共同起义。

许维纯是七家寨村人，家中富有，具有抗日救国思想，不过他考虑到家庭财产及亲属的安全问题，一直犹豫不决。

直到一个人的到来，才使许维纯打消了顾虑。这个人便是进步大学生茹振泰。

茹振泰也是七家寨村人。1914年10月出生的他在奉天（沈阳）南满医科大学读书，是一位爱国热血青年。

1938年6月末，学校放暑假，茹振泰回到老家七家寨以后，听到了冀东各县要举行抗日武装暴动的消息，他又从小学教师、堂兄茹克勤那里得知许维纯是位主张抗日救国的爱国人士，便找到许维纯，共同商议抗日救国的事情。

许维纯向茹振泰谈了个人的思想顾虑。茹振泰说：“顾了救国，就顾不了守家，不抗日就要亡国，都当亡国奴哪还会有家呢？”茹振泰的肺腑之言和革命热情坚定了许维纯起义的决心。

茹振泰把原准备回沈阳读书的路费10块大洋全部交给许维纯，作为抗日暴动经费，同时把名字改为他敬仰的清代爱国进士“茹古香”。

许维纯利用自己的公开身份，以“打土匪”之名，向各“联庄会”及有枪的富户征集了30多支长短枪。茹古香等人则分头到教员、店员、手工业者和青年农民中去宣传抗日救国的道理，秘密联络和发展参加抗日暴动的人员，并在七家寨后山老母庙里设立了秘密登记站。

暴动队伍很快发展到140多人。但是暴动的准备工作被台头营据点的伪警备队队长王芝佐发觉了。7月15日下午，茹古香、许维纯等几名骨干紧急商讨行动计划，决定于当晚举行武装暴动。

7月15日晚约8时左右，参加抗日暴动的队员集中到老母庙，共计147人。许维纯、茹古香先后向大家讲了抗日救国的道理，进行了暴动前的动员和部署，成立“临（榆）抚（宁）抗日游击大队”，大家推举许维纯为大队长，茹古香为副大队长，韩惠轩为参谋长，茹克勤为副官长。

当晚决定攻打台头营镇。在申明部队纪律后，立即进行了战斗部署，分发了武器弹药。由许维纯带一部分人攻打东门，茹古香负责攻打北门，韩惠轩带队攻打西门。

夜间10时许，许维纯发出攻城的信号。霎时间，台头营城四周响起了密集的枪声，城里的伪军顿时乱作一团，以为八路军大部队攻打据点来了，仓皇失措，抱头鼠窜，没有来得及跑掉的伪警察和保安队纷纷缴械投降。抗日暴动队伍很快占领了台头营城。

第二天，暴动队伍得知驻界岭口和抚宁县城的日伪军将要进犯台头营，为了保存实力，决定向卢龙境内转移。

队伍到达卢龙县燕河营一带时，从台头营传来消息，许维纯、茹古香等人的家已被日伪查封，家人被拘审。队伍内部开始弥漫紧张气氛，有人脱离队伍，跑回家去，有人提出把队伍拉回去，再次攻打台头营，和日伪军硬拼一场，解救受困亲属。

许维纯犹豫不决，茹古香不同意硬拼的主张：“我们出来抗日救国，就很难再顾家了。如果我们回去和敌人拼命，恐怕不但救不了人，还会把我们这些人也搭进去。我们继续在外面抗日打仗，敌人就会有所顾忌，特别是那些伪职人员，他们都是本地人，会想到给自己留条后路，不敢把事情做绝，为了他们个人的身家性命，会在鬼子面前进行周旋的。”听他这么一说，大家的情绪渐渐地稳定下来。

此后，恰巧八路军第四纵队（宋时轮、邓华支队）的第三十一大队来到燕河营一带休整。茹古香等人与第三十一大队取得联系，请求参加八路军。最终，“临抚抗日游击大队”的150余人被编入第三十一大队第二营，单建为第六连。许维纯任第六连连长，茹古香被调到团部工作。

1939年，茹古香调任永（清）、固（安）两县工作团主任兼八大队队长。1941年，他又调任清苑县和之光县扩委会副主任、满城县敌工站站长，在敌占区城镇做党的地下工作。

1942 年，在抗日战争最艰苦的年代，茹古香担任中共涞源县委敌工部长，做分化瓦解敌伪工作。在一次战斗中，他身负重伤，失去一目，伤掉一指。伤愈后出院，他风趣地说：“一目观天下，四指写文章。”

1945 年，在抗战胜利前夕，茹古香担任晋察冀第一军分区敌伪战俘训练队队长。同年冬，他随进入东北的干部队到朝阳，接收敌伪政权，任朝阳城厢区区长。

1946 年，国民党反动军队大举进攻辽西，中共党政机关和人民武装暂时撤离朝阳城，茹古香到朝阳南部山区任朝阳县工作队副队长。不久，他又去凌源南部的刀尔登区任区长、工作队长，领导当地群众同国民党反动派和地主武装展开英勇斗争。

1947 年年初，茹古香调任锦县县长，后任中共锦县工委书记，领导了那里轰轰烈烈的土地改革运动。1948 年 10 月，茹古香任锦州市人民政府办公室主任兼卫生局局长。1949 年 5 月，他任辽西省卫生处长（后改为卫生厅，任副厅长）。

1954 年 6 月，茹古香任辽宁省卫生厅党组成员兼办公室主任。1962 年 5 月，他调往辽宁中医学院，先后任副院长、院长。

茹古香对医学，尤其是对祖国的传统医学——中医学，有较深的造诣。离休后，他居住在沈阳，除了继续研究中医药学外，还在自己家里设病床，免费为人治病，疗效甚佳，深受各界人士敬重。

1988 年 7 月 15 日，抚宁县举行“七家寨抗日武装暴动 50 周年纪念大会”，茹古香应邀出席大会并详细地讲述了七家寨抗日武装暴动的经过。

20

雷烨：穿梭沙场留影像

◎雷烨（1916—1943年），原名项俊文，出生于浙江金华。到延安后改名雷烨，在抗大学习。1939年，雷烨主动要求随军挺进冀东抗日最前线，深入冀热边境长城内外，在极端困难和险恶的环境中，从事新闻采访报道工作。1943年牺牲时任冀东军分区政治部组织科科长。

抗战时期，滦东抗日根据地处敌后腹地，是冀热辽根据地的前沿阵地，被称为“敌后前哨”。在艰苦的环境下，八路军文化工作者拍摄了弥足珍贵的反映人民军队英勇作战的照片，成为宣传抗战的重要资料。为了拍摄与保存这些照片许多同志牺牲了，雷烨就是其中的一位。

延安文艺座谈会后，滦东抗日摄影创作迎来了“春天”。一些有着高超技艺的摄影艺术家来到滦东，拍摄了一系列至今家喻户晓的作品。如雷烨的《滦河晓渡》，张进学的《解放山海关》，罗光达的《沙坨塔上的八路军哨兵》，齐观山的《八路军战士靠吃炒米、野菜坚持抗日斗争》等照片是为数不多的记录滦东抗战的佐证。

《滦河晓渡》 雷烨 摄

在所有摄影者中，雷烨来滦东时间最早，摄影水平也最高。他曾用相机拍摄《驰骋滦河挺进热南》《行进在祖国的边城》《熊熊篝火》《塞外宿营》《山岗晚炊》等冀东八路军扬帆东渡滦河与挺进热南的情景。他是中国公布的首批300名抗日英烈中唯一的摄影记者，也是世界百名杰出战地记者之一。

1942年冬，雷烨被选为晋察冀边区第一届参议会的参议员，带着照相机和所拍摄照片来到冀西。在这里他结识了另一位著名红色摄影师——晋察冀画报社主任沙飞。沙飞立即意识到了这批照片的价值。他十分兴奋，要在画报上选登一部分照片，并相约一同拍摄将日寇驱逐出山海关的情景。雷烨欣然答应，并为此日夜整理。但就在雷烨即将撰写完成照片说明时，一场惨剧发生了。日寇包围了他所在的村庄，他用手枪掩护警卫员突围，终因寡不敌众，在南段峪村身负重伤，他从容地砸碎了照相机和自来水笔，用最后一颗子弹自尽，壮烈殉国。

遇难后，战友们从他身上找到那本带血的相册。晋察冀画报社指导员赵烈在雷烨牺牲后将相册收藏起来，并在上面写了怀念的话，但几个月后，赵烈也为保卫相册而牺牲了。（石志民：《晋察冀画报》文献全集卷三，中国摄影出版社，2015 年 9 月，1547 页。）

底片被送到柏崖村同陷包围的沙飞手中。沙飞怕底片受潮，将底片用牛皮纸包好，分成了四大箱，警卫员赵银德背两箱，他自己背了两箱。他独自背着两箱底片向村外冲，很快体力不支，将底片交给身边的一名叫李明的编辑。李明背着底片继续突围，却不幸遇难，牺牲前将底片藏好。

当时，赵银德背着另外两箱底片也在奋力突围。已经做好牺牲的准备，他将底片藏在草坑里，躲过日军的搜索，后把两箱底片完好无损地找了回来。沙飞与赵重逢后，头一句话就问，底片背出来了吗？赵说背出来了。沙飞很激动，锤着赵的胸膛：“小赵你还真把底片背出来了！”

不久，刊登雷烨照片的《晋察冀画报》第三期出版了，而雷烨和许多同志已经不能亲眼看到它。为了悼念这位忠实的革命战友、出色的摄影家，画报在这一期里增辟专页，刊登了雷烨的遗作《滦河曲》作为永恒的纪念。

《滦河曲》 雷烨 词 劫夫 曲

滦河流水唱着歌，歌声浮载着子弟兵。子弟兵的青春，好像河边的青松林。滦河的流水含砂金，金子好比子弟兵的心。滦河流水向渤海，渤海岸上发源子弟兵。滦河流水发源于长城外，子弟兵回旋喀喇沁。滦河的流水涌动着死尸，松林里的人民热爱子弟兵。子弟兵，像飞鹰，回旋在家乡河流上，松林里的人民是好母亲。青春的鹰，勇敢的鹰，冀东年轻的子弟兵。

21

信修：武工队长当校长

◎信修（？—1976年9月），原名孟宪章，河北省蓟县（今天津市蓟州区）人。1931年加入中国共产党。坚持冀东抗日大暴动后的抗日斗争。任临抚凌青绥联合县办事处主任、联合县工委党校校长，建立地下交通联络线，为输送抗日干部、派遣地下工作人员、传递军事情报、开辟和巩固游击区做了大量工作。

信修

信修出生在蓟县瓦窑庄（现帮沟乡）一个普通农民家庭，1928年8月考入北师大民教研究班，毕业时加入反帝大同盟。1931年冬，加入中国共产党。1933年冬被捕入狱，1935年至1936年年底在天津大众报社任编辑。7月7日卢沟桥事变后，信修担任迁安县抗日救国会主任，从事抗日救亡运动。

随着抗日斗争形势的发展，迁（安）滦（县）卢（龙）联合县组建，信修任联合县办事处主任，领导当地人民开展抗日斗争。1939年4月，信修受组织派遣，加入包森领导的八路军冀热察挺进军第十三支队，任第九大队政治指导员、宣传科长。

1941年春至1942年下半年，日军出动近5万兵力，连续发动5次“治安强化运动”，向冀热辽各根据地大举进攻，企图消灭中国共产党及其领导的八路军等抗日武装。冀东地区的抗日军民不但粉碎了敌人的进攻，而且进一步开辟了热南和辽西等多块游击区。1942年7月，晋察冀中央分局作出“巩固口里，发展口外，扩大根据地，武装开辟满洲国”的决定。

信修奉命率武工队进入青龙山区后，先在花厂峪落脚，进行抗日政策的宣传和组织发动群众，建立抗日武装。信修所带的武工队和其他先后到来的各个武工队分成6个区域分头活动在青龙的土门子、大巫岚以东，抚宁台头营以北，临榆、柳江镇以北，凌源南部及绥中西部边沿地带。

1943年年初，日本侵略者调集大批军队清剿在长城一带坚持抗日的武工队和游击队，实行“三光”政策。为了粉碎日军企图扑灭抗日火焰的阴谋，中共十三地委决定撤销临抚凌青绥联合县，将其分为关外的凌（源）青（龙）绥（中）联合县工委与办事处（即县政府），临榆、抚宁划入关内组成联合县。信修担任凌青绥联合县办事处主任兼民政科科长。

为了加强各游击区之间的联系，1943年秋，冀东区东北工作委员会和凌青绥工委组建和领导了一条由青龙至叶柏寿村的地下交通联络线，建立了点线联系，为输送抗日干部、派遣地工人员、传递军事情报、开辟和巩固游击区做了大量工作。信修作为凌青绥联合县办事处主要负责人，作出了重大贡献。

1945年8月，抗日战争进入尾声，苏联红军后贝加尔方面军向热河日军发起攻势，8月31日，信修率领100余人的游击队接收了绥中县城，迫使敌伪投降。信修带领武工队员经过一系列战斗，粉碎了敌人的疯狂进攻，不仅扩大了冀东一带原有的抗日游击区，而且大大激励了敌后军民，扩大了共产党的影响。

大家可能不会想到，信修不仅“会武”，而且能文。由他担任校长的凌青绥联合县工委党校，培养了大批土生土长的抗日干部。

那是在1943年的时候，随着凌青绥抗日根据地的扩大及我各级地方政权的建立，干部明显不足，特别是缺少大批有一定革命理论、熟悉当地情况的干部。为培养一支经得起严酷斗争考验的干部队伍，并提高干部队伍素质，凌青绥联合县委于1943年4月，在青龙境内老岭脚下的靴脚沟村，建立了一所党校。

校长由时任凌青绥联合县县长的信修同志担任，校舍只有三间民房，由“东工委”宣传科长马飞文执教，教授军事、政治理论课，所开课程有《中国近代史》《论持久战》《游击战争的战术和战略问题》《论半封建半殖民地中国》等著作。由于时值战争环境，日军又屡屡围剿，所以学制较短，每期学员在校学习20天左右。

党校由1943年5月第一期开课，共80人参加学习。凌青绥境内广大抗日青年跋山涉水，积极到校学习。党校除上课外，还进行操练。这些学员毕业后，大部分担任分区长、游击队长和区小队长职务。到了10月份，第四期学员正上课时，日寇纠集近万人兵力“扫荡”根据地，马飞文同志壮烈牺牲，从此党校停办。

这个党校虽然存在时间很短，但它共培养了150余名抗日干部，使凌青绥地区极端缺乏抗日干部的状况有所改善，其中有90余人毕业后担任了分区长以上职务，50余人担任了游击队长和区小队长，他们像星星之火，在凌青绥广大地区燃烧起来，使这个地区抗日斗争出现了一个新面貌。

22

高恒：滦山铁路飞虎将

高恒（1921—1946年），卢龙县人。1938年参加高敬之领导的暴动队伍，曾任滦山游击队队长，率队截火车、炸铁道、打日军、歼伪军、抓汉奸，使滦山游击队威名大振。1946年率部转移时遭国民党军队袭击，壮烈牺牲。

1942年，冀东地区的八路军在滦县至山海关一带组织了一支专在铁路沿线活动的游击队，叫“滦山游击队”，有力地支援了正规部队的武装斗争。这支游击队的队长就是高恒。

高恒

高恒是卢龙县沈官营（今属滦县）人，出生在贫苦农民家庭。1938年7月参加了高敬之领导的卢龙抗日大暴动，1940年加入中国共产党。

1942年秋，高恒奉命参加开辟滦东的工作，担任迁卢抚昌联合县第一区游击队指导员，后任队长。他带领队伍经常出没在燕山脚下和滦河两岸，留下了许多至今仍然为人传颂的传奇故事，被群众誉为“高恒队”。

1943年8月5日夜间，高恒召集滦山游击队52名队员，准备袭击安山火车站西边的万义站。这个站驻有伪军一个中队的警备队员，他们的枪好，子弹多，早就被游击队看上了。大家顶着星星出发，深夜才到安山附近，到处是漆黑一片，只有车站上红绿灯闪着光。

高恒将队伍分成三组，从南、北、西三面架起梯子上墙，爬上高墙，意外地发现院内躺了黑乎乎一大片人。游击队员缴了岗哨的械，问了才知道，原来是蛤泊一百多警备队员也临时驻到这里来了。游击队员们跳下墙，几颗手榴弹一齐向睡在院内的敌人甩去，几声巨响，睡梦里的敌人发出一阵号叫。有个战士用斧子砍断了门栓，高恒带着几个战士随着冲了进来。他深怕人少，压不住敌人，就高声喊起来：“一营跟我来，三营在外面！机枪连从这边上，机炮连先不要开炮，准备好，同志们冲啊！”突如其来的爆炸声、命令声、“缴枪不杀”的喊声，响彻夜空。惊醒了的敌人被这急风暴雨般的冲击吓得分不清东南西北，乖乖地投降。一间小屋里突然射出密集的子弹。高恒飞身上了房，一连几个手榴弹扔进那个屋里，枪声立刻就哑了。高恒一声口令，队伍迅速地退出院内。游击队员一个不缺地背着缴获的 90 多支步枪，还有手榴弹、子弹，向北转移。

同年 8 月 24 日，游击队袭击了县老站，全歼伪建设总署的日伪军，砍死 3 名日寇军官，缴获长、短枪 40 支，轻机枪 2 挺，小炮 2 门。

高恒率领的游击队英勇善战、屡战屡胜，不仅打出了名气和威风，而且队伍也日益壮大。到 1943 年年底，已由一支起初只有十多人的基干队，发展成拥有 150 多名队员、2 挺轻机枪、2 门小炮，长短枪齐备，装备精良，战斗力很强的地方武装。

为了扩大地方主力部队，上级决定把高恒队伍中的步兵连队编入第八地区队。余下的 13 名手枪队队员，在高恒的统领下，又组建了一支精悍的铁道游击队——滦山游击队。滦山游击队当时的主要任务是，集中打击北宁路滦县至山海关区段的敌伪部队，截夺敌人的军械及军用物资。滦山游击队在此活动了 3 年，白天化装深入敌区摸情况、察地形，夜晚出没于敌人控制严密的铁道线上，截火车，炸桥梁，劫铁路，袭伪军，搞得敌军惶惶不安、首尾不能相顾。

1944 年 4 月，高恒得知有辆军用货车从东北开来，夜间要路过昌黎后封台，车上的东西全是供日军攻滦西根据地用的。高恒利用内线关系，蹿上了闷罐车。此时司机、司炉和打旗工人已被游击队员看了起来，大家把闷罐车门哗啦啦地打开，碰到鼓鼓的麻袋，不管是啥就往下扔。一会工夫，沿铁道的路基上，落满了大大小小的麻袋包。老乡们早把大车赶到路基旁边，忙着装车了。整了好大一会儿，后封台车站的敌人才打枪。高恒一面忙着，一面喊：“大伙沉住气，只管整咱们的！”

果然，日军瞎“突突”了一阵，都没敢出来。等三十多辆大车全装得满满的，跟游击队的同志们一起走出十几里地时，日军的装甲列车才开出来，但他们连游击队的影子都看不见了，只好朝野地里乱打了一阵枪。

高恒队巧妙多变的游击战术，使滦山铁道游击队声威大震，高恒的名字也在民众中广为传扬，深受滦河两岸、北宁路沿线人民的拥护和爱戴。青壮年争相参加高恒队，游击队向主力部队输送了大量武器和兵源，为开辟和巩固滦东抗日根据地作出了突出贡献。滦东人民和各级干部亲切而诙谐地称他为“兵贩子”“枪贩子”。

1945 年，冀热辽军区为表彰高恒和他率领的滦山游击队的功绩，授予高恒三级战斗英雄的光荣称号。1946 年，高恒率部队转移时，遭遇国民党军队袭击，这位抗日英雄壮烈牺牲。

23

郝炳南：“七救七抓”美国兵

◎郝炳南（1920年8月—1947年1月），1939年年初加入中国共产党。1943年5月后，任中共临抚昌联合县委组织部部长、中共抚昌联合县工作委员会书记、中共昌黎县委书记兼县支队队长。1947年1月22日，郝炳南在新集小营村，遭1000多敌人的包围，郝炳南在作战中英勇牺牲。

同志相顾间，炳南足称贤。
盛名传渤海，声誉播幽燕。
审计呕心血，主政见威严。
哀哉突围日，一别永不见。

这是昌黎县民主政权第一任县长周建平为悼念自己的亲密战友郝炳南所作的诗《哭郝炳南政委》。

郝炳南，原名尹锡瑞，1920年8月28日，出生于河北省保定高阳县殷家庄一个农民家庭。参加革命到冀东后，他先后化名为“郝沛”和“郝炳南”。郝炳南9岁上学，12岁考入高阳县南关第一高级小学。他学习刻苦，天资聪颖，成绩优异。

1937年7月7日卢沟桥事变之后，抗日战争爆发。17岁的郝炳南对日本侵略者肆意践踏我大好河山，凶残杀戮我无辜同胞的罪行义愤填膺。他认识到要想把日本侵略者赶出中国去，就必须唤醒民众的思想。于是，他与同村青年尹哲办起了义务小学，招收了50多名学生。

在区青年抗日救国会，郝炳南担任了主任职务，从此他把全部精力都投入于抗日斗争。他执着地追求真理，渴求进步，在组织群众印发传单、张贴标语、破坏敌人交通、集会演讲等宣传共产党抗日救国主张的革命工作中，得到了很好的锻炼，成为一名真正的无产阶级战士。他在演讲中说：“国难当头，民族垂危，我们青年不参战就会亡国，我们不能甘当亡国奴！”

1939年年初，郝炳南光荣地加入了中国共产党，同年被调到安次县任县青救会主任。为了抗日救国，他舍弃了父母妻儿，舍弃了家，自脱产参加革命工作以后，几年中没顾得上回过一次家。1942 年，党派郝炳南到平山县晋察冀分局党校学习。学习结束，组织上批准他回家探望。他不顾母亲、妻子的挽留，到家后当天便匆匆告别亲人赶回了安次县。临行前，妻子阎勉抱着孩子送到村头，望着他两眼噙满泪水不忍别离。此后他也一直没有再回家，这次相见竟成了他与亲人们的诀别。郝炳南走后不久，3 岁的儿子便因病无钱治疗而夭折了。

郝炳南到昌黎后，带领干部深入村户，建立民主政权，扩大抗日根据地。抚昌联合县工委在郝炳南的带领下，组织大批干部，分头进入路南各伪大乡公所，向大乡长、保长们宣布伪大乡解散，并烧毁了贫雇农欠大乡的债据等，抓捕少数罪大恶极的伪大乡长，一夜就搞垮 40 多个伪大乡，200 多个村建立抗日村政权。1944 年夏，县工作委员会组织群众开展“减租减息”和“雇工增资”的斗争。

1944 年 8 月中旬，一架美国 B29 型轰炸机因操纵系统失灵，坠毁在昌黎县渤海旁的小渔村七里庄。当地的民兵营救了 7 名因飞机坠毁被迫跳伞的美国“飞虎队”队员。由于七里庄距日本据点只有十几里，比较危险。县工委书记郝炳南亲自带领县支队，把 7 名美军飞行员安全护送到北宁铁路以北地区，送至昌黎县城西北偏北 14 公里处的柳河圈一带山区根据地。后来，7 名飞行员辗转到延安，受到党中央毛主席的亲切接待。

1945 年日本无条件投降后，郝炳南集合全县民兵和县支队、区基干队约 2000 余人，分三路向日、伪军据点进攻，仅用 7 天就先后收复 8 个据点。同年 11 月，国民党军队开进昌黎县城，一些地主武装也趁势向解放区反扑。他和县长周建平带领区干部深入沿海各村开展工作，动员贫雇农组织起来，向地主、劣绅、渔霸展开清算斗争，使铁路南北群情振奋。

救过 7 名美国飞行员，也曾抓获过 7 名美国兵，只是此时的美国已经不是盟友，而是侵略者了。1946 年 7 月 13 日，驻留守营的 7 名美军士兵侵入解放区西河南村扰乱干部会场，并向民兵开枪射击，当场被民兵抓获。7 月 24 日，“军调部”三人小组（美方代表、国民党代表、共产党代表）到昌黎赤崖就释放 7 名美军士兵一事进行谈判，这就是著名的“西河南事件”。郝炳南机智果敢，及时组织各界民众掀起声势浩大的活动，张贴标语，揭露美蒋勾结的罪恶事实，控诉美军的侵略行径。最后，取得了这场政治斗争的胜利。

1946 年冬，敌人发动空前规模的“扫荡”时，郝炳南得了严重肺病，经常吐血，病魔的折磨和连日的操劳，使他的身体非常虚弱。上级得知这一情况，命令他休息，他坚决不肯，毅然决然地同县支队战斗在一起。

1946 年年底，国民党军队侦察到昌黎支队行踪后，再次向路南解放区发动疯狂“扫荡”。12 月 12 日，敌人调集二三千人兵分三路呈扇形向路南进攻。企图在三面包抄下，把昌黎县支队赶到东南海边包围而歼灭。

1946 年 12 月 29 日，中共昌黎县委和县支队及四十八独立团的领导由小林上村转移到荒草佃村后，准备往路北转移，除县长周建平和少数干部继续向滦河南岸转移外，其他人都住在了这里。凌晨，战士们吃完早饭，收拾行装准备出发，突然一阵激烈的枪声从东、西、北三个方向传来，1000 多敌人向县支队包抄过来。由于双方力量悬殊，郝炳南决定分路突围，他亲自带领一个连，同敌人展开激战。完成掩护任务后，郝炳南率队向东南方向突围，部队遭受了严重损失。当突围出来的队伍朝尖角村方向急奔时，埋伏在新集西小营村北殷家窑的敌人纷纷开枪，他中弹后，挣扎着起来，掏出公文包里的文件焚烧起来，并命令通信员快跑，同时举起枪向敌人射出最后两颗子弹。敌人狂叫着冲过来时，郝炳南已经牺牲，年仅 27 岁。

另一位出身高阳，与郝炳南一同参加革命的尹哲，6 年后，担任中共秦皇岛市委书记。在任期间多次到郝炳南牺牲之处吊唁，每当回忆老战友都唏嘘不已。之后，尹哲任河北省委书记，在政协主席任上离休后，在回忆录中又多次提及郝炳南，足见情谊。

刘杰三抗战时期任昌黎县政府财政科通信员，乡青救会主任，是郝炳南的老下属。1983 年，从衡水军分区副司令任上离职休养。他回忆老领导说：“郝炳南虽然年纪不大，但政治成熟，作战勇敢，我们都很佩服他，本地干部也因此对延安都十分向往，对党中央派来的人都非常崇敬。”

24

杨扶青：实业图强纾国难

◎杨扶青（1891 年 5 月 10 日—1978 年 2 月），河北乐亭人。早年在天津水产学校读书，后留学日本。1920 年回国，曾任昌黎新中罐头公司董事长、总经理等职务。新中国成立后，历任政务院参事室参事、河北省农林厅副厅长、商业厅副厅长、水产局局长、河北省人民政府委员、人民委员会委员、中华人民共和国水产部副部长等职。

杨扶青

杨扶青于 1891 年出生在河北省乐亭县城近处的杨岗子村，原名永兴，字辅卿。“辅卿”两字，先被他以人生追求改为“甫青”，后又改为“扶青”。

杨扶青自幼刻苦求学，由乐亭县高等小学堂毕业后考入“滦州师范学校”，后来又考入“直隶省立甲种水产学校”。1917 年，他被选送至日本东京水产讲习所公费留学。

留学日本，是杨扶青人生道路上的一大转折。当时正是祖国内忧外患的严重关头，出于为国家为民族争气之目的，他与留日学生在东京建立进步团体“新中学会”，以运用科学方法“刷新中国”为宗旨。学会以“赤心”为会徽，表示赤胆忠心，为国为人民，并与由李大钊发起的“少年中国学会”结为友会。在此期间，杨扶青认识了李大钊和周恩来，思想深得启发，胸襟日益开阔，为以后的革命实践奠定了思想基础。

留学日本时，看到日本实业发达、国家富强，杨扶青认识到中国贫弱受欺的原因之一是实业不振，于是决心带头振兴中华实业。1920 年回国后，他与学友张子纶在盛产水果、海味的昌黎，创办了“新中罐头食品有限公司”。公司生产的罐头以新中学会的会徽“赤心”为商标，主要产品有对虾、小黄鱼、鲤鱼、乌贼、龟等水产品罐头，有苹果、梨、葡萄、桃、杏、枣、李子、山楂、西瓜等水果罐头，有番茄、豆角等蔬菜罐头，以及猪肉、牛肉、羊肉、兔肉、鸡肉等肉类罐头。为了提高公司的产品声誉，杨扶青把产品送到巴拿马赛会（国际博览会）参展，使公司的产品几乎与在20世纪初就开办的老牌罐头生产企业——上海泰丰公司齐名。

1924年6月，中共中央决定，由李大钊作为中国共产党的首席代表，率领中国共产党代表团赴苏联莫斯科出席共产国际第五次代表大会。当时，北方党组织的活动经费比较紧张，很难在短期内为代表们筹集到一笔款额较大的川资。李大钊决定请杨扶青给予资助。这时，北洋军阀政府内务部见在北京和乐亭两度搜捕李大钊未果，发布了海捕文书，密令各地"严速拘拿"李大钊，昌黎城内城外，军警密布。在这种情况下，杨扶青见到化装前来的李大钊，又惊又喜，待得知李大钊的来意后，当即亲笔开了一张字据，请李大钊到公司设在哈尔滨的分庄提取500元银圆。紧接着，他又冒着被牵入"共产党要案"的危险，亲自掩护李大钊离开险境，由昌黎登上了开往哈尔滨的火车。数日后，李大钊从哈尔滨拿到500元银圆，与其他代表一起由满洲里越过国境到莫斯科出席了共产国际第五次代表大会。

杨扶青为资助中国共产党人所从事的革命事业做了这样一件大事，事后却极少向人提起。但党和人民并没有忘记他这一历史功绩，在他去世后为他举行的追悼会上，时任国务院副总理的陈永贵在悼词中特意指出，杨扶青先生"在民主革命时期，同情并支持革命，掩护革命领导同志，并对我党革命活动给予物质资助"。

抗日战争期间，杨扶青投身大后方的抗日救亡运动。他参加了国际友人路易·艾黎和斯诺夫妇与一些爱国民主人士在宋庆龄的支持下发起成立的"中国工业合作设计委员会"（后改为"中国工业合作协会"），组建了"中华营造厂有限公司"，并使之很快成为抗战大后方的一个重要的工业企业。他还积极参与了黄炎培发起组织的中国民主政团同盟和中国民主建国会。

抗日战争胜利后，杨扶青作为水产专家，被国民政府委派为华北水产物资接收专员，主要负责到天津等地接收水产方面的敌产。1948年，国民政府为了加强台湾的渔业生产，委任他为上海渔业管理处专员，兼任高雄厂务筹备处主任，负责去台湾高雄筹办食品加工企业等工作。

1949年，杨扶青见人民解放战争取得了决定性胜利，国民党军队准备逃往台湾，台湾形势日非，已非久留之地，便设法搭乘台湾开往大陆的最后一批船只，到达上海。到上海后，他贫困交加，无力北归。周恩来获悉后，派人专程把他接到北平。

中华人民共和国成立后，杨扶青作为水产方面的专家和知名爱国民主人士，被周恩来总理聘为政务院参事室参事。他对发展新中国的水产事业充满了信心和希望，经过周密思考，杨扶青积自己多年之所学所见，草拟了一份《发展中华人民共和国水产意见书》，呈交给周恩来总理。这份意见书引起了周总理和政务院有关领导的高度重视，在百废待兴之际，开始着手谋划尽快建立和发展新中国的水产事业。

有着满腔爱国热忱和报国情怀的杨扶青深知要建立和发展新中国的水产事业，需要做大量的基础建设工作，而他作为一个“老水产”，理应为建设新中国的水产事业多干点实事，多做一些具体工作。于是他向周总理提出，自己的身体和精神都佳，极想回到家乡一带多做一些发展水产事业的实际工作。周总理见他依然壮心不已，同意了他出京的请求，安排他到河北省工作。从 1950 年起，杨扶青先后担任河北省农林厅副厅长、商业厅副厅长和水产局局长等职务。

1960 年，周恩来总理把年近七旬的杨扶青由天津（当时为河北省省会）请回北京，任命他出任中华人民共和国水产部副部长，担负起领导发展全国水产事业的职责。

“文化大革命”开始后，杨扶青由于受到周恩来总理的保护，没有遭受大的劫难。粉碎“四人帮”后，他被聘为第五届全国政协委员。1978 年 2 月 22 日，正准备参加第五届全国政协会议的他，报到后见到不少劫后余生的老朋友，心情分外激动，心脏病猝然发作，于下午 5 时在北京友谊医院与世长辞，享年 87 岁。

25
刘武：卧轨截车争权益

◎刘武（1891 年 9 月 5 日—1974 年 9 月 3 日），原本是北平宛平县（今北京丰台区）人，12 岁随母亲到山海关，在山海关造桥厂当铁匠。1922 年经王尽美介绍加入中国共产党，成为山桥厂早期党组织骨干成员，曾在京奉铁路工人大罢工中任纠察总队队长，并参与卧轨截车，迫使京奉铁路局同意工人罢工要求 。

刘武

刘武原本是北平宛平站（今北京丰台区）人，因为其父在山海关铁路做工，刘武 12 岁随母亲到山海关。

少年时，刘武就表现了禀性刚直的一面，他好打抱不平，常与穷孩子一起练拳习武，清光绪三十三年（1907 年）进山海关造桥厂当了铁匠。

山海关造桥厂后来改名为山海关铁工厂，当时厂里四大帮派，分别为天津帮、大沽帮、南皮帮和唐山帮，四大帮派各有各的帮主，帮主的地位依据在工厂英国总管眼中的重要程度和所占据的位置，决定在工厂内的分量。而四大帮之中，天津帮的帮主赵壁最受英国总管霍华德的器重，管着桥梁房、机械房等主要工房，所以天津帮在山海关铁工厂的势力最大，甚至当时有铁工厂称为“赵壁厂”的说法。

赵壁经常欺压工人，对于敢顶撞和反抗他的工人，除了无故开除外，还经常施以打骂，耿直的刘武对于赵壁的行为早就心怀愤恨，也曾因为顶撞赵壁而遭到他们的迫害，从心里，对这些把头们就有天然的憎恨。

1921 年 10 月，刘武认识了来山海关开展工人运动的中共党员杨宝昆。因为杨宝昆人随和，讲义气，两人很快成为好友。从杨宝昆那里，他懂得了许多革命道理，积极协助杨宝昆开办工人夜校，筹建工友俱乐部。京奉铁路山海关铁工厂“工友俱乐部”成立时，刘武担任俱乐部总干事。

1922年8月，王尽美来到山海关，杨宝昆、刘武等人成了他的好帮手，后经王尽美、杨宝昆介绍，刘武加入了中国共产党，成为秦皇岛地区最早的党员之一。

刘武入党后，组织工人骨干在俱乐部开展各种文娱活动，在夜校里学文化。由于工友俱乐部的影响越来越大，厂方深感恐慌，制定了各种苛刻的规定来管卡工人，并借故开除俱乐部成员。为此，在王尽美等人的领导下俱乐部抓住工厂总监工赵壁克扣工人工饷，大吃“空额”等罪证，同工厂和京奉路当局进行了一系列斗争，并举行了京奉铁路第一次工人大罢工。

在罢工中，刘武担任工人纠察队总队长。罢工5天，京奉路局迟迟不答复工人提出的条件，双方陷入僵持阶段，路局方仍没有任何让步，工人的生计问题也日益严重，在这个节点上，王尽美与党小组商议后，做出一个决定，采取极端行动，促成罢工胜利，这个行动就是——截火车，迫使路局答应条件。

因为京奉铁路线途经山海关，是其重要的枢纽站点，如果能够截断其咽喉，那就会造成震惊全国的事件，扩大影响，逼京奉铁路局表态，这是一记险招，但也是一记致命招！

王尽美作出部署：为确保卧轨截车行动的实施并达到预期目标，采取先礼后兵的方式。先派俱乐部委员长佟惠亭、副委员长景树庭作为铁工厂工人代表，会同铁路的工务代表赵风山、车头房代表王恩宽一起，向火车站站长发出中断铁路行车的通知；然后派罢工纠察队总队长刘武，组织全体罢工工人拦截经过山海关开往北京的4次快车。

1922年10月9日上午8时，刘武与杨宝昆等带领工人们来到山海关车站西面的铁路上，这时一辆火车呼啸着在京奉铁路上穿行而过。火车将要开进铁工厂道口西边的站口时，一幕场景突然出现，让驾车的司机几乎不敢相信自己的眼睛，只见前方的铁轨上站满了工人。他们手举“劳工神圣”“坚持斗争”等字样的横幅、旗帜，在风中伫立着，一动不动。

这些人中间，走在最前面的是刘武，他挥舞起手中的锄头，高喊道：“京奉铁路总局若不答应我们的要求，咱们就誓死力争！兄弟们，喊起我们的口号！”

现场参与卧轨截车的工人，除铁工厂各车间的人外，还包括工务、工程、火车房的工人，一起呼喊着口号，响彻云霄，列车向卧轨的工人驶来，站在轨道中间的刘武岿然不动，而工人们则有的坐了下来，有的躺了下来，把轨道当成了枕头，看着火车越驶越近。

火车的汽笛声震耳欲聋，铁轨在工人们的身子下颤抖，但工人们却保持着各自的姿

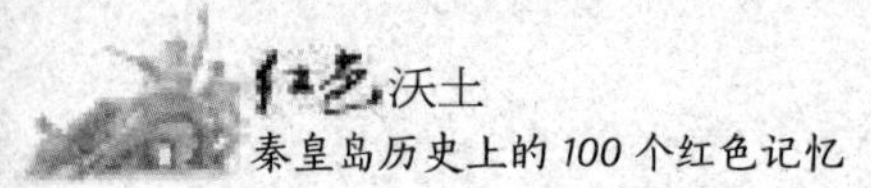

势，视死如归。当列车带着尖厉的刹车声终于停下时，车头距卧轨的刘武等人只有十几米远！

进京的4次快车被英勇的工人们阻截了下来。这一停，就是4个小时。京奉路的咽喉山海关车站交通全部中断，整个列车运行大乱！

与此同时，铁工厂代表工友俱乐部委员长佟惠亭、副委员长景树庭、车头房代表王思宽、工务代表赵风山已经赶到山海关火车站，他们向站长提出：铁路当局不答复罢工条件，就要中断行车。站长闻讯大惊失色，急忙给路局打电话。

山海关铁路工人卧轨截车的消息像长了翅膀一样，瞬间传遍了四面八方，使当局者感到极大的震惊。

没过多久，京奉铁路局的代表就来到截车现场，随后，临榆县县长也慌忙赶到现场。在停滞不动的火车头前，双方进行了“火线”上的谈判。工人卧轨截车，终于迫使京奉路局答复了工人提出的绝大部分条件，罢工取得了胜利。作为卧轨截车的主要骨干，刘武功不可没。

1923年1月，在工人中间极有威望的刘武作为京奉路总工会山海关分会的工人代表，同杨宝昆前往郑州，参加了京汉铁路总工会成立大会。

京汉铁路“二七惨案”后，刘武转移到奉天（今沈阳）后又到张家庄、洼里等车站任驻站号志工。1927年4月，他奉调到丰台车站，与先到那里的杨宝昆接上关系，继续从事党的地下活动。1928年，杨宝昆被捕遇害，刘武同党组织失去联系，但他仍对杨宝昆烈士的家属给予生活上的资助。1931年，刘武由丰台调到芦台、唐山等站当号志工。1974年9月3日因病逝世，终年83岁。

26

鲁懋堂：铁路工运播火人

◎鲁懋堂（1906年—1987年11月），曾用名鲁子钰，原籍天津市，1920年入京奉铁路山海关铁工厂桥梁房工作，经王尽美介绍加入中国共产党。1924年10月，中共山海关铁路地区特别支部成立，鲁懋堂任特支书记，相继恢复秘密工会小组，重新建立工人夜校，发动工人群众同帝国主义、封建主义势力和国民党反动派、官僚资本家斗争。

鲁懋堂

1912年，6岁的鲁懋堂随父母从天津到山海关定居，1920年进入京奉铁路山海关铁工厂桥梁房，一开始做小工，后来成为一名铆工匠。

山海关铁工厂原是清政府官办的工厂，因为清政府无力管理，19世纪末建厂后的30多年时间里，一直高薪聘请英国人当厂长（总管）。在洋老板和把头们的把持下，工厂生产发展缓慢，2500多铁路工人过着饥寒交迫的日子。鲁懋堂等工友们迫切希望摆脱这样的生活现状。

工人们的思想因为一个人的到来得到了改变。这个人就是杨宝昆。

1921年10月，中国劳动组合书记部北方分部派中共党员、长辛店工人俱乐部委员杨宝昆来山海关铁工厂，以铁匠身份作掩护开展革命活动。年底，鲁懋堂结识了杨宝昆，在杨宝昆教育和影响下，成为工人积极分子。1922年8月15日，铁工厂成立了山海关京奉铁路工友俱乐部，俱乐部委员17人，鲁懋堂被选为俱乐部委员，作为会计负责经济工作。俱乐部内部还设立秘密工会，一些较大的问题先交秘密工会讨论，鲁懋堂同时担任秘密工会委员。

工友俱乐部的成立，不仅使京奉铁路工人有了自己的群众组织，也为我党领导和开展工人运动创造了条件。

1922年8月下旬，王尽美化名刘瑞俊，来到山海关铁工厂，与杨宝昆一起，组织和领导京奉铁路工人进行大罢工。1922年11月初，王尽美和杨宝昆一起发展佟惠亭、刘武入党，正式成立以杨宝昆为组长的党的秘密小组。这样，秦皇岛地区在中国共产党成立后的第二年就有了第一个党组织，并不断培养吸收工人骨干入党，使党员队伍不断扩大。10月份，鲁懋堂参加了山海关铁工厂举行的京奉铁路工人第一次大罢工，罢工胜利后，经王尽美介绍，光荣加入中国共产党。随着鲁懋堂等一批工人骨干加入党组织，到1923年2月，秘密党小组的成员已达13名。

1922年2月，京汉铁路发生“二七惨案”，白色恐怖笼罩全国，工人运动暂时处于低谷。山海关反动当局也伺机反扑，于2月中旬的一天逮捕了王尽美、杨宝昆、赵有生3人，在党的秘密小组的领导下，400多名工人集结起来，围攻反动当局，将他们成功营救。

为了隐蔽党的组织，保护革命力量，1923年3月，上级决定王尽美返回北京地区工作，杨宝昆转移至丰台铁路工作，鲁懋堂也先后转移到北京、哈尔滨等地。

1924年10月，上级党组织决定派鲁懋堂回到山海关工作。鲁懋堂回到山海关后，立即去北京和唐山，同那里的党组织取得联系。1月，上级党组织派吴汝明、张昆弟来山海关，指示鲁懋堂建立党的特支，并任命鲁懋堂为特支书记。不久，山海关铁路特别支部建立，由中国劳动组合书记部北方分部领导。特别支部有8名成员，其分工是：书记鲁懋堂，组织委员王桂林，宣传委员刘朋、寇文德，联络委员徐金明，委员宁潜湘、林茅新、王国清。

中共山海关铁路特别支部是秦皇岛地区的第一个党支部，特支成立后，最迫切的任务就是恢复工会组织和党在工人中的活动。为此，特支首先抓紧恢复了工人夜校。通过夜校进行党的组织宣传活动，组织工人学习《工人周刊》《北方红旗》《二七工人》等刊物，以提高认识，鼓舞斗志。中国劳动组合书记部北方分部也先后派李培良、王玉山、刘玉堂等到山海关工人夜校讲课，并和特支成员一起，通过党员或党的积极分子，组织建立工会秘密小组，每个小组均有党员组织日常活动。工会活动的秘密恢复，标志着山海关地区铁路工人运动开始复兴。

培养党的积极分子，扩大党员队伍也是特支的重点工作，到1927年，先后发展了5人入党，2人入团，至此，山海关铁路特支共有党员13名，团员2名。

1925年秋，铁工厂厂长与总监工合谋，削减了工人第一次大罢工时所争取的福利待遇，鲁懋堂和特支委员们发动工人统一行动，停工两小时与厂方据理力争，迫使厂方撤销了决定。

从1926年开始，秦皇岛地区处在奉系军阀的残酷统治之下，山海关特支根据上级党组织的指示，及时采取了更加隐蔽的工作方法，特支没有组织大规模的群众斗争，而是根据当时所处的具体环境，开展群众工作和党的建设，使党扎根在民众之中，奠定工作基础。

1927年“四·一二”反革命政变后，由于特支按照上级的指示，及时采取了灵活的工作方法和斗争策略，主要是择机散发党的标语传单，揭露蒋介石的反动面目，没有进行过于暴露力量的活动，支部的工作未遭受重大损失，保存了党的力量，进而在新的历史条件下，继续坚持革命斗争。

1929年9月5日，由于受党内第二次“左”倾错误的影响，山海关特支在领导工人同国民党反动统治的斗争中，采取了怒砸“黄色工会”会场的冒险行动，暴露了党在秦皇岛地区的这一秘密组织，使成立5年之久的山海关特支遭到破坏。鲁懋堂不幸被捕，在残酷恶劣的环境中，他经受住了严峻的考验，积极参加中共党组织在监狱中开展的对敌斗争。

山海关特支虽然因此停止了活动，但在宣传、组织、领导广大工人群众同帝国主义、封建主义势力和国民党反动派、官僚资本家的斗争中，做了大量工作，在群众中产生了深远的影响，为更加深入地开展工人运动打下了坚实基础。

27

燕云程：除奸反特基干队

◎燕云程（1901年7月—1952年），原名张恩霖，河北省滦县（今滦州市）人。经中共冀东地委的委派，任抚昌工作团主任。建立昌黎县第一个党支部，燕云程任支部书记。组织领导群众进行公路大破交，开展除奸反特斗争，领导基干队同扫荡的日、伪军作战，为巩固路南抗日根据地创造有利环境。

1943年，日本侵略者经过军事镇压和“治安强化”运动，欲将昌黎变成所谓的“治安模范县”。然而，党在抚（宁）昌（黎）路南濒海地区开创出的一块抗日游击根据地却卓然立于腥风血雨之中，俨然一声声惊雷，炸响在阴霾漫漫的敌占区域，使敌伪丧胆，民心大振。这块抗日游击根据地的主要开创者就是共产党员燕云程。

燕云程

燕云程原名张恩霖，滦县杨柳庄乡王庄子村人。幼时家贫，父母和兄妹合家5口全靠祖上的几亩薄地过活，日子入不敷出，相当艰难。

燕云程自幼聪慧，攻读学业十分刻苦，小学毕业即考入省立滦县师范，后在天津军校学习，毕业后投笔从戎在武汉直系军中任连副，两年后退伍回家，在苍官营小学任教员。这期间，一些进步的知识分子也在苦闷彷徨中寻求拯救祖国的革命之路。燕云程在教书时，邂逅了在滦县中学教书的共产党员丁振军，两人交往甚密，时时在一起谈人生、谈理想，谈祖国的前途和民族的命运。他一扫往昔凄苦愁闷的心情，踏上了革命的道路，并于1940年加入中国共产党。

1942年，日本侵略军对冀东抗日游击根据地进行疯狂的“扫荡”和“蚕食”，冀东的抗日斗争进入艰难困苦时期。冀东区党委审时度势，作出了“分散活动，坚持地区”和“转移外线，开辟新区”的决定。这年冬天，燕云程受中共路南工作委员会书记丁振军的派遣，到滦东路南的昌黎、抚宁一带进行开辟地区工作，并被任命为滦东工作团主任。他隐蔽在昌黎路南东部的草厂庄村，当时草厂庄开着一家木匠铺。这家木匠铺由滦县簸箕掌村人张贺（王志远）和迁西县的李美（王志奎）两人经办。燕云程遂找到张贺，以木匠铺“账房先生”的身份为掩护，秘密发动群众，发展党员，组织抗日武装，努力开辟抗日游击根据地。

他首先在伪基层政权的乡保人员中间开展工作。在伪乡保人员中大力宣传党的抗日救国的政治主张，教育和争取他们站到人民这边来，同情和支持抗日。很快，伪基层政权被逐渐分化，不少人转向抗日，主动协助抗日工作，并以伪乡保人员的身份为掩护，巧妙地应付和周旋着敌人，为抗日救国做了许多积极有益的工作。

燕云程还深入群众之中，同穷苦百姓拉家常，谈生活，讲故事，不仅扩大了党在群众中的影响，而且也把一大批骨干群众团结了起来。随着抗日工作的深入开展，建立党组织的条件也逐步成熟了。为此，在燕云程的指导帮助下，草厂庄少数抗日积极分子先后被发展入党，并于1943年夏诞生了昌黎县第一个农村基层党组织——中共草厂庄支部。

1943年5月间，草厂庄过来了八路军小股部队。燕云程的身份这才公开了，临（榆）抚（宁）昌（黎）抗日联合县成立，燕云程亲手开辟的这块地区划为临抚昌联合县第五区，他就任区委书记兼区长。

燕云程很快便组建起一支区武装基干队。这支十几人的地方武装，在燕云程的带领下，时常深入敌据点附近骚扰敌人，伺机打击小股分散之敌，在保护群众和除奸反特当中发挥了很大作用。

纵贯昌黎县境的昌姜公路是日伪军沟通南北的交通动脉。公路两侧敌据点林立，戒备森严，对抗日活动威胁很大。1943年秋，为了阻滞敌人的交通运输，切断各敌据点之间的联系，便于我方人员活动，燕云程发动全区人民开展了破交战。他让伪基层政权的办事人员带队，携带工具进行破交，同时破坏敌人公路两侧的电话线。区武装基干队则负责警戒，以阻止出击之敌。各分区分工合作，相互展开竞赛。只几天工夫，就把昌姜公路搞得千疮百孔，不能通车。

1943年冬，燕云程领导基干队，在后马坨伏击前来扫荡的日、伪军，打死10人。1944年春节前夕，他带领基干队、总区、分区干部和县委手枪班50余人到长峪沟开会，在苏鏜子被四五百名日、伪军包围。燕云程身先士卒，带头冲杀，大家长短枪一齐开火，在一阵旋风似的呐喊声中冲过庙台，冲出敌人的包围圈，化险为夷，安全回到根据地赤洋口。

身经百战的燕云程用自己的抗战历程，书写了一段传奇故事。

28

张书阁：龙头大捷战功赫

◎张书阁（1903年10月—1944年2月），又名翰轩，青龙满族自治县人。日军占领青龙后，逼迫张书阁当了龙头甲甲长，他却利用这个身份暗中为老百姓做好事。1942年春，他家成为抗日“堡垒户”。翌年2月张书阁加入中国共产党。从此，他便利用伪龙头甲甲长的公开身份，为抗日干部带路、送信，为部队筹集军粮、衣物，组织群众“破交断线”，拆毁“人圈”，配合八路军作战。1943年年底，因有人告密，张书阁的身份暴露。1944年2月18日，张书阁被敌人杀害。

吊在大柁上用皮鞭抽，用成捆的香头烧胸脯，绑在长凳上灌煤油和辣椒水……日伪军对他用尽酷刑，他对党的秘密始终未吐露一字。

“敌人要对我下毒手了，告诉你，我是共产党员，日本鬼子长不了……”临别之际，他才向妻子道出自己的真实身份。

这位烈士叫张书阁，正是因为他，八路军七区队取得了著名的龙头大捷，而他自己也正是因为这场大捷，暴露了身份，最后被敌人杀害。

张书阁（左二）

1903年出生的张书阁是青龙县三星口乡龙头村人。1937年，日军占领青龙后，张书阁当上了伪甲长。生性善良爽直、乐于助人的他，明着为伪满政府征粮收税，暗地里却支持老百姓抵制各种苛捐杂税，为老百姓撑腰说话。

1942年春，抗日干部品振霄、刘国华等人来到三星口一带开辟根据地，发动群众开展抗日斗争，张书阁的家成为抗日“堡垒户”。

1943年2月，张书阁经品振霄介绍，秘密加入中国共产党。从此，他公开身份是伪甲长，实际上成了我党打入敌人内部的秘密交通员。利用伪龙头甲甲长的身份，他为抗日干部带路、送信，为部队筹集军粮、衣物，组织群众“破交断线”，拆毁“人圈”，配合八路军作战。

1943年10月13日，龙王庙伪警察署、协和会和伪军营部，联合召开了木头凳至龙王庙公路沿线的伪甲长会议。会上宣布：有装备一个团的武器和大批军用物资，由辽西运进青龙，14日到达木头凳，15日由木头凳运往龙王庙，沿途各甲要严加戒备。

张书阁以伪甲长的身份参加了这次会议，会后他立即将这一情况报告给了八路军七区队。七区队根据情报制定了在龙头伏击敌人车队的作战计划。

14日午夜，八路军战士埋伏在出石头至歹毒岭2.5公里长的公路两侧。15日拂晓，敌车队120辆大车如一字长蛇般缓缓驶进包围圈。待敌人的119辆大车驶入包围圈后，伏击战打响。这次战斗，除最后一辆车因距离较远听到枪声跑掉外，敌人119辆大车的军用物资（包括枪支弹药、粮食布匹等）全被缴获，消灭敌人30多名，俘敌50多名，对敌人打击之沉重，战果之辉煌，震撼长城内外。战斗也因此被称为龙头大捷。

龙头大捷后，日伪军马上怀疑到了与八路军有来往的张书阁。10月18日，特务头子范子和带领十余名特务闯进张书阁家，逮捕了张书阁。

“书阁，听说八路军的大部队先天晚上就埋伏好了，这你不会不知道吧？”

“我是甲长，八路军都骂我是汉奸，他们来不来哪能告诉我呢？”

“有人看见八路军经常到你家，这你还争辩吗？”

“这倒是真的，你们不也是经常去吗？”

……

敌人费尽心机威逼利诱，但没有从张书阁的嘴里得到任何东西。于是，他们只能使出最后一招——酷刑逼供。11月3日晚，张书阁被带到审讯室，敌人把他吊在大柁上，先用皮鞭抽，后用成捆的香头烧胸脯，但他一声不吭，两眼怒视敌人。敌人狂吼着：“那次会是不是你泄的密？粮食、枪支都藏在哪里？”张书阁斩钉截铁地回答：“不知道！”敌人见这样不行，又把他卸下来，绑在一条长凳上，往他嘴里灌煤油，灌辣椒水。张书阁被折磨得晕了过去，敌人就往他身上泼凉水。苏醒后，张书阁觉得周身疼痛，腹如刀绞。敌人见他苏醒过来，又施展酷刑，对他展开新一轮的折磨……

1943年年底，因有人告密，张书阁共产党员的身份暴露。敌人对他的审讯更加频繁起来。张书阁知道敌人不会放过自己，借妻子前来送衣服之机，他向妻子做了最后的告别：“敌人要对我下毒手了，告诉你，我是共产党员，日本鬼子长不了，我死后你一定要保重身体，带好几个孩子……”

1944年年初，张书阁被敌人杀害，英勇就义。

29

周子峰：身经百战屡立功

◎周子峰（1906年2月—1988年4月），原名周友，化名强国，河北青龙人。1943年3月17日成立燕山游击队，周子峰任队长。5月，160名青壮年队员被编为马骥一营的新三连，周子峰为连长。此后新三连转战长城内外、老岭东西、都山周围，牵制敌人，打击敌人。1943年11月周子峰加入中国共产党。

从一名伪甲长、伪自卫团团长转变为一名优秀的八路军指战员，参加过龙头大捷、夜袭铅锌矿、抚宁城突围、老岭反扫荡、义院口伏击战、花厂峪阻击战等大大小小战役近百场，周子峰的革命经历颇具传奇色彩。

周子峰

周子峰年少时家庭生活贫困，养成了一种不管天高地厚、是生是死满不在乎的性格，时局的混乱和世道的不公平，让他产生了强烈的反抗之心。成人后的经商过程中，周子峰在迁安、抚宁等地接触党的地下工作者，受到抗日救国思想的熏陶。

伪满洲国统治初期，要成立保甲制，富户们当时还摸不着头脑，周子峰就被推选为伪甲长，后来又到干沟当了自卫团团长。

不过周子峰暗中维护老百姓的利益，抵制日、伪军的横征暴敛。因为痛打了驻干沟日本指导官森龙，周子峰被迫跑到“口里”（长城以内的地方），而周子峰这个名字，也随着森龙挨打的故事越传越远。

1942年冬，周子峰偷偷跑了回来。这时候青龙县来了宋国祥、海瑞祥抗日工作队，曾克林、马骥也时常带部队来青龙东部山区活动。因为当过伪甲长和伪自卫团团长，周子峰不敢和八路军干部会面。可是，马骥和海瑞祥早就在当地群众中把事情真相打听得一清二楚，海瑞祥给周子峰讲了许多道理，尤其是抗日民族统一战线的政策，周子峰的思想发生了深刻转变，此后，开始给马骥和海瑞祥跑情报。

1943 年年初，周子峰向海瑞祥、马骥汇报了伪满洲国初期他隐藏枪支的情况，商定将这批枪支收集起来，组织武装暴动。

为了这些枪，周子峰变卖家中七亩好地，并把做买卖剩下的本钱也全拿出来作为收集枪支的付款，一夜之间就收了 70 多支枪，还有连人带枪一块出来跟他干的。

一个月时间里，周子峰拉起一个 253 人的暴动队伍，有长枪 93 支、手枪 6 支。3 月 17 日，大家在大核桃沟陈台子举行誓师大会，暴动队定名为燕山游击队，归总区领导，周子峰任队长。这个消息一下子轰动了凌青绥广大地区。

誓师大会之后，由陈清和分区长刘宝友带队，到钟响沟小于杖子村集中，组织 70 多名群众一夜之间将西汉沟至干河子 15 里的电线杆全部锯倒。暴动鼓舞了群众抗日的热情和信心，一个月时间内，队伍扩展到 500 余人。日伪政权为了尽快切断八路军与人民群众的联系，消灭境内的八路军，一方面加紧进行“集家并村”，一方面向境内增派军队，妄图消灭八路军和联合县、区机关。

1943 年 5 月，冀东区党委和军区决定把暴动队伍调到花果山接受改编，暴动出来的老弱病残农民回家做地方工作或是作为部队的关系人，将 160 名青壮年队员编为马骥一营的新三连，任命周子峰为连长。此后，周子峰的新三连随马骥的一营牵制敌人，打击敌人。其中包括袭击牛心山伪国兵营；参加攻打柳江煤矿；花厂峪口激战新三连担任正面阻击；周杖子水银矿战斗；二道坳截汽车战斗；等等。特别是在安子岭田杖子伪警察分驻所将伪警察全部缴械，一次缴获水连珠大枪 73 支，每支还带 300 发子弹。周子峰的新三连转战长城内外，驰骋老岭东西、都山周围、青龙河两岸，劫军车、烧炮楼、拔据点、炸大桥，多次受到军区嘉奖。

1943 年 11 月，经罗文、马顺元介绍，周子峰加入中国共产党。1944 年年初，周子峰调到乐亭路南干部培训班学习，结业后分配到滦东专署任联络科长，做统战工作。

抗战胜利，凌青绥联合县的大部分同志，受党的指示去接收东北，剩下的部分同志组成了青龙县人民政府。周子峰被任命为青龙县县支队队长，参加接收伪军和伪县公署工作，继续投入到轰轰烈烈的解放战争中去。

多年后，周子峰因当年工委所在地靴脚沟遭受敌人进行“梳篦子”的清剿，一直觉得亏欠花厂峪人民。他曾多次对儿子周庆信说，花厂峪人民的恩情不能忘。

如今，为了完成父亲的遗愿，周庆信多次放弃高薪就职机会，来到父亲生前战斗过的花厂峪，担任花厂峪纪念馆馆长，一门心思研究和探索当地的红色旅游，让更多的游客在接受红色教育的同时，饱览花厂峪的青山绿水，感受深山村野的纯朴风情。

30

郭大娘：举家抗日传美名

◎郭大娘是三星口地区有名的模范抗属，也是一位伟大的母亲。郭大娘没有留下名字，别人都是随着她的丈夫郭长荣的姓，而称她为郭大娘。其满门忠烈抗日寇的事迹在当地广为流传。

“因于伪满康德十一年正月间，有日本宪兵队长监督，敝充行动队班长随去插沟出发，致将郭海楼父亲误伤致命，以此被有嫌疑，今经中保人说合，言归于好，以后无论任何时代，绝无反感，全无反颜仇视之意，倘有意外举动，保人×××四人负其完全责任……”

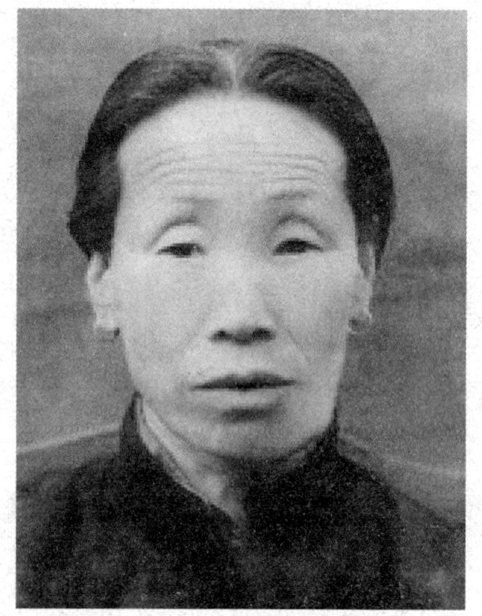

郭大娘

这是一张立于1945年的保书，保书背后的真实故事是：青龙县三星口乡西岔沟村被日伪军包围，郭海楼的父亲郭长荣为了掩护抗日干部引开敌人，被日伪军击中了下巴。日伪军顺着雪地里的血迹追到了他的藏身之处，把他从山崖上吊下来，摔在了雪地上，伪军胡献国用刺刀将其刺死。

1945年11月，正是这个伪军胡献国，眼见着日本侵略者已经投降，而郭长荣的长子郭海楼此时已经成为共产党的大干部，生怕被清算的他，找了4个保人，立下了这张保书，企图开脱罪责。

新中国成立后，按规定，背负血债的胡献国要被镇压，是郭长荣的妻子郭大娘的一句话救了他的命：“我已经是寡妇了，就别再让别人成寡妇了。”

两相对照，不难看出，是什么样的人跟着共产党，又是什么样的人当了汉奸走狗。

郭大娘是三星口地区有名的模范抗属，也是一位伟大的母亲。

郭大娘没有留下名字，别人都是随着她的丈夫郭长荣的姓，而称她为郭大娘。

郭大娘的大儿子郭子云在1943年加入中国共产党，任洞子沟党支部的组织委员。她的二儿子郭子雨精明强干，被马骥看中，参加了八路军。临行前，她嘱咐儿子："好好跟着马队长干，有日本鬼子在，就没有咱们好日子过，你们要狠狠地打鬼子！"

日本侵略者和伪行动队把郭大娘家列为重点"八路匪"窝。农历腊月的一天，他们突然包围了大娘家，用刺刀点着大娘的胸口说："限你十天，让你二儿子回家不干八路，让你大儿子也别着共产党跑，就留下你的房子和你全家性命，否则格杀勿论，何去何从，你今天表个态吧！"大娘一声没吭，凶残的敌人见大娘不表态，就放火烧了大娘家的7间草房，粮食、被褥、家具全部化为灰烬。

1943年农历新年前后，郭大娘的二儿子郭子雨在战斗中牺牲，二儿媳被伪军逼得吞了"大烟"，丈夫被伪军刺死，不到两个月时间，郭大娘接连失去了三位亲人，她自己带着两个年幼的儿子，被逼进了"人圈"。

一天夜里，一位分区干部摸进"人圈"，和郭大娘商量："前方有些吃紧，想让海楼参军，去武装开辟绥中，您老人家同意吗？""让他去吧！只要能把鬼子赶出去，大娘什么都豁得出来！"就这样，刚刚失去了丈夫、二儿子、二儿媳的郭大娘，又同意大儿子郭海楼去参军。

郭大娘在"人圈"里忍饥挨饿，还把仅有的一点米或一块馍偷偷埋在粪筐里，送给山上的伤员。中共凌青绥联合县工委了解到郭大娘一家的情况，特意派民运科长信修想办法从"人圈"里解救出郭大娘一家，将其转移安置到抚宁上庄坨。

当时安排在这里的抗属老的老、小的小，孤儿寡母的有好几十人，工委的干部有时忙不过来，郭大娘就主动担负起做这些抗属的思想工作，大家有什么事也愿意找她商量，大娘就成了这些抗属的主心骨。她把这些抗属组织起来，做些力所能及的工作，支援前方，给当时的抗日政府减轻了不少负担。

抗日战争胜利后，郭大娘回到老家西岔沟。这位伟大的母亲又投身到轰轰烈烈的土地革命和解放战争中。她几次险些死在土匪、"还乡团"之手，但她早已把生死置之度外，支撑着虚弱的身子护理了很多解放军伤病员。可惜，刚刚尝到幸福生活的甜头不久，郭大娘便于1953年不幸病逝。

抗日战争、解放战争时期，郭大娘的大儿子郭海楼一直在绥中地区从事革命工作。1949年4月，他被派往江西，后来曾任中共抚州市委书记。

31

高庆：与敌激战凤凰山

◎高庆（1906年—1945年2月），又名高俊山，昌黎县昌黎镇孔庄村人。1938年参加中国共产党发动的冀东抗日大暴动，他在昌黎、乐亭一带组织起义队伍，按上级指示组织迁卢抚昌联合县第七区游击队，并以昌黎凤凰山为依托开辟抗日根据地。在昌黎县境北宁铁路沿线，高庆游击队时常护送八路军干部过铁路封锁线，在战斗中，高庆加入中国共产党。1944年，高庆游击队编入县支队，他任二连连长，后在战斗中为掩护战友撤退不幸牺牲。

高庆

高庆是昌黎县梨河湾乡孔庄人。1906年，他出生于贫苦农民家庭，16岁去锦州皮匠铺学徒，18岁回乡。

1938年，他参加了中国共产党领导发动的冀东抗日武装大暴动。大暴动失败后，他回家务农，与暴动队伍失去了联系。

1941年秋的一天拂晓，日伪军突然包围孔庄。高庆用镰刀砍死一个日本兵后，边砍边冲，带领群众突围。虽然颈部中弹负伤，但他仍冲出日伪军的重围。

为躲避日伪军追捕，他把家搬到长峪山附近的一个大庙里，一面养伤，一面从事抗日活动，并化名高俊山。

1942年8月，冀东军分区第十二团一营来到卢（龙）、抚（宁）、昌（黎）一带开辟抗日根据地。10月，在党的指引下，高庆联络了长峪山、后明山的周海波、邱贵之等十几名青年，组建了迁卢抚昌第七区游击队。高庆任队长，游击队以昌黎凤凰山为依托，开展抗日斗争。

游击队建立初期，缺少武器。游击队从擒获的一名伪军那里得知，在安山镇九龙山山顶的破庙里，伪警备大队新设了一个哨位班。高庆夜里率游击队员奇袭九龙山顶，俘虏了全哨位班的伪军，缴获步枪12支、子弹300多发、手榴弹30多枚。紧接着，高庆又带领游击队夜袭后封台车站一个班的伪军，缴获 9 支步枪。

经过这两次战斗，高庆游击队声名大振，队伍发展到 40 多人。

高庆游击队经常活动于昌黎县境内的北宁铁路沿线，多次护送八路军干部过铁路封锁线。昌黎的日军队长鱼尾恼羞成怒，在接连撤换了两个站长也无济于事之后，特意从外地调来曹长板哲管理后封台车站，对付游击队。诡计多端的板哲一到任，就严密封锁了铁路沿线。会说些中国话的他还经常带手下人化装成老百姓，到车站附近的村庄搜集游击队和八路军的活动情况。

1943 年农历二月初二，高庆和几个游击队员化装成赶集的老百姓，在龙家店大集上抓住板哲。

“以后我们的人要是再从你这路过，请你多加关照，否则——”高庆用手指了指铁路旁的炮楼，又点了点板哲的脑袋：“否则就叫你这两个东西统统地搬家！”

板哲吓得像鸡啄米似的不住点头称是。

自此，游击队不仅可以安全穿越铁路，有时板哲为保证他所管辖的这段铁路不被破坏，还偷偷给游击队送一些子弹。

为搜集八路军情报，探听八路军电台、军需库和后方医院的下落，日军在张各庄据点成立了一个特务队。其中有 4 个特务最坏，常到马家峪一带敲诈勒索，欺压百姓。当地群众恨之入骨，强烈要求游击队为民除害。高庆扮成村公所的办事人员，借 4 个特务前来勒索过节的酒肉之机，带领游击队员铲除了 4 个特务。在此期间，高庆还带领游击队先后镇压了伪军小队长郑佐洲、日军长林中队宪兵军曹申正义以及特务苏舒林。

1943 年 5 月，冀东军分区第十二团卫生处迁到后明山。当时环境残酷、战斗频繁，正规部队伤病员较多，急需医疗器械和药物。高庆带领游击队员和民兵，连夜智取昌黎城内的广济医院，运出透视机和大批药品，解决了部队的急需。

1944 年，高庆光荣地加入了中国共产党。同年 2 月，游击队编入县支队，高庆任二连连长。

1945 年 3 月，敌人纠集了铁路沿线数百名日军和上千名伪军，在一天夜里偷袭包围了耿庄，妄图一举摧毁凤凰山抗日根据地。高庆为了阻击敌人，掩护机关和群众安全，率队强占了凤凰山头，与敌人激战五六个小时，给敌人以沉重打击，遏制了敌人的进攻，为机关和群众的安然脱险争取了时间。但他没有料到，日伪军从凤凰山南麓的绝壁上，用人托人的方法攀上了凤凰山顶。攀上山顶的敌人用机枪猛扫，高庆不幸身中数弹，壮烈牺牲，年仅 39 岁。

高庆牺牲后，中共迁卢抚昌联合县委为他召开了有数百人参加的追悼大会。冀热辽军区第十六军分区发布命令，将高庆领导的游击队正式命名为“高俊山游击队”。

32

刘月英：抗日支前意志坚

◎刘月英（1898—1979年），河北卢龙东吴庄村民，抗战期间，刘月英家成为抗日“堡垒户”，掩护抗日工作人员，被誉为“拖不垮、摧不烂的山区老交通”和“革命母亲”。刘月英全家有8人加入中国共产党，1946年5月冀东区党委授予她家“革命之家”称号。

刘月英生在一个贫苦农民家里，17岁时与东吴庄的吴玉柱结婚，包括4个儿子1个女儿在内全家7口人租住在三间土房里，仅有3亩山坡地，一年下来收获不多，日军侵占了冀东地区以后，全靠吴玉柱卖短工、刘月英做鞋卖来维持家中生活，日子更加困苦。

东吴庄位于长城脚下，三面环山，地形隐蔽，交通方便，是口里口外交通的要道，是开展游击战最理想的地方。因此，敌人对这一带控制很严，附近驻扎着日军以及伪警备队一个中队。

1942年秋，我党开辟地区的工作人员宋春山、贾茂胜来这里，找到刘月英的大儿子吴祥久了解敌情。这一天深夜，吴祥久悄声叫起母亲，用食指和拇指比画了一个“八”字，说：“妈妈，你在外边给听一下动静。”刘月英心领神会，站在院里放哨，直到深夜。北院小草棚的窗户被厚厚的棉被遮挡着，透不出一丝光亮。

从此以后，北院的两间小草棚就成了联络站，刘月英总是热情接待，烧水做饭，站岗放哨。

1943年5月的一天傍晚，八路军战士刘宝胜、赵小波来到刘月英家休息，敌人讨伐队听到消息，从四面围过来。转移来不及了，必须就地隐蔽。刘月英急忙叫醒二人，拉着他们藏在北院小草棚下的地洞中，然后到院中观察动静。这时几个敌人冲进院子，看见刘月英就问：“今天你看见两个八路吗？”“没有。”“不用你嘴硬，等我们搜着了，有你好瞧。”接着这群匪徒就到处乱翻，整个院子都搜遍了也没有找到。匪徒举起大枪用枪托将刘月英打倒在地，接着又踢了几脚，这才悻悻离开。夜深人静，刘月英端着一盆饭，悄悄走进小草棚，把刘宝胜、赵小波叫出来，让他们吃饭，两位同志端起饭碗，激动的心情无法表达。

1943冬的一天深夜，刘月英刚刚入睡，忽听“啪啪”敲门的声音，刘月英立即开了大门，见一人倒在门边。她俯身一摸，两只手黏糊糊的。她急忙回屋叫起老伴儿，把这人抬进了屋，当把窗户蒙好，点灯一看，只见这人浑身都是血，已经昏了过去。他们急忙把来人的衣服脱掉，用生白布沾盐水把血迹擦净，才看清该人身中三弹，伤势严重，性命垂危。刘月英让老伴儿吴玉柱辗转买回药品，经过刘月英精心护理，到第三天伤员终于苏醒过来，刘月英心里的一块石头才算落了地。原来这位同志是七区队的侦察员，到长城外侦察敌情，遭到日伪军围剿，身中三弹。他咬紧牙关终于在半夜到了刘月英家门前。第四天伤员刚有好转，北口外日伪军又来讨伐。刘月英忙把伤员藏在北院草棚的地洞中。这时，妇救会干部高育民和王新也来到这里，情况紧急没有思考的余地。刘月英只好把二人藏在东屋的粮仓里，上面放些破烂衣服及旧棉絮。面对敌人她机智应对，巧妙掩护，保护了两位同志的平安。

刘月英身体单薄，但是，革命战争的熏陶和锤炼，使她身体如铁硬，意志如钢坚。她不仅接待、掩护地下工作人员，还担任我地下联络任务，不论是敌情紧急，还是特务跟踪；不管黑夜白天，还是风天雨天，从不间断。东吴庄距西吴庄 8 里。如果到西吴庄去，燕河营是必经之路。敌人监视严密，设有两道卡子，妄图切断东、西带村庄的联系。刘月英为了便于联络，就从山上走出一条小路送情报、接送我地下工作人员。

1943 年初春，有份情报必须送往西吴庄交给高敬之。当时刘月英已 46 岁了，她不顾家人劝阻，乘着夜出了村。因为脚小行走不便不慎一脚踩空，身子一晃就顺着山坡滚了下去，直滚到小溪里才停住。刘月英满身是水是伤，脚脖子疼痛难忍，可她毅然站起身来，咬着牙爬山越岭，终于将情报送到，敌人的扫荡计划破灭了。

东吴庄于 1943 年冬建立妇救会，刘月英是第一任妇救会主任，每次有做军鞋任务都是刘月英先做五六双鞋（袜）充当样品，以此作为标准，分头把关。因此，凡是由东吴庄做出的军鞋、军袜，质量好、耐用，深受广大战士、干部的欢迎。她家是支前物资的集中地，每次都按时保质地完成任务。

为了抗日救国，刘月英不仅积极支持大儿子吴祥久参加抗日工作，而且又把二儿子吴瑞风、三儿子吴瑞泉送到部队，包括刘月英在内全家在抗日战争时期有 8 人加入中国共产党，为民族的解放事业作出了贡献。

1945 年 8 月，卢抚昌联合县委授予她“抗日支前模范”称号；1946 年 5 月东区党委授予她家“革命之家”的光荣称号，并赠送了光荣匾，《冀东报》发表了她的模范事迹。1950 年春，国家组织的老区慰问团河北省分团，由省委领导率队到东吴庄慰问她全家，并代表河北省政府授予她家“优秀军属”“民主之家”光荣称号。

33

邵洪生：盘肠摧毁敌碉堡

◎邵洪生（1913—1947年），卢龙县下寨乡邵黑石村人。1942年秋，八路军在滦东地区开辟抗日根据地，邵洪生参加了民兵。1947年，邵洪生参加中国人民解放军。他所在的部队奉命攻打夏垫镇，在爆破过程中，他不幸左腹部受重伤，在送往医院的途中壮烈牺牲。冀东军区党委追认他为中共正式党员，授予“毛泽东奖章”和“爆破英雄”称号。

邵洪生1913年出生于河北省卢龙县邵黑石村。抗战时期，他参加了民兵。解放战争时期，他参加了“民兵河防游击队”。

邵洪生

1947年冬，卢龙县内掀起参军高潮，当时邵洪生正参加“卢龙县远征担架团”，任务完成后回村，新兵已经出发。他连续跑了一天一夜，直到迁西终于赶上部队，被编入冀东独立四师十团一营二连一排二班。

1948年，解放战争进入决定性的一年。东北民主联军为了发动“春季攻势”，要冀东部队牵制关内和热河敌人。冀东军区组织了十四、十五两个军分区部队的直属四、五两个独立师，共8个团，从3月16日开始，到4月12日结束，展开了一次“西线破击战役”。

战役捣毁北平到承德的平（北平）古（古北口）铁路之后，把攻击的矛头指向北平近郊。4月2日，在通（通县）三（三河）公路上，发动了“夏垫攻坚战”。

当时夏垫镇驻有敌河北保安十三团，还有蒋记“国防部”的人员，14个伪大乡的自卫队也逃至这里。敌人构筑了坚固的工事，明碉暗堡遍布全镇，号称“铜帮铁底京东第一垒”。

冀东军区把强攻夏垫的任务交给了独立第四师，邵洪生所在的第十团受命担任主攻任务。

战斗从4月2日夜间零时打响，只一个小时，就突破了西门。战斗向纵深猛烈发展，很快就突入城里，逐碉逐堡争夺。打到3日上午8时，大部分碉堡被我军摧垮，残敌逃到东北角一个中心大碉堡，顽抗待援，战斗呈胶着状态。

这是全城最大的碉堡，高达7层。逃到这里的残敌有300多人，仅轻机枪就有7挺，还有一门迫击炮和5门小炮，火力很强。在这个碉堡前面的10米外，有一座地堡，像只拦路虎，挡住去路。要拿下这个大碉堡，打掉它前面这座地堡是关键。但这座地堡周围10米内都是平坦开阔地，无法隐蔽接近敌人。我军想用炸药摧毁这座地堡，陆续上去两个同志，都先后牺牲。

此时从北平方向的白庙桥头，传来援敌和我警戒部队接火交战的枪炮声。僵持不下，又面临敌人增援，是打还是撤？师长李道之、政委王晓生、政治部主任侯全智亲自来到硝烟弥漫的夏垫，在火线上召集第十团连以上干部紧急会议，说明打下夏垫牵制华北敌人不敢去增援东北的意义，并决定由第十团第一营第二连担任突击队。

指挥和爆破的出击地点，在一个南北向大院的北院，它的对面是大碉堡，相离有百十米，出击的路上全是平坦的开阔地。要是在黑夜出击，还可以利用夜幕的掩护，可现在是大白天，牺牲的可能性很大。派谁去？连长乔炳喜和指导员董文华决定采取主动报名的方法，组成两个爆破组。

邵洪生第一个报了名，紧接着，周连科、王久珍等5人也报了名。组成的两个爆破组是：邵洪生、周连科为第一组；王久珍、杨德全、郑久峰为第二组。第一组如果爆破失败，第二组接着上；如果爆破成功，第二组即爆破中心大碉堡。

“哒……哒……哒”，掩护爆破的机枪响了，一时间犹似风吼雷鸣，大碉堡和地堡被打得砖石碎片横飞，大小碉堡成了哑巴。

邵洪生和周连科越过掩体，匍匐跳跃前进。周连科把炸药包贴近地堡侧壁返回时，敌人发现了他们，机枪疯狂地交叉射击，封锁他们的去路。邵洪生一个滚爬，眼看就要靠近地堡，突然左腹中弹，肠子从腹内流出。他咬紧牙关，忍着剧痛，把肠子塞入腹内，又迅速接近地堡。利用两个机枪眼的死角，邵洪生将炸药包推向地堡顶部，每推进一点，肠子就流出一次。他索性把肠子盘起来，艰难爬行。此时导火索又被血液糊住，在这紧急关头，邵洪生以惊人的毅力，强忍着剧痛，用一只手在地堡上将导火索搓干，终于点燃了导火索，然后他使尽全身力气，顺地堡滑下，离开险区。

“轰隆”一声巨响，地堡开了花。大部队奋勇冲上去，很快消灭了残敌。失去知觉的邵洪生被战友们抬下来，苏醒后他用微弱的声音、一字一顿、断断续续地对指导员董文华说："我……完……成……了……任……务。"在送往医院的途中，这位爆破英雄因失血过多心脏停止了跳动。

冀东军区党委在《追认邵洪生同志为中共正式党员的决定》中说："他肠子流出腹外，又顽强地用手按住伤口……对解决敌人最后一个碉堡的300多人，起了决定作用"。冀东军区政治部为他评定大功三次，并授予"毛泽东奖章"。1948年8月6日，《冀东子弟兵》第一版刊登表彰决定，并发表社论，号召全军学习邵洪生。

"他的故事传诵在白河岸，他的歌儿唱遍了全冀东，敌人集中了轻重火器，死守着炮楼和地堡。肠子流出他用手按住，坚持着还把地堡炸塌，他牺牲以前见了指导员，高呼着把任务完成……"军区文工团还为邵洪生创作了歌曲《歌唱邵洪生》。

1948年11月，部队将邵洪生灵柩护送回家乡，中共卢龙县委、县政府在邵黑石村隆重举行公祭追悼大会。冀东军区司令部、政治部赠送了由军区党委书记兼军区政委吴德题词的"爆破英雄"光荣匾。匾额如今存放在位于唐山市的冀东烈士陵园。

邵洪生烈士墓位于卢龙县下寨乡邵家黑石村村南。2008年4月修建的纪念碑矗立在一片开阔的山坡地上，几棵常青的松柏映衬着相片中烈士坚毅的面容。

34

高庆生：烈魄常依砾沼河

◎高庆生（1929 年 2 月—1952 年 10 月），临榆县义卜寨村（今属秦皇岛开发区）人。1949 年参军，1952 年被选调到中国人民解放军电影制片厂任助理摄影员。10 月赴朝慰问，突遭敌机空袭，高庆生为了抢救摄影器材，献出了宝贵生命，遗体安葬在伟大的国际主义战士罗盛教烈士的坟茔左侧。

高庆生

在八一厂的厂史馆里，高庆生烈士遗像的下方，始终有一件特殊的武器陪伴着他——摄影机，这是烈士在最后关头用生命做代价保护下来的，在摄影机与自己的生命面前，25 岁的高庆生义无反顾地舍弃了自己的热血身躯。

据高庆生的战友回忆，高庆生是初中毕业，1949 年参加中国人民解放军。参军后，曾任绥远军区政治部摄影员，1952 年被选调到中国人民解放军军事教育电影制片厂（八一厂前身）任摄影助理。从各军区抽调来的人员在八一厂组成了“第一届电影训练班”，首先进行了摄影知识方面的培训。在战友眼中，高庆生比较内向，不太爱说话。但是在训练班里，高庆生学习非常认真。训练班的战友黄宝善回忆说：“第一课讲的是，摄影机就是我们的武器，是战士手中的枪，人在枪在！”这句话大家都记得非常清楚，同在训练班的高庆生也不例外。

1952 年 10 月，八一厂第一批赴朝战地摄制组待命出发，随中国人民赴朝慰问团拍摄《慰问最可爱的人》，高庆生是摄影师谢祀宗的助理。在赴朝鲜的路途上，为防车辆颠坏摄影机，高庆生不怕劳累，一直将摄影机抱在怀里。

10 月 17 日上午，摄制组一行随慰问团抵达朝鲜平安北道成川郡石田里，拍摄祭奠国际主义战士、英雄罗盛教的画面。砾沼河又叫罗盛教河，山脚下的河面就是中国人民志愿军战士罗盛教把朝鲜少年从冰窟窿里救上来的地方。1952 年抗美援朝已经进入第三个年头，停战谈判再次陷入僵局，战争还要继续。

与罗盛教生前所在部队的英模座谈后，在石田里的一所学校内，志愿军与慰问团进行了简单的会餐。下午 4 时 15 分，突然低空中传来密集的机枪声，炸弹也随声而落，随着防空枪响，人们纷纷隐蔽。

“赴朝前，我们都接受过防空训练，敌机轰炸时，如在屋内，应就近在窗下躲避。”几天的适应，黄宝善知道，敌军的轰炸往往一波接着一波。

随着轰鸣声远去，他和身旁的陈毓中迅速收拾设备，当时，摄制组有两台摄影机，一台是美国的，另一台是苏联的。除了机器外，驻地还有已经拍好和未使用过的胶片。这时，高庆生跑了进来，黄宝善顺手把他负责的摄影机递了过去。“他气喘吁吁，脸涨得通红，还淌着汗。”高庆生背起摄影机转身出了门，黄宝善与陈毓中紧跟其后。在一处民房的院落里，一直奔跑的黄宝善看到一名朝鲜妇女隐蔽在几棵玉米秆下，紧紧地趴在地上，便条件反射般地紧急卧倒，之前的防空训练让他本能地张大了嘴巴，“以免爆炸造成耳膜穿孔”。

“飞机炸弹的声音就像是大块钢板断裂发出的，‘咔嚓’一声巨响。”炸弹落在了距离他们不远的地方，黄宝善仿佛被人抓住胳膊、拎起了腿，又重重地摔在地上，满嘴沙土，耳朵什么都听不见了。

正是这次轰炸夺去了高庆生年仅 25 岁的生命。不远处，就是罗盛教长眠的砾沼河。

第二天，摄制组和朝鲜人民军一起用白布将高庆生的尸体包裹了起来。安葬现场，当战士挥第一锹土的时候，摄制组的同志开始哭泣，战士也哭。高庆生最后安葬在罗盛教烈士的墓地旁边。

中国人民解放军电影制片厂决定将高庆生抢救出来的摄影机命名为“高庆生号”，并将这部机器交给最有成绩的摄影队使用。赴朝慰问团归国后，在天津市工人剧场举行了隆重的追悼大会。中国人民第二届赴朝慰问团总团长刘景范，副总团长陈沂、胡厥文、李明灏、周钦岳，中国人民抗美援朝总会代表于振瀛和天津市人民政府、抗美援朝分会、文学艺术界联合会代表等都出席了追悼大会。中国人民第二届赴朝慰问团总团献的挽联写道：“骨埋丹山，英魂常伴罗盛教；家临碧水，烈魄常依砾沼河。”

35

周春富：英烈碧血洒长空

◎周春富（1927 年—1958 年 8 月 14 日），河北昌黎人。1947 年参加中国人民解放军。曾任华北军区连通信员。参加了平津战役。1958 年 8 月 14 日，随机队起飞，在福建平潭岛上空进行战斗巡逻。当机队返航遭台湾国民党空军机群偷袭时，为掩护战友，他单机插进敌机群，与敌 12 架飞机进行空战，终因身负重伤，飞机失控而牺牲。

1927 年周春富出生于河北省昌黎县荒佃庄乡信庄村一户贫苦农民家中。幼年家境贫寒。周春富 6 岁时就跟在母亲身后去讨饭。13 岁开始给地主打短工、放猪、放牛，无数次遭地主毒打。这些给周春富幼小的心灵打上了深深的烙印。

1947 年 7 月，家乡来了解放军，在土地改革中，分得了房屋和田地，周春富一家才过上了好日子。20 岁的周春富决心跟着共产党走，积极报名参加了解放军，从此，他跟随部队转战南北。

1951 年，周春富赴朝作战，在朝鲜战场上，勇敢杀敌，荣立战功。

1952 年，组织上调周春富到空军某航校学习。他刻苦学习文化知识，钻研航空技术，被评为学习模范。航校毕业后，周春富来到空军某部成为一名优秀的飞行员。

20 世纪 50 年代末，美帝国主义和盘踞在台湾的蒋介石反动集团相互勾结，对大陆沿海领空不断进行武装挑衅。

周富春肖像（蔡根水绘）

1958 年 8 月 14 日上午，盘踞在台湾的一批国民党空军飞机窜入大陆领空。周春富第一个向首长请战。接到升空作战的命令后，周春富对长机刘永生说：“你尽管放心痛击敌人吧！后面有我。”编好战斗队形后，他们风驰电掣般地飞向战区。突然，周春富发现在马祖岛东北上空有两架敌机！他立即向大队长报告，并准备消灭敌机。

原来，这天敌人接连不断在不同方向共派出26架F86型喷气战斗机。这是国民党空军1958年在东南沿海多次军事挑衅中，规模最大的一次空中挑衅。周春富碰到的这群敌机正是国民党空军中的所谓王牌，号称“飞虎”的第五大队。这伙敌机见解放军机群高度处于劣势，便“唰”地向左一扭头，拉成一个扇形斜面，向解放军战机迎头扑来。

空中指挥员见敌机来势凶猛，爬高占位已经来不及了，便立即率队加速从敌机腹下一冲而过。敌机扑了一个空。但是敌机又迅速地分成左右两股，左边四架向右后方转，右边三架向左后方转，形成交叉转弯的包围态势，企图对解放军战机进行夹击。这时，银光闪闪，炮声隆隆，解放军战机群机智灵活地向右边即将临近的三架敌机猛冲过去。

与长机拉开距离的周春富，发现四架敌机从左侧向右转来，企图从后方偷袭。周春富如不迅速脱离，就要遭到敌机攻击；但不截住这批敌机，自己的机群就要遭受严重损失。周春富见情况紧急，马上报告长机：“我来截住他们。”此时，他唯一的信念，就是保护战友，夺取胜利。他猛地向左一扭机头，单枪匹马，全速扑向敌机群。敌人万万没料到会有这样勇猛大胆、不怕死的飞机对头冲进来，吓得慌忙向两旁躲闪。一架敌机躲闪不及，当即被周春富射出的炮火击中，拖着黑烟，一头栽进闽江口外的大海里。

周春富趁敌机慌乱之际，飞向高空。他观察四下，忽然发现下方又有8架F86型敌机正拼命向大队长座机后方扑去。他不顾敌我力量相差悬殊和情况更加险恶，便一推机头，孤身单机，猛然向下又冲入敌群。“咚咚咚……”连珠似的炮弹一下子截住了敌机的去路。此时，他已完全处在敌机包围之中，四周已经有11架敌机。突然，来自他身后敌机的炮弹击伤了他所驾驶的四号僚机。但周春富临危不惧、沉着而又神速地躲闪着来自不同方向敌机的炮火，在敌方机群中勇猛地拼杀，把敌机队形冲得七零八乱。

一架敌机被他打成重伤，拖着黑烟仓皇逃窜。周春富刚要拉起飞机，突然几架敌机一齐向他射击，他的飞机再次被击中起火，随时有坠落和爆炸的危险。就在这生命的最后时刻，周春富视死如归，驾驶着烈火熊熊的战鹰，紧紧地咬住了一架冲在他前面的敌机，打得这架敌机当空爆炸开花。剩下的敌机纷纷逃窜。国民党飞机大规模的猖狂挑衅遭到了彻底的失败，而周春富驾驶的四号僚机却被烈火吞没。人民英雄周春富血洒长空，壮烈牺牲，年仅31岁。

周春富牺牲后，为表彰他的英雄事迹，中国人民解放军空军授予他空军“一级战斗英雄”的光荣称号，并追认他为中国共产党的正式党员。

36

李延年：英雄百战铸军魂

◎李延年（1928 年 11 月—），河北昌黎人，中共党员，1945 年 10 月入伍，原 54251 部队副政治委员。参加过解放战争、湘西剿匪、抗美援朝战争、边境防卫作战等大小战斗 20 多次，荣立特等功 1 次，三等功、小功若干次。

在祖国的边陲古城南宁，有一位昌黎籍的低调的战斗英雄，他就是“共和国勋章”获得者李延年。在 2019 年中华人民共和国国家勋章和国家荣誉称号颁授仪式上，李延年的颁奖词是这样说的：志愿军一级英雄，特等功臣，历经战火洗礼，舍生忘死、英勇杀敌，为建立、保卫新中国作出巨大贡献。

李延年

1945 年 8 月 15 日，日本宣布无条件投降。这一年，17 岁的李延年加入了中国共产党领导下的东北吉黑纵队，成为一名光荣的战士。

1946 年 4 月，李延年跟随部队参加了解放长春的战斗。因为作战英勇，他屡受嘉奖，并于次年加入了中国共产党。1947 年 11 月，李延年被组织推荐，进入东北军政大学学习。

经过扎实的政治素养和军事技术学习毕业后，李延年又参加了辽沈战役。在黑山阻击战最关键的时候，李延年和战友们曾连夜急行军 100 多里，双腿跑赢了敌人的汽车，赶在天亮之前到达预定地点修筑工事。面对敌人五倍于我的主力部队，他们在阵地坚守三天，让敌人未获寸进，为友邻实施包围，争取了时间。第四野战军在东北三年的作战总结中对这场阻击战给予了高度评价。

辽沈战役结束后，李延年又参加了平津战役，每战争先的他，凭借出色的表现，多次立功受奖，从一名战士逐渐升为班长、副排长、排长、区队长。1950 年 8 月，李延年在湘西剿匪期间被提拔担任连队指导员，并率领连队以微小代价消灭土匪200余人。

抗美援朝开始后，李延年所在部队被编入中国人民志愿军入朝作战。1951年10月8日，身为志愿军第四十七军一四〇师四一八团三营七连指导员的李延年，所在营奉命对失守的346高地实施反击，李延年带领连队负责从左路攻击，率先夺下1个山头。9日天亮，三营攻占346高地主峰在内的5个山头，七连同另外3个连队会合。李延年立即组织官兵做好随时迎接敌人反冲锋的准备。

在美军的反攻中，面对轮番强攻和远程炮火、轰炸支援，三营官兵也伤亡惨重。战斗到9日下午，在顶住敌人的反扑后，七连只能编成4个班了，其他3个连情况更差，于是李延年主动召集4个连的干部召开会议，整顿组织部队，宣传胜利，追悼烈士，并带领大家进行阵地宣誓。在惨烈的战斗中，李延年善于做好官兵的思想工作，针对部队伤亡严重的情况，先后5次整顿部队，在营连干部牺牲较大的情况下，协调组织4个连作战，以自己的模范行动和有力的鼓动口号，在战斗顺利的情况下鼓舞部队勇猛向前；在紧急情况下，压住阵脚，转危为安，部队保持了高昂的战斗热情。在他的指挥下部队连续攻占敌阵地，打退敌数次反扑，毙伤美军600余人，使其无力继续推进，以自身的牺牲维持了四十七军战线的稳定，为我军展开反攻奠定了基础。

战后，李延年被志愿军总部记特等功1次、授予“一级英雄”荣誉称号。李延年从朝鲜战场凯旋后，又在部队兢兢业业奉献了29年。1979年2月，广西军区某师奉命参加边境防卫作战，作为师政治部副主任，他多次深入前沿阵地，积极做好部队的思想工作，激发官兵保家卫国战斗热情，2次荣立三等功，为祖国国防安全稳定作出了重要贡献。

离休后，始终保持一名老英雄、老党员的革命本色，坚持读书看报听广播，自觉学习党的创新理论，关心时事政治，坚决拥护和自觉贯彻执行党的路线方针政策，始终保持了政治立场上的坚定和思想道德上的纯洁。积极发挥自身余热，致力于关心下一代成长的教育活动，把自己获得的各类证章全部捐献给了中国人民革命军事博物馆、丹东抗美援朝纪念馆和广西军区军史馆，经常为青少年讲述战斗故事、传承战斗精神，积极宣传爱国主义思想，在青少年中弘扬革命优良传统。

2020年家乡的工作人员赴南宁探望老人，95岁的李延年乡音不改，告诉大家：“那年从会君坨（昌黎）出来参军还是少年，如今已经94岁了，但我身体强健，初心不改，始终保持斗志，一定要将那些牺牲的战友的精神传承下去。”

37

王册：兰心蕙质女英雄

◎王册（1922年10月15日—1943年10月23日），原名王者香，昌黎县大蒲河镇杨家营村人。1940年考入燕京大学，后转入北平大学学习并开展革命活动。1942年加入中国共产党。在日军对阜平地区发动的第八次“清剿”中，她毅然以己之身吸引敌人注意力，使区委书记和大部分群众安全脱险，自己却被逮捕，英勇牺牲。阜平县委、县政府在王册牺牲的地点修建了“民族英雄王册同志纪念碑”。

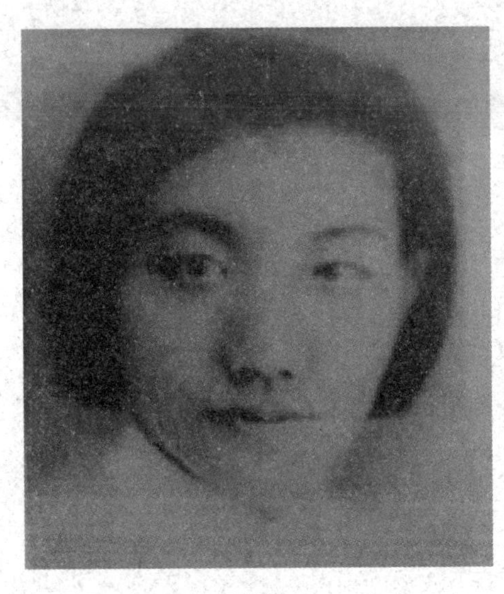

王册

在太行山深处的河北省保定市阜平县南雕窝村头，矗立着一座镌刻着“民族英雄”四个大字的烈士纪念碑。这座纪念碑，是晋察冀抗日根据地的军民在1944年春天专为昌黎人民的好女儿王册设立的。这里，是她英勇牺牲的地方。

王册是昌黎县城东偏北11公里处的大蒲河镇杨家营村人。她自幼生长在沈阳，原名王者香。这一名字，是她诞生后，在东北银行任职的父亲王子和依据《猗兰操》中的名句“兰当为王者香”，给她起的别致而幽雅的芳名，希望她兰心蕙质，有所作为。

王册的小学是在奉天第五小学上的。1930年，她被学校推选参加辽宁省举办的小学语言竞进会，荣获第一名，获得了一尊银盾（现藏冀东烈士陵园）。

九一八事变后，王册随父母回到昌黎老家，读完小学后以优异的成绩考入了昌黎汇文中学。冀东沦为敌占区后，她又随父母迁居北平，考入美国教会办的慕贞女子中学就读高中。

1940年秋天，王册考入燕京大学教育系。她本准备在燕京大学教育系完成自己的学业，将来从事教育工作，没想到太平洋战争爆发以后，燕京大学在1941年12月被日军查封，这使得她不得不转到北平大学（现北京大学）文学院史学系继续求学。

进入北平大学以后，王册勇敢地参加了反抗日本侵略者的斗争，当上了抗日组织的秘密交通员。1942 年 4 月，她由同学王秀山介绍加入中国共产党。同年 12 月，北平大学地下党组织决定输送一批进步青年支援抗日前线。在父亲被捕入狱，家里仅剩母亲一人的情况下，王册毅然响应党组织的号召，和同学一起赴晋察冀抗日根据地工作。

1943 年 3 月 8 日，正在北岳区委党校学习的王册，作为平津敌占区的妇女代表参加了晋察冀边区举行的纪念国际妇女劳动节大会，以亲身经历控诉日寇在平津的侵略暴行。她满腔义愤、有理有据的演讲激发了抗日军民反抗日本侵略者的斗志。

1943 年 8 月，王册结束在北岳区委党校的学习，被分配到阜平县一区任专做妇女宣传工作的区委副宣传委员。

从 9 月开始，日军纠集 20 万兵力对华北抗日根据地进行疯狂的秋季大“扫荡”，其中对北岳区竟动用兵力 4 万，持续 3 个多月，其“残酷性、长期性、毁灭性”均达空前。

血雨腥风的游击环境和艰难困苦的生活条件锻炼和考验着年轻柔弱的女大学生。王册坚决执行党的“县不离县、区不离区”的斗争策略，英勇顽强地坚持在阜平一区。她与贫苦农民打成一片，吃糠菜树叶团子，睡庄稼地、盖茅草，帮工农干部学文化、学党的文件，虚心求教工作中遇到的各种问题。在短短一个多月的时间里，她以自己的实际行动赢得了广大干部群众的称赞。

边区军民经过艰苦努力，取得了七次反“扫荡”斗争的胜利。

到阜平后不久，王册就染上了疟疾，断断续续时常发作。在缺医少药的情况下，她以顽强的意志克服病痛坚持工作。后来病情日趋恶化，连续高烧再加上腿部生疮，使她虚弱得连说话都非常困难。区委派人用担架抬她到南刁窝村党支部书记家里养病。

10 月，日寇对阜平地区又发动了第八次大“扫荡”。23 日凌晨，王册和区委的主要干部被围困在南刁窝村。正在此开会的一区区委书记吕介和等迅速指挥群众转移。他见王册行动困难，便搀扶着她一起突围。

眼见敌人越来越近，两人都有被捕的危险。王册猛力推开区委书记，坚定地说：“不要管我，快带领同志们转移吧！”说完，她用尽平生力气，艰难地朝另一个方向走去，以此来吸引敌人的注意力。

区委主要干部和大部分群众脱险了，王册却落入敌人的魔掌。由于汉奸的出卖，王册被查出是平津来的抗日学生。日军采用各种威逼利诱手段，让她说出共产党、八路军的活动地点，王册守口如瓶。日军用刺刀挑碎她的衣服，用火烧她的皮肤，用枪托打，用鞭子抽。面对敌人的种种暴行，王册正义凛然地说：“你们这群野兽可以撕碎我的衣服，打坏我的筋骨、皮肉，要口供，半句没有！要杀要砍随你们便，中国人是砍不尽、杀不绝的！”

几把明晃晃的刺刀一齐对准王册下了毒手。王册牺牲时，刚刚21岁。

“为王册同志复仇，保卫大阜平”，阜平县军民化悲痛为力量，团结一致，粉碎了日军的第八次大“扫荡”。反“扫荡”胜利后，阜平县党和政府为王册举行了隆重的追悼会，在她牺牲的地点修建了“民族英雄王册同志纪念碑”，并在两旁镌有“高山巍峨遗壮志，沙河奔腾誓雪仇”两行大字。

1958年春天，王册烈士的灵柩被移葬到家乡一带修建的冀东烈士陵园墓地。秦皇岛烈士陵园内立有王册塑像。

38

赵成金：爆破组长反扫荡

◎赵成金（1914—1962年），直隶（今河北）青龙人。1943年加入中国共产党。1950年2月出席热河省劳模大会，被授予甲等剿匪模范称号，同年出席全国战斗英雄代表会议。后任青龙县花厂峪村党支部书记、山神庙乡党委书记、龙王庙人民公社党委副书记。1960年出席全国民兵代表会议。

赵成金

1950年9月25日至10月2日，全国战斗英雄、劳动模范代表会议在北京召开。这是人民军队历史上第一次在全国和全军范围内开展英雄表彰。

经严格审查，参加此次表彰大会的战斗英雄有258人、民兵英雄代表43人。其中东北军区共有正式代表16人，战斗英雄和模范工作者各5人，民兵英雄6人，赵成金为民兵英雄之一，被授予“英勇机智的民兵剿匪英雄”称号。

毛泽东主席专门为大会题词：“战斗英雄们，你们是人民解放军的模范人物，希望你们继续努力，更加进步，为建设强大的国防军而奋斗。”26日正值中秋佳节，毛泽东主席还在北京饭店宴请了参加会议的英模们，与英雄们共度佳节。

1951年1月1日，原热河省委机关报《群众报》专门刊发了一篇文章，赞扬赵成金的模范事迹。

赵成金是青龙满族自治县祖山镇花厂峪村人。1914年9月出生，自小家贫，9岁开始给地主放羊，16岁开始当长工。

1943年秋，日寇对花厂峪村进行了疯狂的大扫荡。花厂峪村6000多亩山林被焚烧殆尽，房屋、牲畜无一幸存，仅有400余口人的村庄84人被杀死，其中包括22个襁褓中的婴孩。

“血债要用血来偿！”义愤填膺的赵成金跟随党的地下工作者赵国恩走上了抗日保

家的革命道路。他召集起一批年轻人，成立了民兵基干队，并担任民兵基干队队长、爆破组组长。1943 年 10 月，赵成金加入了中国共产党。

由于敌人对花厂峪抗日根据地实行军事封锁，根据地的军民吃粮遇到空前困难，只能靠挖野菜、捋树叶掺点粮食做成“糠菜饭”充饥。赵成金得知三岔村敌粮库仓满囤尖，且只有 20 多个伪军看守，便带领本村和附近村庄的民兵、群众 1000 多人，在部队的掩护下，砸开粮库大门，抢回 7 万多斤粮食，解决了根据地的缺粮问题。

赵成金还率领民兵爆破组在敌人“扫荡”花厂峪所经过的各个险口要隘埋设地雷，使敌人每次进山“扫荡”都挨炸，魂飞胆丧，不敢轻举妄动。一年多时间，“扫荡”花厂峪的日伪军被赵成金民兵爆破组埋设的地雷炸死 51 人。当地老百姓编顺口溜称赞赵成金：“赵成金，真高强，消灭敌人不用枪，石头、木箱装炸药，敌人碰上一命亡……”

1946 年，赵成金担任花厂峪村村长，致力于领导全村人民重建家园。1947 年冬，花厂峪人民展开了轰轰烈烈的土地改革运动，可是，地主阶级不甘心他们的失败，组织土匪还乡团，进行反攻倒算。当时，活动于花厂峪周围的 3 股土匪 200 多人，大部分被我解放军消灭，只剩下小部分残匪在负隅顽抗。从 1947 年冬至 1948 年，赵成金和他领导的民兵基干队，与残匪展开了英勇顽强的斗争。

智擒周振帮匪队排长张万发，勇捉顽匪王殿真，剿灭以肖成发为首的残匪……一年多出生入死的剿匪斗争，赵成金带领民兵共抓获、消灭土匪 16 人。为此，他曾多次出席县英模大会，被评为“青龙县战斗英雄”；8 次出席省英模大会，被评为“甲等剿匪英雄”；一次出席东北地区英模大会，被评为“民兵战斗英雄”；最后又出席了前面提到的全国战斗英雄、劳动模范代表会议，被授予“英勇机智的民兵剿匪英雄”称号。

新中国成立后，赵成金担任了花厂峪村党支部书记，带领人民投入到社会主义建设大潮中。从 1949 年到 1958 年，花厂峪一直被评为“模范村”。1958 年，花厂峪被国务院授予“农业社会主义建设先进单位”称号。同年 12 月，赵成金参加了在北京举行的全国农业社会主义建设先进单位代表会议。1960 年 4 月，赵成金又受邀出席首届全国民兵代表大会，被奖励半自动步枪一支、子弹百发。

后来，赵成金又担任了山神庙乡党委书记、龙王庙公社党委副书记。他感到自己身上的担子更重了，起早贪黑，深入群众开展工作，带领人民建设家园。由于长期的战争岁月的磨难，积劳成疾的他身患肝炎等病，下肢浮肿，行走都很难。但他以战争时期那种敢闯敢拼的忘我精神，一直坚持不懈地工作。1962 年 8 月 5 日，赵成金因病医治无效，逝于秦皇岛市人民医院，终年 48 岁。

39

孙占一：北戴河区“焦裕禄”

◎孙占一（1906年—1967年8月14日），河北省乐亭县铁庄子人。1942年参加革命工作，1945年4月加入中国共产党。历任昌乐联合县二区副区长，乐亭县贸易公司经理，北戴河区工商助理、副区长、区长，中共北戴河区委书记，中共秦皇岛市委委员。1959年代表北戴河区参加了首都国庆10周年观礼，1964年被中共秦皇岛市委命名为“焦裕禄式的好干部”。

孙占一出生于河北省乐亭县，1941年，孙占一为八路军情报站负责人，两面政权伪保长。身处于两个特殊的身份中，他凭借自己的聪明才智，数次巧妙地为我党暗中做事。伪大乡长赵雨全（外号南霸天）以修完全小学的名义在乡内摊派款，每亩地平均摊款1万元。贫苦农民交不起，孙占一便组织发动了3个村的保、甲长百姓约300人，到伪大乡公所进行说理。南霸天被迫同意按土地好坏分成4等摊款，减轻了农民负担。

孙占一

1942年4月，孙占一参加革命，在昌乐联合县做敌工工作，对外为伪保长。他利用了这个在敌人中间工作的身份，为我党执行秘密任务。1943年8月，日伪军每保要一人当情报员。各保推选孙占一为代表去找日伪军交涉。结果，取消了各保派的特务名额，每两个乡只去一人，为此，孙占一暴露了身份，从此，便公开任昌乐联合县第二区副区长。

孙占一对敌斗争有胆有识，曾巧妙地争取敌人红房子据点一名姓金的朝鲜籍翻译为八路军做事，并动员他参加了李大成的抗日同盟军，从内部策反了敌人的人员。1945年，伪满洲军队在解放区扫荡。孙占一组织村干部和民兵打埋伏，消灭敌人。7月的一天傍晚，他带领民兵在敌众我寡的情况下，采取虚张声势的办法，智取了一条船上一个中队的日伪军66人，大长我军军威。

1948年11月北戴河解放，12月孙占一进城。1949年4月29日开始任海滨区副区长、后任区长。1954—1966年连任北戴河区区长职务。镇反运动中，敌人对他恨之入骨。1953年8月，“八八”反共团爪牙半夜偷袭他家，妄图杀死他。由于邻居的帮助，敌人的阴谋没能得逞。

新中国成立后孙占一长年在北戴河工作，曾担任过北戴河区副区长、区长职务，他在工作中认真负责，任劳任怨，生活上艰苦朴素，心中只有老百姓。1959年北戴河发大水，牛头崖村灾情严重。他带领区里的工作人员亲临现场指挥救灾，乘船挨门挨户将老百姓输送到安全地带。

有一户人家，全家人用绳子连在一起，宁死不离家门。孙占一跳下水将他们背上船，转移到安全地带，在场的百姓感动得落泪。1962年，在国家遭受困难、群众生活艰难的时候，他主动将自己的粮食关系迁到当时全区最穷的草厂大队，与农民同甘苦。一日三餐吃红薯秧子和玉米骨头做的菜粥，日久天长，他全身浮肿。有一次，一位亲戚看不过去，送给他几只对虾，他却让人把对虾送到水产公司，支援国家建设。1965年因劳累过度，他肝病愈发严重。住院期间，子女劝他退休养病，他却说：“要有一分热发一分光。”坚持带病参加工作。

从1954年至他辞世前的13年间，孙占一一家一直住在3间低矮的小平房里，区政府几次分给他新房，都被他婉言谢绝。他经常嘱咐家人，要管好自己的行为，“无论谁送的东西，一律不准收”。

孙占一的高风亮节，也赢来组织的肯定和人民的热爱。1959年他代表北戴河区参加了首都国庆10周年观礼，1964年被中共秦皇岛市委命名为“焦裕禄式的好干部”，获得了极高的荣誉。

“文化大革命”开始后，孙占一也受到冲击，失去了人身自由，即使如此，他心里仍装着老百姓的疾苦。一次天上下了冰雹，他向来送饭的人寻问：“雹灾情况如何？老百姓的庄稼砸坏了没有？庄稼砸坏了老百姓吃啥？”

1967年8月14日，孙占一逝世。但人民群众没有忘记他，1980年，孙占一平反昭雪，在为他举办的追悼大会上，许多人痛哭失声，缅怀这位党的好干部，北戴河历史上的“焦裕禄”。

40

蔡开阳：白家堡子当家人

◎蔡开阳（1916—1998年），抚宁白家堡子人。1943年开始从事为八路军筹集财粮工作。1947年3月加入中国共产党。1963—1982年任白家堡子党支部书记。

2021年，党的百年诞辰前夕，天马山下一座古朴的院落游人如织。那个曾被称为“英雄村庄”的白家堡子，蔡开阳带领村民一砖一瓦建设的村委会大楼，而今被改造成了抚宁区艰苦奋斗教育基地，基地内记录了20世纪50年代至90年代当地人的励志故事。

长城脚下，天马山腰，白家堡子原本是拥有50多户的小山村。山上山下，梯田连片；村前村后，果树成行。在这里，不管是严寒酷暑，还是风雨雪天，经常有一个年过半百的人同社员一起修渠造田，战天斗地。他就是抚宁县白家堡子大队党支部书记蔡开阳。

20世纪80年代，大队干部在办公室楼前合影（由左至右分别为白凤玉、白凤杰、蔡开阳、白凤鸣）

蔡开阳出生于抚宁县白家堡子，1943年开始从事为八路军筹集财粮工作。1947年3月加入中国共产党，1963—1982年任白家堡子党支部书记。

过去的白家堡子流传着一首打油诗：“有女不嫁白家堡，光有石头没有土，十年九旱水如油，打的粮食簸箕收。”这里穷得出了名。1962年秋，蔡开阳被选为大队党支部书记的时候，附近许多生产队一车一车向国家交售余粮，而白家堡子却一车一车从国家粮库往回拉粮食。蔡开阳看着这种情景，心情非常沉重，下决心要摘掉白家堡子贫穷落后的帽子。

抚宁有艰苦奋斗的传统。1957年县委书记等5名领导干部扛起大镐，深入基层，带领群众艰苦奋斗，改天换地，坚持社会主义道路，使全县粮食生产提前十年上《纲要》（粮食亩产400斤）。这就是“五把大镐”的精神。

蔡开阳知道发扬艰苦奋斗的“五把大镐”精神，是白家堡子摆脱贫穷的关键。于是，他首先扛起大镐，来到乱石滚滚的山坡上修造梯田。在数九寒冬中，蔡开阳起早贪黑，搏风斗雪，一镐一镐地刨了半个月，在乱石包上修出了180亩梯田，打赢了第一仗。

有了梯田，水是关键。“滴水贵如油。”1964年，蔡开阳跟社员们一起勘察了一道道岭、一条条沟，一连打了七眼大口井。在村西的一眼大口井旁，一条高压输电线正好经过这里。有人说：“高压线就在眼前，向国家贷点款，拉上电，再买台抽水机，‘龙王’就上山了。”许多老贫农不同意这么办。他们认为，白家堡子年年吃统销粮，对国家没啥贡献，不能一迈步就让国家扶。我们要靠自己的力量打梯子井，把水倒上山。蔡开阳坚决支持老贫农们的意见。

早春二月，下了一场鹅毛大雪。就在那天，蔡开阳跟社员们一起攀上悬崖，打响了修梯子井的战斗。在陡峭的石崖上开井筒，没有炸药，用铁锤砸、钢钎撬。井筒凿好后，还得在井底掏个进水洞，蔡开阳和一些老贫农不顾塌方的危险，轮流着钻到井底去掏，经过一个多月的艰苦奋斗，终于打成了四节梯子井，把泉水翻上山岭，流向层层梯田。参观的人，看看他们“守着电不用电，手牵‘龙王’上高山”的情景，都深受感动。

经过几年的艰苦奋斗，白家堡子的面貌发生了变化。到1974年，提前实现了山地梯田化，同时治理了沙包地，加厚了活土层，并陆续兴建了扬程54米，爬坡为170米的大型扬水站一处、抽水点三处、小塘坝一座、蓄水池六座、大口井四眼和20多里的骨干渠道，使400多亩山地浇上了水。白家堡子从一个落后的山村变成了“山上小江南”。粮食亩产从过去的100多斤增长到520多斤，由缺粮队变成了余粮队，每年还向国家交售各种水果几十万斤。用公共积累办了电，购买了胶轮车、小型拖拉机、电动机、柴油机、脱粒机、水泵、万能喷雾器等各种农业机械20多台。

克己奉公当为蔡开阳另一个优秀品质。白家堡子果树很多，看果树的一位老贫农说：“我看了8年果树，没见蔡开阳吃过队里一个果子。”蔡开阳从1943年他担任村粮秣委员开始，管了20年经济工作，公私分明，不贪不占。蔡开阳当了党支部书记以后，有一次在场里收花生，他没在意地吃了一粒碾坏皮的花生米。有的社员也跟着吃起来。这件事给蔡开阳的教育很深。他感到自己的地位变了，对自己的要求应当更严格。从那以后，他经常用这“一粒花生米”的故事提醒自己，教育干部和社员。

在2010年的《抚宁县志》中这样记载：“蔡开阳从55岁开始带领乡亲艰苦奋斗11年，使白家堡子由一个贫穷落后的小山村变为全县的先进典型。1979年6月，白家堡子大队被评为全省山区建设先进单位，1978年2月至1982年11月，蔡开阳当选为第五届全国人民代表大会代表。”

★红色基地★

在波澜壮阔的历史画卷中，秦皇岛人民为革命的成功、理想的实现，进行了艰苦卓绝的斗争，京奉铁路大罢工的怒吼，长城抗战的枪声，冀东抗日根据地的鱼水情深，山海关保卫战的惨烈拼搏，爱国仁人志士，在这片土地上留下了辉煌的一页。现如今一个个革命活动旧址，一处处烈士陵园，一方方英雄纪念碑，一个个英雄曾经走过的道路和旧址，展示着秦皇岛地区的革命历史，以及他们在秦皇岛地区工作和生活过的光辉印迹。烈士与英雄的称号背后，是一个个曾经鲜活的生命和故事，记载着他们用宝贵的鲜血和生命谱写的壮丽诗篇。

苍松翠柏慰忠魂，传承英烈精神，让这些红色的革命基地，

吸引着我们的脚步和目光，成为我们前行路上永不熄灭的灯塔。

41

卢龙县中学李大钊纪念馆：奠基地　传红脉

卢龙，明清时期为号称“京东第一府”的永平府治所。作为府治之地，这里自然也成为教育的中心——先有创建于明隆庆六年（1572 年）的“北平书院”，后又有创建于清乾隆十二年（1747 年）的“敬胜书院”。

清光绪二十八年（1902 年），“敬胜书院”改为“永平府中学堂”，这便是卢龙县中学的前身。

永平中学（今卢龙一中）

“永平府中学堂”是永平府面向所属七州县（滦州、卢龙、昌黎、迁安、抚宁、临榆、乐亭）招生最早的一所中学，学制五年。清光绪三十一年（1905 年），“永平府中学堂”招考第二届学生，李大钊（在校名李耆年）即为此届学生。

李大钊胸怀大志，“自束发受书，即矢志努力于民族的解放之事业，实践其所信，励行其所知。”（李大钊《狱中自述》）到永平府中学堂后，他愈发勤奋读书。据他的同学韩湘亭回忆说，他“授课之余，最喜读康、梁文章，手把一编，日无暇息”。

入学后不久，李大钊就结识了爱国青年蒋卫平（在校时名为蒋风鸣）。蒋卫平少有大志，十分仰慕戊戌志士谭嗣同，自号“慕谭”以自勉。清光绪三十一年，他从永平府师范学堂转入永平府中学堂，与李大钊同班，二人经常纵谈国事，畅叙抱负。

清光绪三十三年（1907 年），李大钊“感于国势之危迫，急思深研政理，求得挽救民族、振奋国群之良策”（李大钊《狱中自述》），决心从研究政治入手，寻求民族解放的道路，因此没等到毕业就于同年夏离开永平府中学堂，赶赴天津投考北洋法政学堂。

“我到了永平府，在中学里学习基础科学课程。这是我学习英语的开始……”（李大钊《我的自传》，1914 年在日本东京早稻田大学留学时用英文所写。）李大钊在永平府中学堂就学虽然只有两年时间，却开始接受西方先进科学文化的知识启蒙，广泛接触社会新思潮，这使他眼界大开，逐渐从科举道路的思想禁锢中解脱出来，开始把个人的命运与国家的前途紧紧联系在一起。这两年，成为他一生伟大追求的奠基。

“进前而勿顾后，背黑暗而向光明，为世界进文明，为人类造幸福”“以青春之我，创建青春之家庭，青春之国家，青春之民族，青春之人类，青春之地球，青春之宇宙……”1916年，李大钊在《新青年》上发表《青春》一文，明确指出要把中国的前途寄希望于青年。

1994年，在他曾经就读的母校卢龙县中学（原永平府中学堂），李大钊生平业绩展览馆和李大钊雕像广场建成。

新生入学第一课就是参观李大钊生平业绩展览馆，接受“传承红色根脉”教育。

“传承是最好的纪念，奋斗是最好的弘扬，李大钊生平事迹是宝贵的思想政治课教材，在新时代，我们有责任弘扬大钊精神，教育学生做不怕苦、不畏难、不惧牺牲的新时代青年。”卢龙县中学主管德育的副校长郭金良这样说。

如歌中所唱，“我还是从前那个少年，初心从未有改变，百年不过是考验，美好生活目标不断实现。”我们看到，青春激昂的风采、中华民族的希望正展现在从这里走出的一代代学子身上。

42

五峰山李大钊革命活动旧址：新家园　慰先驱

“望海”“锦绣”“平斗”“挂月”“飞来”，比肩而立的西五峰，山腹环抱如椅处，建有韩文公祠。从1907年到1924年，李大钊先后8次登临五峰山，都是居住在这里。

作为中国最早的马克思主义者，在这里，他破译俄国十月革命的真谛，进行了马克思主义在中国传播的拓荒。他由这里寄出给胡适的著名公开信《再论问题与主义》，并撰写出中国最早系统地介绍马克思主义学说的长篇论著《我的马克思主义观》，由此高高擎起马克思主义的大旗，为中国共产党的创建奠定了坚实的思想和理论基础。

五峰山李大钊雕塑

今日五峰山下人民的幸福生活，足以告慰五峰山上巍然耸立的建党先驱。

1982年，村民陈洪基投资48000元，第一个盖起了楼房，面积240平方米。

1983年，村民赵志海花450元第一个购买了电视机。

1984年，村民齐志兴花220元第一个购买了洗衣机。

1989年，村民齐志成花1100元第一个购买了电冰箱。

1991年，村民陈玉俭花12000元第一个购买了摩托车。

1992年，村民陈玉俭花800元第一个购买了手机。

……

《五峰山村志》中详细记载着这个小山村发生的“大变化”：

1962年，全村开始通电；2003年，村内有了水泥路；2015年，村里有了自来水，有面包车和轿车90辆；村民人均纯收入由1980年的90元到2020年的6500元……

五峰山村的村民没有忘记，今天的幸福生活，源自革命先烈的抛头颅、洒热血，源自中国共产党始终以人民为中心、为人民谋幸福。在村史馆中，“鲜血洒热土”“建设新家园”“改革写新篇”，篇篇处处述说着对先烈的缅怀、对党的感恩。

昌黎县人民更没有忘记这位把这里当作“第二故乡”的革命先辈。为了缅怀李大钊的丰功伟绩，1985 年夏，由昌黎县政协发起，采取“公办民助”的办法修复五峰山韩文公祠，社会各界人士纷纷出资捐款。1987 年 7 月 30 日，五峰山韩文公祠竣工典礼在五峰山前界石岭上新矗立的李大钊全身汉白玉雕像下隆重举行。1997 年，五峰山韩文公祠被列为河北省爱国主义教育基地，加上李大钊雕像等纪念设施，被定名为“五峰山李大钊革命活动旧址”。2010 年，“五峰山李大钊革命活动旧址”被国家发改委列为国家红色旅游经典景区二期名录。

为迎接建党 90 周年，昌黎县从 2009 年就开始对“五峰山李大钊革命活动旧址”进行维修改造。高高矗立在五峰山前界石岭上的李大钊全身汉白玉雕像在 2010 年重塑后，高 4.3 米（增高 0.5 米），重 11 吨（增重 3 吨），周身洁白，高大伟岸，在群山掩映中更显巍峨、肃穆。

2020 年，为迎接建党百年，由昌黎县档案局原局长何志利撰写展陈大纲，专题展陈室进行了重新布展，分初度之缘、碣石之恨、艰难探索、登高一呼、笔耕五峰、相约建党、革命风雷、浩气长存八个部分，更加生动地再现了李大钊这位中国最早的马克思主义者、中国共产党主要创始人伴随着五峰山所走过的红色历程。

2014 年，“五峰山李大钊革命活动旧址”被命名为河北省党史教育基地。至今，这里已累计接待全国各地参观、瞻仰者 50 余万人次，成为“不忘初心”教育、弘扬爱国精神和进行新时期革命传统教育的“红色课堂”。

附：李大钊八次登临五峰山

1907 年夏　李大钊从永平府中学投考天津北洋法政学堂。考学归来，他和三个同乡冒雨攀登五峰山，受到韩文公祠守祠人刘克顺老人的热情招待。

1913 年 9 月　李大钊准备在进步党的资助下到日本留学。出国前，他和同学在五峰山山居 10 日。在此期间，昌黎火车站 5 名铁路警察被日本驻屯军残忍杀害，李大钊异常愤慨，在《游碣石山杂记》中写道：“山盟海誓，愿中原健儿，勿忘此弥天之耻辱，所与倭奴不共戴天者，有如碣石。”

1917 年 5 月 6 日　李大钊从北京回乡探望生病的妻子，途经昌黎，慕名前往蔡树洼观赏春景，游览隐仙庵。随后，他又到五峰山看望阔别已久的刘克顺老人，登上望海峰远眺大海。当晚，在昌黎大德增客栈，他将一天的游历写入《旅行日记》。

1918 年暑假　时任北京大学图书馆主任的李大钊，来到五峰山避暑。俄国十月革命的胜利，使他看到了中国革命新的希望。其间，他对十月革命进行了潜心研究，思想开始转向马克思主义。

1919 年暑假　李大钊带儿子李葆华一同登上五峰山。在五峰山，李大钊撰写出《再论问题与主义》《我的马克思主义观》等文章，为马克思主义的广泛传播和中国共产党的创建奠定了思想理论基础。受平斗峰顶一棵独立不群、傲视苍穹的劲松的触动，他启用“孤松”作为自己的笔名。

1920 年 2 月　李大钊护送刚刚出狱不久的陈独秀离开北京，由天津转赴上海，他由天津返乡途中来到五峰山。

1922 年暑假　李大钊携全家人到五峰山看望刘克顺夫妇并游览五峰山。

1924 年 5 月下旬　李大钊为躲避北洋军阀政府的通缉和追捕，化装成商人，在儿子李葆华的陪同下到五峰山避难。6 月上旬，他在五峰山接到党内紧急通知后，从昌黎出发，以首席代表的身份带领中共代表团到莫斯科参加了共产国际第五次代表大会。

43

秦皇岛码头工人大罢工集会地：起工运　燃火种

在海港区煤场小区一处黄色砖砌院墙上，镶嵌着两根相隔近两米的水泥石柱，一扇紧闭的大门，从外面看，毫不起眼，但在99年前，就是在这里，王尽美发表演说，动员秦港工人罢工，掀起了震惊中外的“开滦五矿同盟大罢工”，创造了中国工人运动的历史。这片原是机修厂西大门前面的空地就是王尽美演讲的地方，也是秦皇岛港的五矿工人大罢工的发起处。

1922年9月，秦皇岛港口工人在王尽美的组织领导下成立了工友俱乐部，仅一个月就发展到1200多人。当时包括秦皇岛港工人在内的开滦工人身受资本家的残酷剥削，工资低于全国平均水平。自1920年以来，工人们为改善自己的悲惨生活而进行的罢工斗争从未停歇。但终因缺乏有力领导，罢工斗争经常被武力镇压，工人们提高工资、改善待遇的要求，从未得到真正的满足。

王尽美的到来，则把星星之火点燃到了这里。开滦五矿工人大罢工是在铁工厂罢工成功的基础上产生的，也是王尽美在铁工厂之后继续获取的伟大胜利。

1922年10月16日晚间，秦港工人代表、工友俱乐部委员长廖洪翔从唐山连夜赶回。他是去唐山参加了“开滦五矿工人代表会议”，这次大会上，来自秦皇岛港、林西矿、马

机厂西门外广场工人露天集会地

家沟矿和赵各庄矿的工人代表，在共产党员邓培的领导下，建立了“五矿同盟”，代表们经过商议，共同拟定《开滦五矿工人联合请愿书》，确定了增加工资、改善待遇的六条要求，其中包括了加薪、休假、工伤、养老退休费及年终分红等。要求开滦总矿增加工人工资，改善福利待遇。

为配合这一行动，10 月 17 日秦皇岛矿务工友俱乐部在机厂西门外召开大会，号召港口工人参加这次“救命”的运动，不达目的，誓死不止。

借鉴了铁工厂露天大会的经验，这次秦皇岛港露天大会开得非常成功，1200 名港口工人参加大会，除了秦皇岛港工人外，山海关铁工厂以及唐山林西矿、马家沟矿、赵各庄矿的工人代表，也都赶来支援。

在热烈的掌声中，王尽美走上主席台，发表了演讲，并当场宣读了《联合请求书》，接着各矿代表又上来轮番发言，介绍各矿罢工、反抗的情况。现场不断响起雷霆般的掌声，发言人的讲话也多次被掌声、喝彩声打断，将居住在附近的老百姓也吸引过来了。集会结束时，工人们在王尽美的带领下，学唱着王尽美为工人们特别创作的《劳工歌》：“工人自劳动，厂主吸血虫，工人无政权，世道太不公。工人站起来，革命打先锋……”

矿务局和天津路局一样，对工人的请愿书也采取了拖延不办的形式。当天下午，工人代表廖洪翔乘火车前往唐山，第二天上午就返回来了，取回唐山总部指示，准备正式启动联合罢工，并拿来了《开滦五矿总罢工宣言》。

10 月 23 日，秦皇岛港码头工人几千人聚集东大庙，王尽美在会上宣读《开滦五矿总罢工宣言》和《致开滦矿务局总经理函》，在这份函上，除上述六条要求外，又提出四条要求，包括承认工人俱乐部有权力代表全体工人、厂矿雇佣和开除工人须经职工委员会即工友俱乐部通过及罢工期间工资照发等条款。

大会过后，就是声势浩大的示威游行，港口六千名工人几乎都加入了游行队伍中，同一天，开滦五矿全体工人大罢工开始，总计 37000 名工人走进罢工队伍，中国北方第一次大规模、有组织、由中国共产党领导的罢工斗争轰轰烈烈地展开了。由铁工厂开始，至开滦五矿大罢工达到高潮，中国共产党以一个漂亮的亮相，走上了大时代的舞台。

11 月 15 日，开滦矿务局在巨大压力下，终于作出让步，公布百元以下的职工增资 10%，罢工期间发给 7 日工资。11 月 20 日秦皇岛码头工人陆续复工。开滦五矿同盟大罢工取得了胜利。

而当年工人集会的机厂西大门，也成了这一段历史的见证，是港口红色火种萌芽的地方。

44

秦皇岛港口博物馆：说历史　证勃兴

秦皇岛港口博物馆是河北港口集团于2012年开始建设的文化项目，不仅填补了港口大省河北省、百年港城秦皇岛没有港口博物馆的空白，而且成为集团企业文化建设的新亮点和进行爱国主义教育的重要基地。

秦皇岛港口博物馆

秦皇岛港口博物馆选址于全国重点文物保护单位——原开滦矿务局秦皇岛高级员司俱乐部旧址。博物馆占地面积4000平方米，分为室外展区和室内展厅，两部分的相互呼应当为该馆的特色与优势。

院内建筑与陈设伴随着秦港度过了两甲子辉煌岁月。

博物馆院内脚下铺的是一种特殊的砖块，叫开滦缸砖，有近百年的历史。这种砖选用唐山一带产的混合火泥，采用当时最先进的制砖机和砖窑烧制，用新式西法烘烤，质量非常好。当时天津英法各租界的楼房、地面，上海的海关大楼、开滦码头、香港政府、九龙码头的建筑和地面等都用这种缸砖。砖上刻的“KMA”字样是开滦矿务总局的英文缩写。

室外展区主要有20世纪八九十年代秦港集疏运主力机车“上游1115号”蒸汽机车；博物馆院子北侧是一套水泥桌椅，民国四年（1915年）6月，意大利佛罗伦萨市议员沃森姆女士考察秦皇岛港时，曾在南山饭店居住过，在饭店门前建水泥桌椅并刻字留念；博物馆展厅正对的影壁墙是著名书法大师范曾为秦港书写的曹操《观沧海》汉白玉浮雕；以及反映旧秦港时期码头工人生活状态的“锅伙”雕塑群等；院内还有一组群雕，表现的是20世纪80年代初期，全港掀起“学技术、练本领”热潮，青年职工开展“技术练兵”活动的情景。

主题展览依托的高级员司俱乐部是旧开滦时期港口高级职员的文化生活娱乐场所，1911 年动工修建，如今已有百余年历史。曾经舞榭歌台的林间小楼，如今已成为展示城市文化的窗口。

室内共有 5 个展厅，展陈内容分为港口起源、古代碣石港、近代自开港、现在枢纽港四大部分。展陈脉络清晰、主题突出、内容翔实、手段丰富，采用文物展览、图片展示、模型演示、视频影像、景观再现等多种形式。共展出历史文物 150 件、图片 210 余幅、主题造型 1 座、三维动画 1 个、动态模型 3 座、港口生产设备模型 13 个、微缩景观 3 处、大型主题展板 3 个。

博物馆序厅陈列着锚与缆桩的主题造型，皆为实物，锚寓意船舶，缆桩代表码头，相互组合，有港口之意。墙面悬挂清光绪帝《添开秦皇岛口岸折》。秦皇岛素有“天开良港”之称，“天”即代表优质的自然环境，也有天子钦批开港之意。我国近代港口众多，却多为列强开设，自开口岸凤毛麟角，秦皇岛港为中国自开口岸第一批港口。

一号展厅位于中厅左侧，此处原为高级员司俱乐部的舞厅兼电影放映室。宽阔的壁炉、二楼放映室及通往二楼的木制楼梯均保持着 100 多年前的原貌。当年的高级员司在这里休闲跳舞、观看电影，张学良将军和赵四小姐也曾在这里翩翩起舞。电视剧《幸福像花儿一样》孙俪跳舞的场景、邓超向孙俪告白等戏段也是在此地拍摄。

好的展品会讲故事。展品中的留声机和钢琴是当时高级员司俱乐部使用的；展品中的一块木头是 1899 年刚刚开港时建造木质栈桥码头留下来的，已经有一百多年的历史，它见证了秦皇岛港百年发展历程，是秦皇岛港重要的历史文物；博物馆在筹建过程中，得到了港口职工及社会上关注港口历史发展人士的大力支持，中间展柜展陈的生产、办公用品都是港内外热心人士捐献的。

在通往二号展厅的走廊通道，一个文物景观格外引人注目。走廊通道不是普通的地板，而是已经有百年历史的“过山跳”。“过山跳”是当年码头工人装卸货物时连接船舶与码头的撬板。这块宽半米、长七米的木板，承载着秦皇岛港半个多世纪的艰苦历程。1898 年开港到新中国成立后的 20 世纪 50 年代中期，港口装卸作业就是在这样的撬板上肩抬人扛，一步步走过来的。

秦皇岛以港立市，港口博物馆所凝聚的历史与意义早已超出了一个企业的范畴。随着道南近代工业群的保护与利用，港口博物馆与电力博物馆、玻璃博物馆一同成为秦皇岛近代工业与城市兴起的见证与象征。

45

秦皇岛市玻璃博物馆：立体展　如百科

秦皇岛市玻璃博物馆于2012年8月6日面向公众开放，是我国第一家国有玻璃专题博物馆，国家二级博物馆。整个园区依托始建于1922年的耀华玻璃厂遗址建设，建筑遗址为国家级文物保护单位。

1921年，中国著名实业家周学熙与比利时伍德米财团共同出资创建中国首家机器法连续生产平板玻璃的企业——耀华机器制造玻璃股份有限公司。开创亚洲玻璃工业的先河，也为秦皇岛“玻璃之城”的称号奠定了基础。初建的耀华玻璃厂不仅打破了国外玻璃在中国的垄断地位，其玻璃产品还远销海外二十几个国家，产量曾达到中国玻璃使用量的三分之二。

新中国成立前，耀华玻璃厂一直都在英国人和中国把头控制下，广大工人过着苦不堪言的生活。是新中国的成立，翻开了耀华和中国玻璃工业发展史上新的一页。可以说，没有党的领导，就没有耀华玻璃厂的今天。党和国家的第一批领导人对耀华都寄予厚望。毛泽东、朱德、刘少奇、周恩来等中央领导人都曾来厂视察指导，领袖的关怀和鼓励，

秦皇岛市玻璃博物馆

激发了耀华干部职工的劳动热情，老厂耀华焕发出空前的活力。

1951 年，党和政府曾指示有关部门安排苏联专家来厂解决生产中遇到的技术难题。1954 年 4 月 21 日，毛主席在秦皇岛市委同志陪同下来厂视察。了解生产情况与玻璃生产的原料、产品的一些问题，还特别询问了生产车间的温度，指示厂领导要关心工人的健康问题。毛主席来到熔制车间，用看火镜聚精会神地观察熔窑中原料的熔解情况，还到采板车间观看了工人的玻璃采板。视察过程中，毛主席询问厂领导是否掌握生产技能，谆嘱要好好向工人学习。朱德委员长早在解放之初的 1949 年和 1950 年，两次来厂视察玻璃生产情况。参观了新建的玻璃管车间，对发展玻璃出口作了重要指示。

1954 年 8 月，刘少奇委员长视察耀华玻璃厂，参观了熔制和切装车间，并对生产及公私合营等问题作了重要指示。

1957 年夏季的一个星期天，周总理到北戴河出席一个会议，途中视察了耀华玻璃厂。视察中，周总理对工人的健康非常关心。当他看到采板工人在高温下操作时，就问："工人这样工作 8 小时吗？"厂领导告诉他："过半个小时就轮流休息一次。"他说："这还好，但是还要降温，要改善劳动条件。"从采板工段出来又看了原料车间。总理得知原料车间的粉尘危害严重，就关切地说："粉尘要解决，要注意工人同志的健康啊。"总理还很注意厂里的经济效益。走到煤场时，他问："你们用的是哪里的煤呀？"厂领导回答："是抚顺煤。"总理听说是抚顺煤，就问："抚顺煤离这远，开滦煤离这近，为什么不用开滦煤呀？"厂领导回答说："开滦煤是出口的，不供应我们。"总理听后说："要解决这个问题，你们是搞经济的，要算经济账，可要注意经济效益呀。"耀华玻璃厂就此专门向李富春副总理写了报告，不久就开始供应开滦煤。这样一来，耀华玻璃厂节约了一大笔运输费用，工厂的经济效益明显提高。

20 世纪末，耀华玻璃厂的发展到达顶峰，成为拥有玻璃纤维、玻璃管、钢化玻璃、防弹玻璃、镀膜玻璃等众多分厂的综合性玻璃生产企业，创造了一个又一个业内第一的同时也留下了庞大的工业群落。

随着城市的发展，陈旧的城市布局使秦皇岛市的工业区与生活区交错混杂。合理规划城市布局和产业布局成为当务之急。21 世纪之初，秦皇岛市委、市政府适时提出老工业企业"退城进郊"的城市发展战略。随着"退城进郊"的开展，耀华国投公司、耀华股份公司浮法一线、耀华股份公司浮法二线相继停产搬迁。

2008 年 8 月，秦皇岛人欢欣鼓舞地迎来披载着祥云的火炬与世界各地参加奥运会的运动员的时候，耀华国投公司熔窑里红彤彤的玻璃液缓缓地流进了旁边的蓄水池。池水里翻滚而起的团团白色浓雾，宣告了这条曾经被整个玻璃行业高度关注的浮法玻璃国家示范线的终结。不久之后，西厂区的浮法一线、二线也紧步浮法一线后尘，成为历史。2010 年 2 月 8 日，总面积达 558 亩土地的耀华西厂区公开竞标拍卖，起始价每亩 260 万元。飞龙和博辉、淇鑫、星光 4 家房地产公司成为这块土地的新主人。

博物馆是传承城市记忆的祖庙与宗祠。在秦皇岛这座“玻璃城”建立一座玻璃专题博物馆一直是秦皇岛人共同的梦想。为了纪念城市历史，传承近百年工业文脉，展现耀华承载的中国玻璃工业曾有过的辉煌业绩，秦皇岛市政府作出决定，在耀华老厂原址上保留 22.25 亩地，不予商业开发，专门用作市玻璃博物馆的建设。在此地块上，保留老工业建筑包括 1923 年建成的水泵房、老水塔与一座相当于如今发电厂的老电灯房。2013 年，这批老建筑被国务院公布为第七批全国重点文物保护单位。

2012 年 8 月 6 日，秦皇岛市玻璃博物馆正式开馆。省文化厅厅长张妹芝专程来秦皇岛对玻璃博物馆开馆表示祝贺。她在致辞中说，秦皇岛玻璃博物馆不仅是国内第一家国有玻璃专题博物馆，也是河北省第一家依托工业遗存建设的博物馆。

玻璃博物馆展厅主要分为“古代玻璃及发展”“中国玻璃工业摇篮”“中国当代玻璃工业”“璀璨神奇的玻璃世界”四大部分。走进展厅，迎面就是高高的主题雕塑“天地凝光”，粗糙的自然岩石基础向上变成流畅曲线的玻璃体，就像升腾的火焰在熊熊燃烧，直到顶部凝为晶莹剔透的玻璃块，石、火、玻璃浑然一体，意喻着玻璃源于大地、烈火凝练、终成无瑕。在 1600 平方米的展区内，从公元前 4000 年的古西亚蜻蜓眼珠、中国中山靖王刘胜墓出土的玻璃耳杯，到 1922 年老耀华修建工厂时用的砖石、最早使用的“阿弥陀佛”商标，再到现代的浮法玻璃生产线模型，汽车、飞机的挡风玻璃，“神舟九号”航天器上的玻璃，博物馆用 1700 多件展品，向世人系统地展示了中国玻璃工业的发展历史和玻璃产品的广泛应用，展示了多姿多彩的艺术玻璃世界。

46
山海关长城博物馆：萃精华　述古今

山海关长城博物馆

山海关长城博物馆，坐落在秦皇岛市山海关区天下第一关路中段，占地面积 1.21 公顷，建筑风格为仿明清式的古典建筑，于 1984 年邓小平“爱我中华，修我长城”题词后筹建，1991 年 7 月 1 日落成并正式对社会开放，原国家主席李先念为博物馆题写了馆名。

万里长城万里长，雄关漫道早已成为中国的世界名片。

长城博物馆依托于古长城段落而兴建，囊括了长城文化的方方面面。中国有三座长城博物馆——嘉峪关长城博物馆、中国长城博物馆（八达岭）、山海关长城博物馆。山海关长城博物馆地处明长城海上起点，“天下第一关”脚下，是三馆中级别最高、唯一的“国家二级博物馆”。

1984 年 9 月 20 日，邓小平同志发出“爱我中华，修我长城”的号召，全国群众踊跃捐款，掀起修护长城的风潮。山海关重修了入海石城、澄海楼、靖卤一号敌台、南海口关、宁海城等建筑，使老龙头重现了当年雄姿。与此同时，山海关长城博物馆开始筹建。1991年7月1日，博物馆正式面向社会开放。博物馆的落成为刚刚修建完成的山海关古迹注入了历史内涵，也增添了展示城市历史与长城文化的窗口。

2004年，山海关长城博物馆作为河北省爱国主义教育基地重点建设项目和河北省重点建设项目——“山海关古城保护开发”的启动项目，进行了博物馆的改陈工作。

该展由清华大学策展，以高超的艺术水平与施工标准，被评为“全国博物馆十大陈列展览精品”。

2006年，为进一步发挥山海关长城博物馆的爱国主义教育和社会教育功能，在中央、省、地方的支持下，启动了山海关长城博物馆二期扩建工程。工程于2007年10月破土动工，新建部分与旧馆连接成一个整体，形成了古典与现代的完美组合，也基本形成了如今山海关长城博物馆的基本面貌。

博物馆总投资5500万元，馆舍建筑面积6230平方米，展陈面积3600平方米，展线1500延长米。共分“长城历史”“长城建筑”“长城经济文化”“今日长城”“龙首春秋”“雄关军事”“名关人文”“龙珠异彩”八个部分。以精美的设计、合理的布局、恢宏的气势、丰富的内涵，集中展示了我国“上下两千多年，纵横十万余里”的长城历史渊源、形式建制、人文风物、军事烽烟，特别是长城精华地段——山海关长城的古代军事作用和宏伟壮观的建筑艺术。

馆藏文物品类齐全，汇集了石器、陶器、瓷器、青铜器、玉器、货币、碑帖，尤其以长城建筑材料、长城火器为特色，藏品中不乏精品和特色藏品。除了珍贵的长城文物，还包括大量精美的模型、雕塑、图片及大型声光电为一体的“山海关文物沙盘”，全面而生动地展示了山海关的历史魅力和现代风采，成为了解长城知识、弘扬长城文化、感悟长城精神的最佳课堂。

47

秦皇岛电力博物馆：驱黑暗　说辉煌

秦皇岛电力博物馆依托国家级文物保护单位南山电厂建设。2015 年 12 月建设完成。馆藏各类实物、史料、图片 7000 余件，分别展示秦皇岛供电公司电力工业发展的历史和现状，传播电力科普知识，兼备展示、服务、研究、交流、教育等多种功能。

南山电厂的建立标志着秦皇岛近代工业迈出了坚实的第一步，是一段不能忽视的秦皇岛近代工业史。充足的电力不仅供应城市照明，而且为新兴的资本主义近代工业提供动力，大大促进了城市的工业化，成为鼓舞中外资本在秦皇岛向近代工业投资的重要推动力。

1928 年 8 月，英国资本家请来比利时沙勒罗伊市电气工程作坊，设计修建秦皇岛发电站，用以满足港口电力机车的运输和秦皇岛耀华玻璃厂扩建用电的需要。这就是秦皇岛电力博物馆的前身，位于南山北坡脚下，亦称“南山电厂”，建筑面积 2110 余平方米，两台 1000 千瓦发电机，年发电量 298.8 万度。

之后，南山电厂的供电区域由秦皇岛、山海关两地，发展到昌黎县及北戴河海滨。全国解放前，国民党曾想毁掉这座电厂，但在中国共产党的领导下，抢回了这座电厂，

秦皇岛电力博物馆

让他回到了人民的怀抱，并在很长时间里，对城市的运转起到积极的作用。直到1966年10月，南山电厂才结束了它的历史使命，停止了运行，电厂的设备被拆除后，分别运往河南等地。

设备虽然拆除，颇有特色的建筑却保留了下来。2013年，南山电厂，一座巴洛克风格的建筑被国务院公布为国家级文物保护单位。

“巴洛克”是1600年至1750年间在欧洲盛行的一种艺术风格。它产生在反宗教改革时期的意大利，发展于欧洲信奉天主教的大部分地区，以后随着天主教的传播，其影响远及拉美和亚洲国家。巴洛克作为一种在时间、空间上影响都颇为深远的艺术风格，不仅在建筑方面，还代表整个艺术领域，包括音乐、绘画、装饰艺术等，内涵也极为复杂。

南山电厂具有这种典型的风格。南山电厂由主厂房、高压配电装置、燃料贮存、北排水设施、辅助生产和附属设施、管理和生活等区组成。其中主厂房由汽轮机房、储氧气间、煤仓间、锅炉房、引风机室组成。整体对称得体，举架高，内部宽敞明亮；外立面窗口为长方形、立式结构，分为三层错落有致；大门为半圆形拱式结构，入门有梯式回廊；整个穹顶外部为玻璃制、内部为硬质实木。建筑崇尚豪华和气派，注重强烈情感的表现，气氛热烈紧张，具有刺人耳目、动人心魄的艺术效果。

秦皇岛电力博物馆也是河北省内第一座电力博物馆。

2013年，记载着电力发展辉煌历史的南山电厂主体建筑被国务院定为国家级文物保护单位。随后，电力公司联合文保部门启动了“百年秦电”历史传承文化项目，对楼体进行抢救性的修缮，建设“秦皇岛电力博物馆”。

博物馆于2015年4月正式启动筹建，12月建设完成。馆藏各类实物、史料、图片7000余件，分别展示秦皇岛供电公司电力工业发展的历史和现状，传播电力科普知识，兼备展示、服务、研究、交流、教育等多种功能。

为搜集有关电力的老物件和历史资料，冀北电力公司秦皇岛分公司的员工们四处搜寻，几个月的时间，从全国各地寻找到了千余件能代表电力历史发展的物品，从民国时期的电力欠费催缴单，到抗战时期由日本大阪于1944年生产的单相变压器、侵华日军留下的中国资源分布图，再到改革开放时期不断更新换代的各种电表，不一而足。一座南山电厂，记录了中国革命历史的发展，也是进行爱国主义教育的基地。

走进秦皇岛电力博物馆一楼大厅，主题装置以四区三县图为主体，采用灯光控制，通过顶部延伸的灯带展现电网大动脉。博物馆占地面积44320.41平方米，建筑面积2110.46平方米，布展面积1923.84平方米，分为室内展区和室外设备展区两大部分。博物馆南、北两侧为室外设备展区，南侧展区展示原铁路、站台及老火车头，北侧展区展示 10 千伏、110 千伏及 220 千伏线路及变电设备。室内划分五个展区：第一部分为中国电力发展概况，主要介绍中国点亮第一盏电灯以来一百余年电力的发展情况，国家电网机构的沿革，中国电力发展的每一个里程碑工程等；第二部分为京津唐电网发展概况，主要介绍京津唐电网的发展，冀北公司的机构沿革，冀北公司的重点工作等；第三部分为秦皇岛电力发展概况，以秦皇岛点亮第一盏灯开始，从电厂建设、供电线路建设及机构变迁三个方面详述了秦皇岛电力百年发展史，同时介绍了公司近两年的发展历程；第四部分为社会责任展区；第五部分为秦皇岛老照片展区，分风光长城、城市记忆、中西交融、市井百姓四个系列，全面介绍了 19 世纪末至 20 世纪初期秦皇岛的风土人情。

48

赤崖大暴动旧址：修旧址　识英雄

昌黎县荒佃庄镇赤崖村，因当地曾有呈红色的土崖而得名，其建村历史可追溯到明朝以前。

清朝、民国年间，赤崖一度因滦河河道东移，变成了滦河入海口近处的通商重镇，被称为“赤崖堡”。

当年的赤崖码头十分繁忙。街里有卸货栈房，主要接纳滦州的青石料，烟台等地的日用杂货，口外的木料、口蘑、干鲜果类等货物。每日出入码头的商船络绎不绝，甚至还能停泊大帆船，纤夫嘹亮的号子声不绝于耳。来往商船上达滦州、卢龙、迁安等地，下出渤海口，通达天津的新港，奉天的西海口港、营口港、大连港，山东的烟台港等。

此后，滦河几次泛滥，赤崖因处于迎水面多次遭到冲毁，逐年衰落下来。

1938 年夏天，冀东抗日大暴动以星火燎原之势，漫卷冀东地区 21 个县。在这次大暴动的浪潮中，赤崖村发生了“赤崖暴动”，点燃了昌黎县武装抗日斗争的第一把烈火。

赤崖大暴动旧址

1938 年 8 月，昌黎县第一名共产党员张其羽说服邻村王各庄的保卫团队长李盛瑞举起义旗，成为暴动的中坚力量。8 月 4 日清晨，张其羽、李盛瑞带领 20 多人悄悄包围了赤崖据点，伪昌黎县警察局在这里设有分驻所和警察中队。张其羽等人趁着伪警察还在睡梦之中，翻墙进入，未放一枪就缴了他们的械，拿下了据点。这便是历史上的“赤崖暴动”。

2016 年，破旧的赤崖抗日暴动遗址得以翻建，宽敞的大院内升起了五星红旗，砖木结构的瓦房内展陈着“赤崖村抗日大暴动简介”“昌黎县抗日大暴动英雄简介”“张其羽与抗日大暴动”“赤崖村旧貌换新颜”等内容。

2018 年 2 月，赤崖抗日暴动遗址被昌黎县人民政府确定为“昌黎县历史建筑”。

49

七家寨暴动遗址：摧城寨　振声威

1938 年 7 月 15 日，抚宁县台头营镇七家寨村，147 名群众在茹古香（振泰）倡导下，经许维纯、茹克勤、韩惠轩等积极组织，举起抗日救国大旗，发动武装暴动，组建了临抚抗日游击大队。当夜攻克台头营据点，缴获伪警察和保安队的枪支。随之，他们组织队伍西进，后编入宋时轮、邓华领导的八路军第四纵队三十一大队二营六连。

2017 年 7 月 13 日，抚宁市民陆先生在天马湖北侧钓鱼，在湖边小树林乘凉休息时，无意间发现地面上有一发旧子弹，他用手挖了几下，发现越来越多。一共 295 发旧子弹都是直接掩埋的，没有包装，很多已经被腐蚀。经抚宁警方和区档案馆鉴定，这些子弹大部分为汉阳造步枪所使用，可是从子弹的品种看，又比较混杂，分析应该是 1938 年 7 月 15 日“七家寨暴动”收缴的子弹。

这些锈迹斑斑的子弹诉说着 79 年前的一段历史。1938 年 7 月 15 日，在河北省抚宁县北部长城脚下的七家寨村，爆发了一场农民抗日武装暴动，打响了抚宁人民抗日武装斗争的第一枪，揭开了抚宁人民抗日武装斗争的序幕。

七家寨村位于抚宁城北 30 里，在台头营以东，相隔一条小沙河，距离不足 2 里，著名的天齐庙和恒成号香坊都位于七家寨村，天齐庙建筑宏伟，香火极盛，庙的门前，筑有高大的戏楼，京津各地赶庙会、搞物资交流每年要持续四五天。台头营自古以来就是军事要地和商贸中心，日伪统治期间，设有日军据点，并设立伪警察分驻所。日伪政权的残暴行径激起了台头营一带老百姓的愤怒。

七家寨暴动的抗战遗物

1938 年 7 月 9 日，抗日志士高志远在家乡县多余屯村（今属滦南县）举行抗日大暴动，一度攻入乐亭县城。在暴动之前，高志远就曾派人联系好友、抚宁县台头营七家寨人、伪大乡长许维纯一同暴动，但是由于考虑到个人家庭等原因，许维纯一直没有答应。

茹古香也是七家寨人，当年23岁，正在奉天（沈阳）日本人建立的南满医科大学读书，是一个爱国青年。1938年6月末，学校放了暑假，茹古香回到老家后听到了滦西各县举行抗日武装暴动的消息。他从当时任小学教师的堂兄茹克勤那里得知，伪大乡长许维纯是个爱国人士，主张抗日救国。茹古香当即找到许维纯，共同探讨抗日救国的问题。茹古香说："顾了救国，就顾不了守家，不抗日就要亡国，都当亡国奴，哪还会有家呢？"许维纯觉得茹古香说得很有道理，随即同担任小学校董的韩惠轩和小学教师茹克勤，秘密商量组织抗日武装暴动的事情。由许维纯以"大乡长"和"自卫团"团总的公开身份，向各"联庄会"及有枪的富户征集枪支，声称作为"打土匪"之用；由茹古香、韩惠轩、茹克勤分头到教员、店员、手工业者和青年农民中去宣传抗日救国的道理，秘密联络和发展参加抗日暴动的人员。到7月15日，已有140多人自愿报名参加抗日队伍。

15日下午，茹古香、许维纯等商讨行动计划，防备敌人察觉，决定于当晚就举行暴动。大家公推许维纯为抗日暴动大队长，茹古香为副大队长。队伍的名称叫"临（榆）抚（宁）抗日游击大队"，下设三个中队，即七家寨、巨各庄、戴家汀中队，当晚的任务就是攻打台头营镇。由许维纯、茹古香、韩惠轩和茹克勤分头带队从东、西、北三个方向去夺取台头营城。约定以攻打东街伪警察所的枪声为号，一齐攻伪保安队和各卡哨。

七家寨农民抗日武装暴动的行动高度机密、迅速而猛烈，出乎敌人意料。守城的保安队岗哨，不知攻来的是什么队伍，一触即溃，仓皇逃窜。抗日暴动队伍全部占领了台头营镇。游击大队补充了武器装备，一部分保安队员和伪警察自愿参加抗日队伍，暴动队伍的总人数已从原来的147人增加到200多人。

7月17日上午10时，驻界岭口和抚宁城的日伪军进犯台头营。暴动队伍与敌人交火，接战不利，撤到燕河营。25日投奔八路军第四纵队（宋时轮、邓华支队）第三十一大队，加入了共产党的队伍。临抚抗日游击大队被编入第二营第六连，转战于全国各地，在抗日战争和解放战争中，为人民立下了汗马功劳。

如今，七家寨村这座古老村寨焕发新的生机，从拆违入手，路面硬化3000平方米，新建排水渠30米，新建排水渠盖板65平方米，新建渗水池14个，村庄面貌焕然一新。七家寨村实施碧水保卫战，通过河道清淤、堤岸砌护、河岸亮化、修筑拦水坝等措施，不断改善和提升河流环境，实现"水清、河畅、岸绿、景美"，还老百姓清水绿岸、鱼翔浅底的景象。为保留生态田园和农家情趣，大家还利用家门口的空闲地，建起小菜园、小果园等"微田园"，打造村庄出彩、小巷小道见绿、房前屋后优美的良好环境，七家寨人民全面开启了建设北方最美乡村的新征程。

50

冀东东北情报联络站：集情报　破困局

抚宁背牛顶

抚宁城东北26公里处，老岭南缘，奇峰如柱，兀起于群山之中，甚为险要，其后有石如牛而得名背牛顶。正因为地势险要，便于藏身，易守难攻，这里曾是滦东军民对日作战的秘密据点，也是冀东东北情报联络站“燕山部队”所在地。

1942年，敌后抗日游击战争进入了空前残酷的阶段，刚刚建立的滦东根据地遭遇日军“第五次治安强化”。为隔绝各敌后抗日根据地的联系，日军对滦东根据地发起了穷凶极恶的进攻。

晋察冀第十三军分区（冀东军分区）为了巩固和扩大抗日根据地，命令第十二团在游击队和民兵的配合下，向长城以北的凌青绥地区挺进，连续攻克热河敌人13个据点，使根据地得到了很大发展，为在承德、平泉、兴隆、宁城、凌源、青龙、绥中等地开辟新区，创造了极为有利的条件。

遭到惨重失败的日军气急败坏地对抗日根据地疯狂进攻，到处挖“防共沟”，修碉堡群，大搞村村联防，户户连坐，“集家并村”，使沿长城线东西长700里，南北宽250里的区域成了“无人区”，杂草丛生，一片荒凉。

冀东军分区决定开辟口外山区，领导广大人民群众进行反“集家并村”斗争，组织了以宋国祥、张化东、信修等为首的三支武装工作队，去开辟凌源、青龙、绥中地区。宋国祥接受任务后，率领武工队20多人，以抚宁的宏量寺为落脚点，由临（榆）、抚（宁）北部地区逐渐向凌源、青龙、绥中方向发展。

1942年8月17日，三四百名日伪军突袭了背牛顶附近村庄，烧房集家和血腥屠杀，山中的几户猎户也逃往他乡。宋国祥率领的武装工作队被围困在宏量寺的后山上，发现此地崇山峻岭，悬崖峭壁，山巅有一背牛顶，建有寺庙，欲上寺庙，须俯身仰面，脚登石阶，手拽铁索，才能爬上山顶。

背牛顶的庙里住着七八个道士。宋国祥的工作队被困在宏量寺背牛顶上，与群众断绝了联系，忍饥挨饿，处境十分艰难。面对如此情况，有些同志丧失了信心，产生悲观、急躁情绪。宋国祥对同志们说："鬼子日子长不了，别看把老百姓关在围子里，可群众的心向着咱们，仇恨鬼子，咱们总会找到群众，粉碎敌人的阴谋。"

宋国祥决定和庙里道士接近，通过他们再和山下群众取得联系。开始时，道士对工作队很不理解，宋国祥耐心等待，带领大家住在寺院外，并且秋毫无犯。

工作队严明的纪律，顽强的革命精神，还有那中华民族共同抗日的责任，使道士们深受感动。一天早上，在道长的带领下，终于把藏起来的粮食拿出来为工作队做饭吃，把工作队员们请进了寺庙安排住处，还配合工作队下山侦察敌情、送信，帮助工作队与群众取得联系。于是，工作队很快就深入附近的大石窟、平市庄、猩猩峪一带，打破了半个月的被围困局面。

1942 年春，根据中共中央关于加强东北工作的战略方针，中共中央北方局成立了东北工作委员会，其主要任务是打破长城封锁线，牵制侵华日军，向东北开展工作，配合反攻。之后晋察冀分局组成"晋察冀东北工作委员会"，聂荣臻兼任书记。冀东地委成立"冀东东北工作委员会"，李楚离任书记，赵濯华任副书记，张化东、杨雨民为委员。

10 月，晋察冀北方分局社会部派任远、石铁生等来到冀东开展情报工作，由于宏量寺的特殊条件，这里成了建立情报站的绝佳地点。1942 年 12 月，任远化名"刘杰"，带领 20 多名干部，携带电台 1 部，来到宏量寺落脚后，建立东北情报联络站，全称"晋察冀分局社会部冀东东北情报联络站"，对内称"冀东军区联络部"，活动代号"燕山部队"，受晋察冀北方分局社会部和冀热边特委双重领导，任远代理情报站站长（1943 年 7 月任站长）。

他的主要任务是搜集伪满洲国的战略情报及政治、经济情报，及时准确地向特委和军分区提供情报。为对外工作方便，组织上决定冀东东北情报联络站统一以"冀东军区联络部"的名义进行活动。

冀东东北情报联络站成立后，至 1945 年 8 月，近 3 年间，先后在青龙县木头凳附近的喇嘛洞、岭上、俞杖子，以及辽宁建平县等地建立了 5 个交通站，开辟了"口里"至辽宁建平叶柏寿村 150 多公里长的交通线，秘密输送到伪满洲国各大城市的干部达百余名，在 1945 年反攻受降、接收东北各城市时起到了非常重要的作用。

51

三星口抗日纪念馆：以血肉　筑长城

抗日战争期间，青龙满族自治县三星口地区是凌青绥抗日根据地对敌斗争的前沿地带。

今天的三星口乡三星口村，在与干沟乡南胡哈村交界地带，有一道天然山石排列而成的巨大石墙，沿山脊绵延十几公里，被称为天然“石长城”。天然“石长城”浑然天成一道山石屏障，却未能阻挡住侵略者的铁蹄。

在民族危亡的关键时刻，是我们的人民和人民子弟兵，用血肉筑出长城，杀日寇，复国土，书写出“一寸山河一寸血”的悲壮与无畏。

在今天三星口乡陶杖子村南，有一处高高的石崖，上边是座水泥房子，下边是老百姓的玉米地，农民平常就在玉米地里日复一日、年复一年地耕作……很平常的农村场景，只是石崖上的“周杖子水银矿旧址”几个大字，一下子将我们拽回到那烽火连烟的抗日战争年代。

1939年，日军在原周杖子乡（今三星口乡）陶杖子村南发现了水银矿。第二年，日

青龙满族自治县三星口抗战纪念馆

军便开始掠夺性开采矿产。“周杖子水银矿旧址”附近的山上，至今留有好几处深深的矿洞。

日军从各地抓来近千名工人在皮鞭下为他们卖命。为了奴役和镇压工人，他们还组织了一个30多人的矿警队，由日本军官任队长。

在疯狂掠夺矿产的同时，为切断八路军与老百姓的血肉联系，日军在当时地处伪满洲国西南“国防前线”的青龙境内，从1942年开始，仿效东北地区，推行残酷的“集家并村”制度，制造不许住人、不许种田的“无人区”，将老百姓驱入“人圈”居住。全县修大小“人圈”358个，仅三星口一带，就有10处“人圈”。

“人圈”四周筑有围墙和碉堡，并有“行动队”“巡防队”“保乡团”等敌伪武装设防巡逻。“人圈”里生活环境十分恶劣，经常流行瘟疫，老百姓进了“人圈”，常常是有去无回。

“村里80多岁的老人，牙几乎都掉光了，但是提起‘人圈’，都恨得直咬后槽牙。”三星口村第一驻村书记杨可心在村中访问当年情形时，老人们常常都是这样的表情。

但是英雄的青龙人民在残酷的统治下并没有屈服，在党派来的抗日干部的引导下，陈贵、张仲三、郭子云（后化名郭海楼）组成了洞子沟党支部，成为青龙县东最早的党支部之一。党支部领导抗日民众，在大山深处挖了3个秘密隐蔽洞，分别是伤员隐蔽洞、干部隐蔽洞和物资隐蔽洞。

1943年9月19日拂晓，八路军第七区队在队长罗文、副队长马骥的带领下，跳出日伪军对花厂峪抗日根据地的“合围”，采取“围魏救赵”的战术，在共产党员、矿山电工万振亭及地方民兵和群众的配合下，出其不意地袭击了周杖子水银矿，击毙日军少将矿长屿岛，歼灭日军、伪矿警40多人，缴获轻机枪1挺、步枪40多支、炸药2000箱，创造了反“扫荡”作战的一个经典战例。

同年10月5日，根据我党打入敌人内部的秘密交通员张书阁送出的宝贵情报，八路军第七区队埋伏在出石头至歹毒岭2.5公里长的公路两侧，取得缴获日伪军119辆大车的军用物资（包括枪支弹药、粮食布匹等）、消灭敌人30多名、俘敌50多名的“龙头大捷”。但张书阁后来不幸暴露，被敌人杀害。

人民子弟兵取得的两次大捷都离不开人民，正是这些不怕牺牲的共产党员和抗日民众，用血肉筑起了捍卫国家独立和民族尊严的长城。

2018年4月，在驻村之初，杨可心就有了将这段光荣的抗战历史铭记下来的想法，唤醒红色记忆，激励后人奋进。

在秦皇岛市委党史研究室的帮助下，他对三星口地区的抗战历史进行了系统挖掘与研究，先后走访了洞子沟党支部书记陈贵的后人、烈士张书阁的后人等，同时实地调研周杖子水银矿、龙头大捷等抗战遗址，收集了大量有价值的资料。

在筹建抗战纪念馆的过程中，市委党史研究室也进行了大量走访调研、资料收集和整理展陈工作，并专门形成了《青龙三星口地区抗战史课题研究开展情况的专项报告》，得到了市委领导的高度认可，批示“为‘不忘初心、牢记使命’主题教育提供生动研究成果，这项工作很有意义”。

三星口村无偿提供了村集体独门独院的10间闲置瓦房，国网冀北秦皇岛供电公司驻村工作组出资对其中的5间房屋进行了布展前的基础装修……“众人拾柴火焰高”，建立起来的三星口地区抗战纪念馆，对于学习老区光辉历史、弘扬老区革命精神、进一步激发建设老区的内生动力，具有积极意义。

同时，依托纪念馆开发红色旅游，杨可心和三星口村党支部书记郭彦东等人，谋划由脱贫攻坚向乡村振兴过渡的重要战略实施载体。以“红色基因”为引擎，以“绿色生态”为依托，他们设想将三星口地区红色旅游融入天然石长城大旅游之中，整合人文历史资源和自然环境资源，以抗战纪念馆为切入点，推动金屏山天然石长城、洞子沟党支部遗址、周杖子水银矿遗址等区域的配套开发，让红绿相间、人文和自然相衬的红色旅游成为一大亮点，让游客们既能在历史中追寻红色记忆，又能在青山绿水间放松心情。

如今，以“红”带“绿”、以“绿”托“红”的“红色主题游+绿色生态游”的布局已经清晰，三星口地区实现爱国主义教育和乡村振兴双丰收的目标正在逐步实现。

52 吉利峪革命历史纪念馆：洒热血　垂青史

吉利峪村地处凌青绥抗日游击根据地腹地，经历了本地党组织的创建与发展，经历了与日本侵略者的殊死斗争。在党领导的革命斗争中，仅200户人小村庄60多人参军，19位英雄儿女壮烈地献出宝贵生命。烈士虽死，浩气长存，这些优秀的吉利峪儿女，将永垂史册，永远活在人们的心中。

1933年4月，日军占领青龙，对青龙人民进行残酷统治、疯狂掠夺和血腥镇压。1943年，临抚凌青绥联合县工委在靴脚沟成立后，在吉利峪村发展党员，并建立党支部。党支部书记是汪福兴，党员为刘子和、李复新、孙起。

为加强各根据地的联系，打破日伪封锁，县工委在多地建立交通站。吉利峪作为枢纽交通站，交通员是村书记汪福兴同志。交通站除了有传递信息的作用，也是统战工作的阵地，争取伪村长、伪分驻所长、伪甲长为抗战提供信息与协助。

1942年7月中旬，冀东第十二团一营开至吉利峪时，被伪青龙县武修忠讨伐大队发现。日伪立即率讨伐队200余人尾随追击，距离不过2公里。副营长马骥敌诱到吉利峪西马圈子附近的程杖子、耿杖子一带，占领了高山地势。战斗刚开始，日伪军官还没开始指挥，就被击毙。敌军乱成一团，溃不成军，很快结束了战斗。

战斗虽然胜利，但班长信友头部负伤，战士何玉祥腿部被子弹击穿。马骥将两名伤员就近抬到吉利峪村西马圈子樊庆岐家。在恶劣环境下，堡垒户保证了伤员的安全，缝衣做饭，处理伤口。一家人将伤员抬到离家三里外的山里。每日由孩子送水送饭，喂完饭后边放羊边放哨，发现危险立刻转移伤员。经过悉心照料，两位伤员最后痊愈，先后归队。

1943年年初，日军在青龙实施“无人区”与“集家并村”。吉利峪村因为与八路军来往密切，日军决定将吉利峪村民赶到干树沟和马杖子“人圈”。周围修筑一丈多高的围墙，企图用这种方法，把民众与八路军隔离开。5月19日，对吉利峪村大规模扫荡后，时隔三天又再次烧杀。

据统计，吉利峪惨案共14名无辜群众被杀害，烧毁房屋946间，全村仅剩两个门楼，

吉利峪村革命历史纪念馆

生产生活用品全部被毁。村子已经一无所有。1944 年 1 月，凌青绥联合县委指示地下党员李复新，将住在山上的老百姓转移到口里罗家沟一带，带领地下党员与青壮年配合主力部队，拆除“人圈”、破交通、除汉奸、配合八路军作战。

1945 年，人民军队解放各地“人圈”，光复后的吉利峪到处都是被日寇“集家并村”烧毁的断壁残垣。吉利峪村民回到家乡，在党支部的带领下，迅速重建家园。解放战争中，党支部动员小山村户户参军，又有 30 余名村民参加解放军。

日本投降后，上级派李复新接收土胡同警察所，后被委任为木头凳区区长。1945 年 12 月 8 日凌晨，李复新被枪响惊醒。土匪姜克芝叛变，带 300 多人将区公所包围。面对紧急情况，李复新下令：“我们接收的枪支弹药决不能让敌人得到，敌人进来多少，就消灭他多少。”李复新等 17 名同志从早上 5 时坚持到上午 9 时，给敌人造成很大伤亡。姜克芝命令匪徒点燃区公所，李复新果断下令：“为了彻底消灭敌人，我们要保存自己，突围出去，能出去几个就出去几个，决不缴枪，大家跟我冲！”突围过程中，李复新不幸中弹牺牲，为青龙人民的翻身解放献出宝贵生命。

革命烈士用鲜血保护的吉利峪，在今天也终于焕发出了新的光彩。

吉利峪村属于“十三五”贫困村，由秦皇岛军分区、市旅游和文化广电局驻村工作队共同帮扶，全村建档立卡贫困户 310 户，共 1028 人，几乎占了总人口的一半，到 2019 年，在帮扶下贫困户全部脱贫。

吉利峪村地处革命老区凌青绥革命根据地腹地，是抗日战争时期重要的交通枢纽站。为了纪念这段历史，传承红色精神，经过 18 个月的走访、收集和整理，扶贫工作组与当地村委会一起建设了吉利峪村革命历史纪念馆，并免费向群众开放。日前，该纪念馆已被确定为市级国防教育基地。如今，这座纪念馆已经成为吉利峪村的文化地标，两年来，多次接待前来参观的领导、专家和游客。一个个为中国革命事业舍生取义，前赴后继的仁人志士的故事，生动述说着红色村庄吉利峪的牺牲与奉献，书写了凌青绥人民革命斗争史中辉煌的一页。

53

花厂峪抗日纪念馆：筑堡垒　拒敌寇

“九沟十八岔，岔岔有人家，多则三两户，少则一两家。”花厂峪是村名，也是一条沟的名字。这条长达 7.5 公里的山沟位于祖山东麓，沟内有靴脚沟、大花生峪、五道岭、花红沟、冰窖子等 13 个自然村。

这个深山沟里的小山村，曾是临（榆）抚（宁）凌（源）青（龙）绥（中）联合县工委机关所在地；这个不足 500 人的小山村，有 17 人加入中国共产党，58 人参加八路军，120 人抗日支前，涌现了米恩林、赵成金、王金等抗日剿匪英雄；还是这个小山村，军民齐心筑起了一道保护地方红色政权的血肉长城，从而被誉为“铜墙铁壁”。

抗日战争时期，这里是共产党和八路军的坚强堡垒。这里的人民英勇不屈、不畏牺牲，为保卫抗日政权作出了巨大贡献。1946 年，热河省人民政府特授予花厂峪村一面锦旗，上书：铜墙铁壁花厂峪，固若金汤靴脚沟。

1937 年 8 月的洛川会议后，毛泽东以战略家的眼光指出了冀东在抗战中的重要地位，指示红军可以一部分于敌后的冀东，以雾灵山为根据地进行游击战争，对平、津、唐形成包围态势，并以燕山为战略基地，向东北发展。

肩负着指挥这一伟大战略进军任务的晋察冀军区司令员聂荣臻曾慨然赋辞：“我们屹立在五台山、太行山、衡山、燕山，旌旗指向长白山；我们驰骋在滹沱河、永定河、潮河、滦河，凯歌高奏鸭绿江。”

坚持华北挺进东北，战斗在燕山崇山峻岭和滦河之滨的冀东军民，就是实现这一战略意图的尖兵。

为保存实力，扩大回旋余地，同时为解放东北打开通路，1942 年年初，我党先后派出几支武装工作队，开辟临抚凌青绥地区。

2 月，以信修为队长的凌青绥武装工作队出冷口，4 月在肖营子、西双山一带建立凌青绥地区第一个区政权。7 月，以宋国祥为队长、张仲三为指导员的第三远征武装工作队，与马骥率领、随后到达的冀东军分区第十二团一营，进入青龙东部地区。到 11 月，开辟以花厂峪为中心的 100 余个村为抗日游击根据地。

花厂峪抗日纪念馆

12 月，张化东率领的中共冀东东北工作委员会（东北工作委员会的主要任务是打破长城封锁线，牵制日军，向东北开展工作，配合反攻）工作人员挺进到临榆、抚宁北部山区，与宋国祥武装工作队建立了联系。随即，根据冀东地委的决定，组建了中共临抚凌青绥联合县工作委员会和联合县办事处，机关驻地花厂峪村靴脚沟。

1943 年，临抚凌青绥联合县又扩大为临、抚、昌联合县和凌、青、绥联合县。

1943 年秋季，日本侵略军纠集各路兵力 6000 余人，对花厂峪这一红色根据地，发动了疯狂的“秋季大扫荡”，他们分兵 10 路进行合围，狂妄地叫嚣：“血洗花厂峪，火烧靴脚沟。”

短短两天，敌人就杀死村民 84 人，烧毁房屋 400 多间。花厂峪村民在工委干部战士的带领下向深山密林转移。敌人又采取步步为营、篦梳山林的策略，接连不断地对花厂峪附近的山林进行了长达 17 个昼夜的残酷围剿。

一天，敌人突然出现，躲避在山脚密林中的工委干部和花厂峪村民只好悄悄转移。当时，花厂峪村第一任党支部书记米恩林家有一个刚刚出生不久的儿子。转移途中，婴孩的啼哭立刻引来了正在搜山的日伪军。危急关头，为了大家的安全，米恩林的妻子康玉平用奶头紧紧堵住了儿子的嘴……等到日伪军走后，康玉平发现，儿子的脸已经发青……

满脸泪痕的花厂峪“母亲”们，为中华民族的解放事业作出了巨大牺牲：共有 22 个婴幼儿死于日伪军的残酷围剿中。

就是这样的血肉长城筑就了“铜墙铁壁花厂峪”，连日本侵略者自己也不得不承认：

“他们放弃了这处阵地，并不表明八路军减弱了。他们往往放弃一处阵地，又进入另一处山区……虽然这些地区表面上看来不像以前那样活跃了，像是一块白色的土地，但是只要剥开一层表皮，就会发现红色的土地……”（铃本启久《制造无住地带》，选自原岛修一编《日本战犯回忆录》。）

战争的硝烟虽早已散去，但花厂峪人民的事迹与精神代代相传，永不磨灭。

2010 年 7 月，花厂峪抗日纪念馆建成。纪念馆坐落于村中心地段，以党政军民抗战历程为主线，由“壮士北上，星火燎原”“日寇铁蹄，残酷暴行”“同仇敌忾，铜墙铁壁”“杰出人物，不朽丰碑”“缅怀英烈，情系老区”5 个部分组成。

抗日纪念馆西不远处的山坡上，是同样在 2010 年重建的花厂峪革命烈士陵园。1984 年，为纪念长城阻击战中英勇牺牲的革命烈士，花厂峪村党支部和村委会决定，将分葬在长城脚下的 12 位烈士移葬到花厂峪村西山，建立了花厂峪革命烈士陵园。后来又陆续将埋葬在其他处的 6 位抗日烈士的遗骨移葬到此陵园。重建的花厂峪革命烈士陵园，由石桥、入园景石、园门牌楼、追思长阶、幽思步道、松柏园、墓地广场、忠魂塔、纪念碑文、战事浮雕墙等 10 个部分组成，安葬了青龙满族自治县县域内的 187 名烈士。

花厂峪抗日纪念馆旁是花厂峪村小学。2007 年，校长程少东编写了一本校本教材——《可爱的花厂峪》，里面以“英雄谱”的形式收录了大量花厂峪人民的英勇革命事迹，目的就是让花厂峪的后代不忘历史，不忘先辈们用鲜血铺就的今天幸福之路，让花厂峪的革命精神代代相传。

54

柳河北山、冀东抗战纪念馆：根据地　有美誉

在卢龙、抚宁、昌黎三县的交界处有座山谷，其东、南、北三面山岭相连，绵延百余里，西边则有似长龙般南北横卧的山梁，由此形成的一个天然圈，被称作“柳河圈”。

“柳河圈”内坐落着十余座村庄，柳河北山村位于这个“圈”的最北端，当年是“柳河圈”抗日根据地的中心，素有“红色心脏”“冀东延安”“冀东革命摇篮”的美誉。

“柳河圈”当时由被敌人标榜为“治安模范县”的昌黎县管辖，自从1938年冀东大暴动之后，这里就一直被日军统治着。

冀东抗战纪念馆

1941年11月，冀东区党委派高敬之等人到“柳河圈”开辟滦东地区抗日根据地。当时由于力量有限，无法立即摧毁日伪政权，只能是给伪职人员做做思想工作。次年，徐志带罗平游击队来到“柳河圈”活动，徐梦纯也带一小队人员来到“柳河圈”地区，从此，我党开辟“柳河圈”的力量得以加强。

1943年春，“柳河圈”内开始建党，秋后各村开始建立政权，广大人民抗日热情高涨，这里逐渐成为比较稳定的抗日根据地。

1943年至1945年，冀东十二地委和专署的办公地设在柳河北山。1943年，救国报社又迁到这里，并改为《滦东日报》，刊印发行，继续宣传抗日主张，动员全民抗战。同年，这里还设立了无线电台，一道道电波从这里飞出，指挥前线军民奋勇杀敌。随后，这里又陆续创办了枪械制造厂（当年这里生产的最有名的军工产品是“狗牌撸子”）、手

榴弹厂、枪榴弹厂、被服厂、鞋厂、扣厂、染厂等十几个生产军需物资的小型工厂。短短3年间，这里为抗日前线的八路军部队生产了大批服装，制造了大量枪支弹药，储备了30多万公斤粮食，成为滦东乃至整个冀东地区我八路军的重要后勤基地。

1944年3月，日伪军三千余人妄图包围“柳河圈”，消灭冀东八路军主力。由此引发了这里最大规模的一次战斗——“柳河圈突围战”。

在这次激烈的战斗以及后来反包围、打据点的战斗中，发生了许多动人故事，至今仍流传在柳河北山，成为这里抹不去的红色记忆：

村民王景玉带领特务连二排由西山英勇突围；杨淑兰大嫂勇救八路军伤员；老英雄张世和为保守秘密被敌人的刺刀挑破胸膛；为保护专署安全转移，5名无名战士跳下山崖，书写了“狼牙山五壮士”的新篇章……

抗日战争胜利后，我党、我军第一批出关的军政人员，就是从柳河北山出发，拉开了开辟东北解放区、解放全中国的序幕。正因为如此，毛泽东主席1946年在中央政治局会议文件上曾作批示：“全国解放没有冀东不行。”

为什么说“全国解放没有冀东不行”呢？抗日战争胜利后，中国共产党领导的八路军第一批出关（曾克林出关）、进入东北的军政人员，就是从冀东出发，具体来说就是从柳河北山出发，从而拉开了全国解放的序幕。当时，东北解放区的大部分党政军干部都是由冀东输送过去的，所以说“全国解放没有冀东不行”。

此后，“柳河圈”又成为我党、我军向东北进军的集散地，主力部队在这里休整后开赴东北，地方武装在这里训练、改编为主力部队后，或进入东北，或留在原地坚持斗争。“辽沈战役”打响后，这里又成为支前物资的转运地，大批军用物资源源不断地从这里运往东北战场。

无论是抗日战争时期，还是解放战争时期，“柳河圈”这块小型革命根据地，都发挥了重大作用。“柳河圈”革命根据地，给柳河北山这个小山村染上了红色，这红色至今未褪。

当年的冀热辽军区司令员李运昌在他99岁高龄的时候（2007年），为这里题写的“卢抚昌抗日根据地”，如今横嵌在村口纪念碑风格的牌楼正中，两边是当年的政治部主任李中权题写的“难忘冀东抗战，难忘老区人民”。

“卢抚昌抗日根据地”，就是当年的“柳河圈”抗日根据地。

2007年，当时冀东地区唯一一座全面反映冀东抗日武装先进事迹的纪念馆——“冀东抗战纪念馆”在柳河北山村落成。纪念馆依山而建，内设1个序厅和3个展室，分别陈列抗日英雄李运昌、曾克林、马骥、高敬之及八路军用过的子弹袋、手榴弹、刺刀、电话机以及军服等实物，展示军民坚持抗战的珍贵图片和以当时斗争生活为场景的绘画作品等。

柳河北山村的张维孝老人，当年曾摸过李运昌、李中权、曾克林这些“大领导”的枪玩儿。从“冀东抗战纪念馆”在柳河北山落成那天起，他就义务充当起整个柳河北山村的“红色导游”。他走访了村里的多位老人，收集整理了大量的抗战故事，前后做了两万多字的抗战历史笔记。渐渐地，这里的红色记忆，都印在了他的脑海里，并被他写成歌词，编入那动人的歌谣，传递给每一个来到柳河北山的人：

一劝抗战我的亲祖父，你孙抗战去把日寇逐，

游击战争去把鬼子打，我们至死不当亡国奴。

二劝抗战我的亲奶奶，你孙抗战不必挂心怀，

家中老少国家有优待，抗日分子脑筋定都开。

……

一曲《八劝抗日战歌》，唱出了一个红色柳河北山：

河边柳林根连根，母亲儿子心连心。

母亲儿子亲骨肉，军队百姓一家亲。

鱼水相依齐战斗，中华儿女抖精神。

……

张维孝住的房子，就是当年的无线电台存放处。房子隔壁就是当年的冀东军分区十二团指挥部。当年的旧址保存下来的不止这两处，还有滦东日报社旧址等。

2013年，占地约15亩的卢龙县烈士陵园在毗邻“冀东抗战纪念馆”的山坡上建成，由景观雕塑、纪念碑、纪念广场、烈士墓区和展室等组成，可同时容纳500至800人举行纪念活动。

同年，秦皇岛柳河溪谷生态旅游开发项目正式落户柳河北山村。编制完成的《秦皇岛柳河北山景区旅游发展规划》《柳河北山红色旅游发展专项规划》，明确提出“红色柳河北山，冀东抗战典范”的旅游主题，主要建设红色记忆凭吊区、亲水休闲娱乐区、葡萄酒文化与休闲体验区、农林野趣休闲体验区、拓展训练活动区、天然氧吧休憩区、军事文化体验区等，打造“精品型葡萄酒文化与休闲养生度假区”“冀东红色旅游深度开发示范区”。

55 秦皇岛烈士陵园：昭日月　壮山河

秦皇岛烈士陵园坐落于山海关威远城南侧，在原山海关烈士陵园基础上改建而成。其始建源于山海关保卫战。

1945 年 11 月 16 日，经过 22 天的顽强阻击，山海关保卫战进入最后阶段。为掩护我军大部队转移，山东军区第七师第十九团的一个排留下来在角山朝阳洞阵地继续阻击敌人。最后，全排 41 名战士全部壮烈牺牲。

山海关当地百姓收集起 41 名战士的尸骨，掩埋在山海关城东南吕家沟和城西北疙瘩岭。

1954 年，山海关区人民政府为纪念在山海关保卫战中牺牲的烈士，在威远城欢喜岭建墓立碑，将 1945 年在山海关保卫战中最后一天牺牲的烈士移葬于此。

1956 年，山海关烈士陵园开始施工，1957 年 5 月建成，占地 13525 平方米。陵园主体建筑为在八角平台上高高矗立的白色大理石烈士纪念碑，高 16.3 米、宽 2 米、厚 2 米。正面大书“革命烈士永垂不朽”八个镏金大字，背面写着“纪念 1945 年解放战争中为保卫山海关而英勇牺牲的烈士们”。纪念碑两侧有对称的壁墙，各长 5.02 米、宽 0.4 米、高 3.3 米，上面铭刻着“浩气长存”“光照千秋”八个大字。

秦皇岛烈士陵园

纪念碑北侧，建有直径 8.8 米的圆拱形烈士墓，内建三层圆形灵台，安放着在山海关保卫战中英勇牺牲的 41 位烈士的遗骨。烈士墓周围遍植苍松翠柏。陵园大门有对联：“巍巍燕山埋忠骨，滔滔渤海慰英灵。”园内中部两侧有对称的长廊式凉亭。

烈士陵园 1988 年 9 月 13 日被秦皇岛市人民政府公布为市级

文物保护单位，1995 年被中共秦皇岛市委、市人民政府命名为爱国主义教育基地。

2008 年 10 月，经秦皇岛市委常委、常务副市长马誉峰首倡，秦皇岛市委、市政府决定，改建山海关烈士陵园为秦皇岛烈士陵园，以缅怀先烈之英灵。

改建工程于 2009 年 5 月 29 日开工，当年 9 月 29 日竣工。当日举行了秦皇岛烈士陵园落成暨祭奠革命先烈大会。

改建后的秦皇岛烈士陵园，占地面积增至 15880 平方米，包括综合楼、纪念馆、纪念碑、烈士墓、英烈墙、展示长廊、碑亭、烈士雕像等。

陵园入口由黑色花岗岩贴面墙体组合而成，墙面镌刻“秦皇岛烈士陵园”七个金色大字，象征着革命先烈们用自己的鲜血和生命开创了我们民族的千秋大业，铸就了现在的美好生活。东西两侧石柱分别镌刻“巍巍燕山埋忠骨，滔滔渤海慰英灵”。

入口台阶 2 组，2 组台阶之间为休憩平台，每组台阶 11 级，分别代表了 1945 年 11 月打响的山海关保卫战和 1948 年 11 月秦皇岛得到全面解放。

悼念广场位于烈士纪念碑前，东西长 45 米，南北宽 41 米。45 米的长度寓意着山海关保卫战发生在 1945 年，41 米的宽度是为纪念在山海关保卫战中牺牲的 41 名英烈。

烈士雕像位于悼念广场两侧绿地，每侧各 5 个。东侧由北向南依次为王尽美、曾克林、安德馨、周春富、邵洪生；西侧由北向南依次为李大钊、李运昌、马骥、王册、阮务德。

展示长廊位于广场东西两侧甬道上，东侧展示长廊是在汉白玉上镌刻重要人物题词，共八块，自北向南依次为：第一块为毛泽东的“为有牺牲多壮志，敢教日月换新天”“为人民而死虽死犹荣”“死难烈士万岁”；第二块为林伯渠的“功昭日月，气壮山河”，彭德怀的“烈士之血，革命之花”，朱德的“为人民解放事业而牺牲的烈士们永垂不朽”；第三块为陈云的“永远纪念李大钊同志”，董必武的“四十年前会上逢，南湖舟泛语从容。济南名士知多少，君与恩铭不老松”，聂荣臻的“王尽美烈士永垂不朽”，彭真的“杰出的中国马列主义启蒙运动和共产党的先驱李大钊同志永垂不朽”，江泽民的“丹心常在，浩气永存”；第四块为张学良的“守土共存亡，先鞭作我三军气；挥戈思勇决，信史传兹百世名”和“冒锋镝，殉疆场，孔子曰仁，孟子曰义。执干戈，为社稷，生而为英，死而为灵”，林森的“我武维扬”；第五块为毛泽东的“为国牺牲永垂不朽”，李中权的“难忘冀东抗战，难忘老区人民”，程子华的“冀热辽军民的光辉业绩永垂史册”，刘澜涛的“冀热辽地区军民抗日斗争的光辉业绩永载伟大祖国的光荣史册”；第六块为彭真的“我军配合苏军解放山海关，保卫山海关之战是我党进军东北的序幕”，萧克的“燕山子弟，破山海关，南征北战，百炼成钢”；第七块为程子华的“东北自卫战争山海关揭开序幕”，李运昌的“解放和保卫山海关战斗为我党我军争取先机之利进入东北解放东北巩固根据地作出过重要贡献”；第八块为朱德的“辽沈战役革命烈士永垂不朽”，彭真的“为解放东北而牺牲的革命烈士永垂不朽”，伍修权的“东北解放战争中东北人民解放军建立的辉煌业绩永垂史册”，林枫的“烈士之血为反帝反封建而流，烈士之名以反帝反封建而寿”。

西侧展示长廊以汉白玉浮雕的形式再现了秦皇岛地区的著名革命事件，共八块，自北向南依次为：榆关抗战中国革命军独九旅在山海关城东南角与日军激战的场景；在冀东大暴动中攻打卢龙县城高敬之骂城的场景；1942 年夏八路军十二团挺进滦东、开辟抗日根据地、开展革命活动的场景；1943 年冀东十二团在曹西庄打坦克的场景；花厂峪抗日群众舍家卫国的场景；1945 年在苏联红军的帮助下冀热辽部队解放山海关的场景；山海关保卫战中角山战斗的场景；东北野战军进关的场景。

烈士纪念碑位于陵园正中，坐北朝南。碑身高 19.48 米，寓意秦皇岛于 1948 年解放。正面镌刻朱德总司令题写的“革命烈士永垂不朽”八个大字，背面镌刻彭真同志题写的“人民英雄纪念碑”。底座四面各镶嵌一块汉白玉浮雕，分别代表我党早期革命活动、抗日战争、解放战争及和平年代四个时期：东侧反映京奉铁路工人大罢工、党在秦皇岛的初创，南侧反映抗日战争时期滦东人民同仇敌忾、英勇抗日，西侧反映解放战争时期昌黎解放、山海关人民浴血奋战以及秦皇岛的解放，北侧表现在和平建设时期为保护人民的生命财产安全舍生取义的革命烈士们。

烈士墓位于纪念碑后，在原烈士墓墓体外部用仿古青砖镶嵌。墓前左立烈士墓修建记事碑一块。

墓碑碑亭位于烈士墓两侧，亭内各竖一碑。东侧石碑正面镌刻李来柱将军题写的“忠魂永驻”，背面为秦皇岛烈士陵园修建始末。西侧石碑正面镌刻迟浩田将军题写的“英烈长存”，背面为李守森撰写、冯国华手书的祭文。

英烈墙位于陵园最北面，长 64.5 米、高 2.2 米，樱花红花岗岩材质，墙上镌刻着 3860 名烈士的英名（其中包括在秦皇岛市牺牲的秦皇岛籍和外省烈士、在外地牺牲的秦皇岛籍烈士），并在最后留出部分空白，代表牺牲的众多无名烈士。

英烈墙前的地面上是用黄铜制作的五角星，代表着烈士的鲜血染红了五角星。五角星中间有圆形的口子，在重要的节日里，在圆形小口内用液体酒精燃烧出一支革命火炬。五角星的地面铺装向周边延伸，与地面的其他铺装组合成一朵盛开的花朵，象征着星星之火可以燎原，同时也暗示中国的革命终将取得胜利。

烈士陵园东北，有罗盛教塑像 1 座，1999 年因山海关古城整体规划由山海关瓮城迁此。

56

昌黎县烈士陵园：驻忠魂　垂史册

昌黎县烈士陵园位于昌黎县城北板石山（又名“西馒头山”）南麓的坡冈，于1958年6月开工建设，1959年竣工。

1976年，陵园建筑在唐山大地震中遭到严重毁坏。1981年，昌黎县人民政府对烈士纪念堂和围墙进行重建，之后又进行多次维修改造。

陵园坐北朝南，花岗岩围墙环绕，园内松柏葱茏，建有革命烈士纪念堂、纪念碑、烈士墓地。

革命烈士纪念碑迎门矗立于陵园中心，基座、碑座和碑身由青白色花岗岩砌成。六边形基座高0.5米，正方形碑座高1.5米。碑身高7.56米，宽、厚均为1米。碑身南面镌刻朱德的题词“为人民解放事业而牺牲的烈士们永垂不朽”。

东面镌刻彭德怀的题词“烈士之血，革命之花”，西面镌刻林伯渠的题词“功昭日月，气壮山河”，北面镌刻李运昌的题词“光荣的革命烈士们永垂不朽”。纪念碑东西两侧各有一座尖顶飞檐的六角形凉亭。

革命烈士纪念堂位于纪念碑北面正中，为带前廊的7间厅堂式单层建筑。烈士纪念堂正面墙壁上为一行黑色肃穆的大字“深切缅怀为国捐躯的革命烈士”，大字下由镜框镶挂12名烈士遗像和生平事迹简介，其中包括张其羽、高庆、王册、周春富等著名烈士，依墙放置的6个玻璃展柜内陈列着40件烈士的遗物。

纪念堂正中还立有一个2平方米的紫色大绒屏，上面为毛泽东主席的题词。右侧为一行小字“英勇牺牲的烈士们千古”，中间为四个金光闪闪的大字“无上光荣”，左侧为落款“毛泽东”。

“在伟大的抗日战争、解放战争、抗美援朝、保卫社会主义祖国的神圣事业中，为祖国、为人民立下了不朽功勋的烈士永垂不朽！”绒屏左右两侧是为昌黎的解放和建设事业而牺牲的革命烈士的英名，这里共祭奠烈士825名。

东侧展厅周围墙壁由镜框镶挂19名烈士遗像和生平事迹简介，依墙放置的6个玻璃展柜内陈列29件烈士遗物。西侧展厅陈列的是“昌黎人民革命斗争史”，反映了昌黎县

昌黎县烈士陵园

人民在党的领导下，与敌人英勇斗争的历史资料。

烈士墓地位于烈士纪念堂东侧，占地面积约400平方米，安葬21名革命烈士的骨灰，每座墓前都矗立纪念碑，上面镌刻烈士的英名。

纪念堂西侧为无名烈士墓园，包括昌黎县两山乡梁各庄七十二烈士墓、昌黎县荒佃庄镇新家寨无名烈士墓、昌黎县马坨店乡潘各庄无名烈士墓、昌黎县新集镇北房子烈士墓、昌黎县龙家店镇汪上无名烈士墓、昌黎县龙家店镇左封台抗美援朝烈士墓。

纪念堂后有革命英烈纪念墙，黑底的墙面上，围绕着红五星，鎏金刻满革命英烈的姓名。

1991年，陵园被秦皇岛市政府列为重点烈士纪念建筑物保护单位。1995年10月，陵园被中共昌黎县委、县政府列为爱国主义教育基地。2004年3月，陵园被秦皇岛市政府、秦皇岛军分区列为国防教育基地。2006年6月，陵园被河北省政府列为重点烈士纪念建筑物保护单位。2010年4月，陵园被昌黎县委列为党员教育培训基地。2011年4月，陵园被共青团河北省委、河北省少工委列为河北省少先队实践教育基地。2011年7月，陵园被共青团秦皇岛市委、秦皇岛市少工委列为秦皇岛青年教育基地。2012年6月，陵园被昌黎县纪委、县监察局列为廉政教育基地。2014年12月，陵园被中共昌黎县委党史研究室列为昌黎县中共党史教育基地。2017年，陵园被昌黎县政府列为“薪火学堂”。

57

抚宁区台营烈士陵园：建丰功　传不朽

抚宁区台营镇，古称“台头营”，集市、庙会均为抚宁之首，来到这里的货物有多少即可销出多少，因此有“填不满的台头营”之说。

“有货能销、无货能进、购销两旺”，台头营作为物资货物聚散点，工商业得到了蓬勃发展，直至新中国成立前，这里的商号、店铺仍不下百家。

台营镇在军事史上的地理位置也十分重要，是长城沿线的军事重镇。

1947年7月1日，为纪念1945年9月至1946年6月在解放战争中牺牲的300余名烈士，冀东军区第十二军分区司令部、政治部在原台营镇大南门外500米处，建立了烈士纪念塔一座，将300多名革命烈士的遗骸安葬于此。

抚宁区台营烈士陵园

1971年8月，因修建洋河水库，原烈士纪念塔处被水库淹没，抚宁县台营区革命委员会将烈士纪念塔迁到现址（台营镇镇政府对面），并加以扩建，建成烈士陵园。陵园主要由纪念塔、碑亭等建筑组成。陵园大门两侧有石狮子一对。

走进烈士陵园，一座高高竖立的纪念塔位于陵园中心。塔高15米，宽、厚1.4米，下有基座，上有塔顶。塔身正面有红色五角星一颗，镌刻“革命烈士永垂不朽”八个金光闪闪的大字。塔身背面镌刻“原烈士塔经冀东军分区政治部于一九四七年七月一日修建于台头营大南门外，因兴建洋河水库迁建于此。抚宁县台营区革命委员会重建。一九七一年八月一日。”塔西侧镌刻毛主席语录：“成千上万的先烈，为着人民的利益，在我们的前头英勇地牺牲了，让我们高举起他们的旗帜，踏着他们的血迹前进吧。”塔东侧镌刻毛主席语录：“要奋斗就会有牺牲，死人的事是经常发生的，但是我们想到人民的利益，想到大多数人民的痛苦，我们为人民而死，就是死得其所。”

纪念塔南东、西两侧各建六角双顶飞檐亭 1 座，亭内各竖青石碑 1 座。东侧碑正面碑额上镌刻“永垂不朽”，碑身镌刻“烈士纪念塔”，上款“中华民国叁拾陆年柒月”，下款“冀东军区第拾贰军分区司令部、政治部立”。背面碑额上刻“烈士英名录”，碑身刻 150 名烈士英名。

西侧碑正面碑额上镌刻“万古流芳”，碑身镌刻：

自去年九月蒋贼向冀东区大举进犯，我分区进入爱国自卫战争以来，全分区军民为保卫和平独立民主之地而战，迄今已历时十个月。其间大小百余战，歼敌二千余，并收复迁安、抚宁等重要城镇，保持广大地区于人民之手，迫使蒋贼退守少数孤立之据点。在爱国自卫战争中，我干部战士英勇顽强，舍命忘身，不少可歌可泣的事迹，实可惊天地而泣鬼神。而为人民流尽热血，牺牲于自卫战场者，共三百十余人。其中有干部、有战士，及若干战斗英雄、模范工作者，大都为人民优秀儿女。当此蒋贼迫近死亡，人民胜利在望之际，全分区军民对我先烈愈深哀痛追悼之忱，仅择吉日，建烈士塔于台营镇之西南隅，并勒石为纪，以期将念先烈丰功伟绩传之不朽，并以鼓舞我全体军民继承先烈遗志，英勇杀敌，争取人民事业彻底胜利。

中华民国叁拾陆年柒月壹日

李道志、刘亦如、张书祥、王晓生

背面碑额上刻“烈士英名录”，碑身刻 149 名烈士英名。

1982年7月1日，烈士陵园被抚宁县人民政府公布为重点文物保护单位。2004年3月，烈士陵园被秦皇岛市政府、秦皇岛军分区列为国防教育基地。

58

抚宁区朱家峪烈士陵园：冒锋镝　殉疆场

抚宁区朱家峪烈士陵园位于抚宁区深河乡朱家峪村东北500米处的北山，坐西朝东、南北长40米、东西宽70米、占地面积约5亩。是1946年9月1日，海阳区人民为纪念1944年1月30日在朱家峪阻击日军战斗中牺牲的马骥部一连一排24名战士而立。

纪念碑位于陵园西侧，以青石为料，坐西向东。底座为长方体，长0.88米、宽0.50米、高0.20米，碑身高1.55米、宽0.85米、厚0.28米，正面镌刻碑文。纪念碑东北10米有烈士墓9座，土筑圆形坟头。1987年6月，被公布为县级重点文物保护单位。

此碑文的建立源于一段发生在抚宁区朱家峪村的可歌可泣的历史：1944年1月30日，农历十月十五，马骥部队第一连的百余名指导员从北戴河一带执行任务胜利归来，经过朱家峪村时已经是凌晨4时，在部队吃过饭准备继续北上青龙与大部队会合时，秦皇岛海阳西的日军从东南角方向扑过来。战士们顾不得吃饭，紧急集合，向东北方向的孤石峪撤去。不料在代庄附近与从义院口、石门寨一带过来的日军相遇。

我军返途撤回，到了代庄时，东山梁、南山头已被南来日军占领，敌军数量在千人以上，我军陷在众兵的三面包围之中。形势万分危急之时，连长果断下达命令，一排留下掩护，二、三排迅速撤退。一排战士利用山坡有利地形和敌人展开激烈战斗，三个山头上的敌人用猛烈的火力向我军阵地疯狂扫射，子弹扫射在山石上，一时火花乱迸，战事十分激烈。日军在强大火力掩护下，从三面蜂拥而上，一排战士在排长张会山的带领下，沉着应战，战斗从早晨6时多一直打到上午10时多，终因寡不敌众，以张会生为首的24位勇士壮烈牺牲。

烈士长眠于此，人民岂能忘记。1995年3月，深河乡政府出资将这里改建为烈士陵园，修建了砖石墙。对因年代久远而风蚀较重、碑文已经不清的小纪念碑进行了修复，碑身上部和左、右两侧和背面抹水泥砂浆进行加固，并在纪念碑背面镌刻战斗经过，让所有前来祭奠的人，都能了解昔日战火的惨烈和人民英雄的大无畏事迹。

紧邻陵园西侧墙和小纪念碑间修建了24座相连的烈士衣冠冢，烈士墓位于高0.42米的砖石平台上。每座烈士墓南北长0.60米、东西宽2.01米、高0.81米。烈士墓自北

抚宁区朱家峪烈士陵园

向南依次列下当年牺牲的英雄的名字：张会山、姜英荣、刘广、郭才、宣纪东、马少耕（注：应为“庚”）、赵振样、朱宝新、赵珍、刘宝（注：应为“保”）、杨国义、张琢、张雨、周庆、吴奎、马奎、陆代扬、赵风岐、王雨廷等烈士英名，其余5名为无名烈士。

在原纪念碑前2米修建了大纪念碑一座。大纪念碑坐西朝东，砖混结构，呈塔状，下有底座。底座为正方形，两层，底层边长3米、高0.40米，二层边长两米、高0.60米，东侧有台阶，台阶长3米、宽0.60米、高0.41米。碑身高5米、宽0.96米、厚0.96米，正面镌刻“抗日英雄永垂不朽”“深河乡爱国主义教育基地，深河乡党委、深河乡政府一九九五年三月立”。

2009年8月，市委、市政府为烈士立碑，两排交错排列，底座、碑身为黑色大理石材质，底座长0.66米、宽0.45米、高0.16米，碑身高1.00米、宽0.47米、厚0.06米，正面刻烈士英名、立碑人和立碑时间。

陵园四周松柏环绕，北1500米的山间“拦马墙”至东山头，就是当年八路军英雄阻击千余名日军的阵地和烈士的殉难地，现在这里也成为抚宁区著名的爱国主义基地，每年都吸引着游人来这里凭吊勇士，感恩今日幸福生活的来之不易。

59

大新寨烈士陵园：埋忠骨　浩气存

大新寨烈士陵园

大新寨烈士陵园位于大新寨镇南街小河东。1946年，伪抚宁县保安大队勾结国民党军进攻并占据台头营镇，抚宁县武装大队奋起反击，一举击溃敌人，战斗中大队长杨青云等壮烈牺牲。1947年，为纪念牺牲在大新寨附近的杨青云等12名烈士，特竖立纪念碑于武家街口。

1971年8月1日，因扩建公路，由大新寨镇人民公社革命委员会重建于现址。纪念碑立于陵园中央，墓碑排列于东侧，均保存完好，四周围有铁制护栏。1982年7月，大新寨烈士陵园被抚宁县政府定为县级文物保护单位。

在大新寨烈士陵园的纪念碑的后方，有11座墓碑，自北向南为首的就是杨青云烈士墓碑。杨青云1921年出生于河北望都县南王疃村一个贫苦农民家庭，祖父双目失明，一家4人全靠父亲扛长活维持生活。他3岁时，母亲辞世，父亲因长年在外做长工，只好把他送到外公家抚养。10岁，外公把他送进学堂，在校是个品学兼优的学生。可是，他还没有读完小学，卢沟桥的炮声响了。那时他刚满16岁，在中共地下党员安珍的引导下参加了革命工作，后在望都四区任区大队长。1937年年底他光荣地加入了中国共产党。他经常率领区武装大队出没在贾村一带，发动群众坚壁清野，抗捐抗税，建立抗日政权，成立民兵组织，秘密发展党员，很快便建起了村党支部。

1941年秋天，县委选调杨青云到望都县贾村一带恢复和发展地下党组织，建立抗日革命政权。1942年2月7日，杨青云正在二区活动，由于汉奸告密，不幸被捕。敌人逼迫他交代出党的机密，毒刑用尽，杨青云连哼都没哼一声。日本宪兵队队长盛怒之下，下令当晚枪毙杨青云。

由于敌人没有击中要害，又没有检验尸体就离开刑场，半夜，杨青云从血泊里苏醒过来，艰难地爬出刑场，黎明前找到“堡垒户”家中。伤愈后，正准备去找自己的队伍，又被敌人抓到东北做苦工。1943 年春，他从抚顺煤矿逃出，在抚宁县榆关遇到了正在滦东开辟抗日地区的张化东部。从此，他便留在滦东工作。1944 年年初，临抚昌联合县建立，县委任命杨青云为县大队大队长。1945 年 2 月，在黄土营伏击战中，击毙、活捉伪军 100 多名，缴获轻机枪两挺、步枪百余支。3 月 10 日，杨青云率县大队，炸毁了日军从秦皇岛开往石门寨运粮的火车，发动当地百姓将车上的粮食抢运走，然后将小火车烧掉，使敌人大为震惊。下半年，杨青云改任县支队二中队队长。日本无条件投降后，杨青云任抚宁县支队支队长。

1946 年 2 月 3 日（农历腊月二十九日）是台营集，也是日本投降后的第一个太平年。伪保安大队长赵辅臣奉赵子恒的指使，率 1000 余人从榆关镇往台营镇猛扑而来，占据了该镇。杨青云率临抚昌联合县支队，奉命配合我军围歼进犯之敌。临抚昌支队分担南关的阻击战，任务是不准让敌人从这里逃窜。战斗打响后，敌人在我军强大炮火攻击下，失魂落魄，溃不成军。匪首赵辅臣为了逃命，纠集残兵败将向南关我支队阵地突围，敌人在我火力网的封锁下，相继倒下。这个保安大队长成了光杆司令，带着几个死里逃生的匪徒拼命地向抚宁县城逃跑。

狡猾的赵辅臣知道我军不会白白放他，命令两个匪徒在后面掩护。为了彻底消灭这股顽军，杨青云率队身先士卒，冲在前面。在路经曹家堡子时，突然两个歹徒射出子弹，击中他的腹部。他忍着万分剧痛，左手按着伤口，当场击毙两个顽军匪徒。战斗结束后，他因流血过多，抢救无效，为人民的解放事业献出了宝贵生命，年仅 25 岁。牺牲后，他被安葬在大新寨烈士陵园。

大新寨烈士陵园位于大新寨镇南街小河东，除了纪念杨青云烈士，还为了纪念解放战争时期在大新寨附近战斗中牺牲的其他 11 名烈士（其中无名烈士 1 名），纪念碑后为 11 座墓碑，自北向南依次为杨青云、李瑞卿、杨治国、李宽、肖金奎、张振忠、武印兴、刘永贞、许成德、武文友、张士林。

如今，大新寨烈士陵园已成为广大党员干部群众追忆先烈、传承革命精神、弘扬红色文化的主要场所，杨青云等 12 位烈士的战斗精神和英雄气概，必将长存青史，光耀未来，历史将永远铭记！

60

北戴河区青龙山烈士陵园：慰英灵　千秋继

青龙山烈士陵园位于北戴河区乔庄村北侧的青龙山上，北戴河区委、区政府于1958年修建，多名为了人民解放事业英勇牺牲的革命先烈长眠于此，其中14名烈士在进攻北戴河车站战斗中英勇牺牲。青龙山烈士陵园是北戴河区文物保护单位。1997年3月，青龙山烈士陵园被北戴河区人民政府定为“北戴河区爱国主义教育基地”。

说到中国的避暑胜地，北戴河首屈一指。北戴河依山傍水，风景秀丽，气候宜人，蓝天、碧海、阳光、沙滩，优美的自然环境吸引了众多的中外游客前来休养、避暑。1948年年底，中国革命力量与反革命力量展开了总决战的最后一役——平津战役，从东北入关的百万解放军挥戈而进，使国民党军望风而逃，北戴河从此得到了解放。而在解放北戴河的过程中，特别是在北戴河火车站的解放过程中，有很多革命英烈牺牲。

北戴河火车站始建于1893年，即清光绪十九年，那一年中国第一条标准轨距铁路——津榆铁路全线通车，北戴河车站因此而建。因这座火车站建在了北戴河村南，车站便被称作了北戴河车站，后来世人为了方便，把位于北戴河火车站东南的那片沿海地区统称为北戴河或北戴河海滨了。

1944年3月，北戴河区副区长雷皮世同志在蔡各庄村不幸被日寇杀害，英骨临时被安葬在蔡各庄。

1948年6月，解放军八四部队三大队在北戴河车站同国民党军队进行了激烈战斗，三大队排长丁盛知及其他14名同志（分别是程德全、王荣之、任九荣、孙有之、杨如风、张继臣、祖之臣、张坤豪、艾权之、赵有恒、李相安、石秀峰、宋吉庆以及一位无名烈士）壮烈殉国，他们的英骨就埋葬在北戴河区戴河镇东坨头村东南的青龙山上的烈士陵园。北面两公里处就是部分革命先烈生前战斗过的北戴河火车站。

1958年清明节，北戴河区人民委员会将分葬在蔡各庄村、北戴河村、拔道洼村的烈士移葬于此，建立革命烈士之墓。1986年3月，北戴河区人民政府拨款，对墓地进行拓展，截至目前，墓园内已有多位烈士英灵长眠其中，他们牺牲于不同年代，既有革命战争时期为国捐躯的烈士，也有新时期为祖国的建设事业鞠躬尽瘁的英魂，更有在自己的工作岗位上为保护人民的生命财产安全献出生命的忠骨。

青龙山烈士陵园是北戴河区文物保护单位，1997 年 3 月，被北戴河区人民政府定为“北戴河区爱国主义教育基地”。

2007 年，区委、区政府将赵沛富的英骨迁到青龙山烈士陵园。赵沛富是第四野战军某部战士，曾参加解放双城、德惠、四平等多次战役。在解放四平战斗中，身负重伤，由于伤势恶化，多年医治无效，于 1955 年 7 月逝世。

2010 年 7 月，张坤豪烈士墓自河北辛集市烈士陵园迁来。新中国成立后张坤豪在河北省长途电信工程队从事技术工作，1958 年为北戴河区通信电路始建工程作出贡献。1970 年于保定逝世。

每年清明节期间，北戴河区广大学生、军人、干部和群众纷纷前往青龙山烈士陵园参加祭扫烈士墓活动，进行革命传统教育和爱国主义教育，告慰为解放这一片土地而牺牲的烈士们的英灵。

61

二道沟村党支部：与敌斗　楔钢钉

1938年10月，冀东大暴动队伍在转移途中受挫，转为游击作战。11月初，李运昌在迁安县柳沟峪主持召开会议，会议以冀热边特委的名义，决定重新组织抗日队伍，建立基层组织。1939年3月，正式建立了中共冀东地方委员会，迁安基层组织、武装队伍很快恢复，并向青龙县西北部发展。在此背景下，诞生了中国共产党青龙县第一个基层组织——二道沟村党支部。

二道沟村当时有300多户村民，居住在一条深长的山谷之中。村子周边林木繁茂，沟壑纵横，便于隐蔽开展抗日活动。1939年12月，受中共迁安县委派遣，以唱皮影作掩护开展抗日工作的张阁云来到青龙二道沟村，先与村民于合秘密接触，后组建农民抗日报国会。经过于合四处活动串联，附近几个村庄的贫苦农民都积极报名入会，比较大的自然村也很快组织起农民抗日报国会。

1941年2月19日晚上，张阁云和抗日干部金福臣在二道沟村的农民抗日报国会主任于合家，探讨和商量村里的建党问题。经过进一步开展工作，于合、周清和、李树和、王文海、张万伶、李安居、刘青春等7人加入中国共产党，并成立了青龙县历史上第一个农村党支部。3月16日，在张阁云、金福臣的主持下，他们集聚到于合的家中，举行了庄严的入党宣誓，召开了二道沟村党支部成立大会，于合当选为党支部书记。会上明确了党支部的基本任务，学习了《共产党员须知》，进行了保密教育，并对具体工作作了详细分工。当年，二道沟村党支部还接收李文有、李文清、柴俊生、李广瑞等为中共党员，1942年又发展陈稳、陈顺、陈平、柴雨、李胜兴（女）、李文秀、李兴洲等8人入了党，到1945年8月日本投降前，这个支部共有21名党员，成为青龙农村成立最早、党员最多的党支部。

在于合的领导下，二道沟村党支部积极发挥基层党组织的战斗堡垒作用，发动和领导当地群众进行了艰苦卓绝的抗战活动，成为青龙抗日斗争的一面旗帜。支部的党员在抗战中作出了突出的贡献。站岗放哨，送信带路，做军鞋军袜，保障部队粮菜供应，破坏交通，割电线，埋地雷，掩护伤病员，抬担架，参军参战等，凡是抗日工作，大家都抢着干，不论白天黑夜，只要接到任务，就积极投入，圆满完成，充分发挥了先锋模范作用。

1942年春季的一天，二道沟村党支部得知敌人由平泉往青龙运送粮食的消息后，立刻安排党员带领基干民兵在二道沟村上湾子设伏，当场缴获用胶轮大车拉着的5000多斤大米和面粉，并连夜将这批粮食送给住在龙湾村的抗日部队。当年10月的一天晚上，党支部收到上级党组织的一封鸡毛信，指示村支部组织群众破坏交通。他们立刻召集党员，发动村民，组成了一支80多人的破交队。一夜间，破交队砍倒由大转岭到牧马村25里路段的电线杆，割走所有电线，并把这段公路全部挖断，有力地配合了一支游击队夜袭峪耳崖金矿日军据点的战斗。不久，党支部又发动群众截下了奸商用36头骆驼给日伪军运送的食盐，全部交给了抗日部队。1943年春天，日军松源部队路过二道沟，党支部组织群众乘机俘获了一名年轻的日军士兵。这名士兵由上级转送到延安后，经过教育，参加了日本人民反战同盟会。

由于村党支部的坚强领导，全体党员带头参加抗战，二道沟一带的抗日斗争开展得如火如荼。日伪军对此非常恼火，对这里的“扫荡”日渐频繁和残酷，致使村里的不少房子被烧毁，东西被抢光，一些男人被抓去当劳工。但二道沟村的群众没有被吓倒，他们在党支部的带领下，不屈不挠，坚持抗战，粉碎了敌人一次又一次的清剿和袭扰。

1943年4月，敌人经过周密策划，决定偷袭二道沟村。日伪军趁着夜深人静，动用30多辆汽车和300多名伪军将村子团团围住，然后派30多名伪军假扮成八路军进村，企图把共产党员诱骗出来一网打尽。二道沟村党支部识破了敌人的阴谋，将计就计，把这些假八路军全部抓起来痛打一顿后，交给日军“领赏”。这样，既没有暴露党的组织和党员，保护了全村1500多人的生命安全，又得到了日军的“赏识”。

二道沟村党支部及其共产党员，在领导本村抗日斗争的同时，还到周边村庄开展建党和宣传动员工作，团结更多的群众参加抗战活动。他们经常以走亲访友、采金找矿、做小买卖等形式，翻山越岭，走村串户，解说党的抗日主张和全国抗战形势，传播救国救民道理，揭露日寇罪行，激发群众的抗日热情，并秘密培养积极分子，发展壮大党的组织和党员队伍。在崔杖子、钱杖子、东天桥沟、西天桥沟、大鹿斗沟、王杖子等附近的村庄，仅于合一人就帮助发展党员100多人，建立起6个党支部和1个党小组。由于工作出色，二道沟村党支部成员于合、李安居，分别被提任为迁青平联合县第四、第八区区长。二道沟村党支部带领群众坚持抗战的先进事迹，受到上级党组织的充分肯定和多次表扬。

二道沟村党支部领导二道沟一带人民群众，同日本帝国主义及其豢养的汉奸走狗进行了不屈不挠的斗争，付出了巨大的代价和牺牲，成为青龙全县人民抗日斗争的一面旗帜，给青龙人民指明了斗争方向，带来了巨大的鼓舞和希望，在青龙史册上留下了光辉的一页。

62

七里庄村：天上客　获救助

昌黎县茹荷镇后七里庄村，村名出自渤海沿岸独一无二的潟湖——七里海。

距离后七里庄不远的七里海，以水域宽有七里而得名，曾为渤海沿岸一个较大的淡水湖泊，被称为“七里滩”。清光绪九年（1883 年），滦河涨溢，泛滥成灾，七里海湖水高涨，冲开像堤坝一样高大而横遮海岸的百里沙丘，形成一个新开的入海口，从而与渤海连通，一下变成海水与淡水融汇的潟湖。

七里海变成潟湖后裸露出大片滩涂，不少人前往开荒种地，搭铺落居，逐渐形成一些新的村庄，后七里庄就是其中之一。

抗日战争期间，7 名美国盟军飞行员在这里获救，这里成为中美友谊之花绽放的植根之地。

抗日战争后期，由于这里地处沿海的沼泽和低洼地带，周围都是水坑，比较偏僻，迅即成为冀东抗日根据地和游击区在昌黎、抚宁铁路以南地区建立的抚（宁）昌（黎）联合县的“堡垒村”。当时，后七里庄成立了抗日民兵组织，不少人家成为常驻共产党干部和八路军官兵的“堡垒户”。

营救美国盟军飞行员的故事发生在抗日战争胜利的前一年秋天。1944 年 9 月 8 日，美国陆军第 20 轰炸机总队的上百架 B-29 型远程重型轰炸机，由成都新津、广汉、邛崃、彭山等机场起飞，轰炸鞍山和本溪湖日军的钢铁工业基地。当天下午，第 444 轰炸大队第 679 中队驾驶的 42-6234 号 B-29 型远程重型轰炸机在渤海沿岸失

我八路军杨教员在七里庄村与被获救的飞行员用笔交流

事，在后七里庄村西偏北十数里外范庄子村南的一个坟地坠毁。当时，机组有11人，在飞机坠毁前全部跳伞，其中4人落入海中失踪，有7人在后七里庄一带滩地分别得到营救。

当时，1944年3月建立的中共抚昌联合县工作委员会正在后七里庄举办党员干部培训班。当天下午2时前后，发现有一些飞行员在村庄附近上空跳伞以后，培训班学员和民兵一起分头到村外去搜寻跳伞的飞行员。最先得到营救的美国盟军飞行员是中央火力控制枪手兰道斯上士和吉雷上士，两人落地后在后七里庄村东荒滩被发现。不久，最后跳伞的42-6234号B-29远程重型轰炸机机长、正驾驶约翰·欧文通上尉在后七里庄村西南一个豆子地获救。

弄清获救的美国盟军飞行员身份后，后七里庄村的干部、群众热情款待这几个从天上飞来的不速之客，并给跳伞落地时左脚踝受到挫伤的兰道斯上士医治扭伤。

另外4名跳伞的美国盟军飞行员，落到七里庄一带海滩后，结伴西行，在大营村一带获救。

9月9日下午，在后七里庄获救的3名美国盟军飞行员，与在大营村一带获救的4名美国盟军飞行员会合，被抚昌联合县支队护送到铁路以北的碣石山区抗日根据地。后来，他们由八路军冀东军区第十二团（今卢龙县燕河营镇东花台村一带）安全护送到冀热特委，并由那里转送到晋察冀军区，直到延安。

抗战胜利后，这7个美国盟军飞行员回到美国，依然念念不忘获救之地。其中雷达员奥利渥·欣斯德尔等不到中美关系解冻，便已去世。1973年初夏，他的夫人阿玛利亚·欣斯德尔为实现他回中国寻找获救之地的遗愿，特意来到中国寻找他当年遇救的地方。为了表达在反法西斯战争中中美人民结下的战斗友谊，她从太平洋彼岸特意携来两株典雅、庄重的“和平玫瑰”，一株赠送给毛泽东主席，一株赠送给周恩来总理。

所谓“和平玫瑰”，是法国园艺家采用当地玫瑰和中国月季杂交后获得的新型玫瑰。1945年4月9日，它被命名为“和平玫瑰”的那一天，正值柏林解放，德国法西斯覆灭。而它接受“全美玫瑰金奖”那一天，恰好又是日本军国主义宣布无条件投降之日。

1978年5月19日，叶剑英等党和国家领导人在中南海接见前美军驻延安观察组成员访华团时，邓颖超特意从家里摘来一枝正在盛开的“和平玫瑰”，向美国朋友追述了这枝“和平玫瑰”的来历。她说：“这是一枝中美人民的友谊之花……”

七里海之滨默默无名的后七里庄一带，恰是这珍贵的“中美人民的友谊之花”植根之地。

63

西河南事件：抗挑衅　正言辞

《毛泽东选集》第四卷《别了司徒雷登》一文提及“美国的海陆空军已经在中国参加了战争……北平、天津、唐山、秦皇岛、青岛、上海、南京都驻过美国的军队……美国的军队或军事人员曾经和人民解放军接触过，被人民解放军俘虏过多次”，并在注释注明“同年7月间，（美军）在唐山附近的滦县三河庄子、昌黎县西河南村的侵扰”。这就是名震一时的“西河南事件”。当时，天津《大公报》、中共中央机关报《解放日报》和国民党中央机关报《中央日报》对该事件都作了持续报道。

1945年抗日战争胜利后，为帮助国民党军队抢占东北，从9月起，美国军舰不断在秦皇岛靠岸，并派美国士兵在留守营在内的北宁铁路沿线驻扎。

留守营，为出入山海关的咽喉要道，近代北宁铁路修建后，这里的交通地位更显重要。此外这里还有冬天取冰贮存留作夏天之用的特别传统。

1946年7月13日，由于天气炎热，驻留守营车站的美国士兵一行到留守营冰窖找冰，与当地民兵发生冲突，并主动射击，因此被抓获。根据天津《大公报》的报道，原来去冰窖的士兵有8个，有1个漏网。“内有美军一名逃出返至留守营，当向美军首长报告经过。”

7月14日，驻秦皇岛美军以寻找“失踪”的7名士兵为由，派出美军150人，在4架飞机配合下，侵入留守营东南解放区15公里。15日，又有50名美军乘两艘汽艇，从昌黎县赤洋口附近海岸登陆，尔后在飞机掩护下，侵入昌黎县城东南解放区15公里。事实上，美方并不知道失踪美军的具体去向。美军的武装挑衅活动，不但对和平解决事件无益，还受到解放区军民的强烈谴责。

17日，因为有报道说“共军昌黎支队张绍义有函分致军调处执行部及留守营之美军司令部，谓因该美军士兵在西河南庄鸣枪，故将其缴械扣留”。当地美军指挥部才确认发生冲突的是共产党武装。7月24日，为解决“西河南事件”引发的纠纷，北平军调处执行部（由美军、国民党军、解放军三方代表组成）特别小组到昌黎县赤崖村进行谈判。

特别小组到来之后又用了6天才解决争端。尽管目前一时还不知处理过程中的具体情形，但从有关新闻报道中能够看出共产党、美军和国民党三方的分歧主要集中在一个问题上。

这个问题就是对扣押美兵的原因各执一词而导致释放美兵的条件不能统一。《解放日报》文章认为：7个美兵侵入解放区，破坏了中国主权，还“向地方民兵开枪射击，当地民兵乃将其解除武装，遣往冀东解放区第十三分区司令部处理”，因此共产党部队扣押美兵是正当的。那么要放人，“美方应向解放区当局正式道歉，并保证今后不再发生类似事件”。

双方经过激烈的谈判，美军代表在事实面前，面对第十六军分区代表和当地群众的责问，理屈词穷，无言以对，只好被迫认错并道歉。对于后来放人，报道说：“美方代表马丁上校接受美军驻守防地不作违法出外条件。”这意味着共产党方面是得到美方保证不再犯之后才放人的。

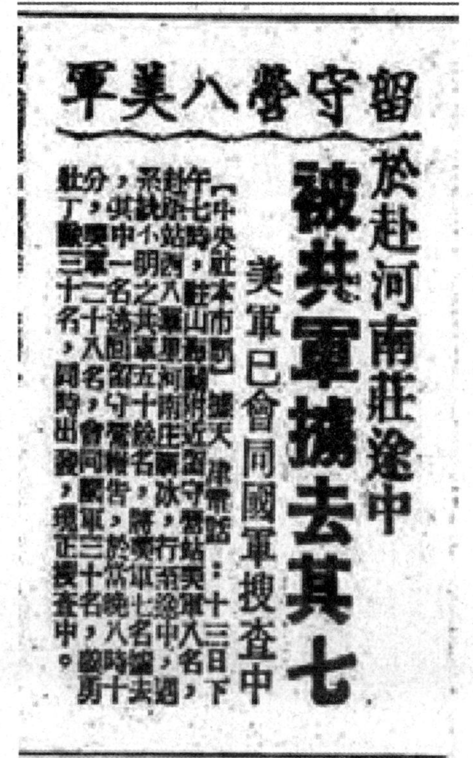

留守營八美軍

於赴河南莊途中

被共軍擄去其七

美軍已會同國軍搜查中

1946年7月15日，北平《世界日报》报道西河南事件

事实上，美方和国民党方面并未死心。从他们的声明和记者招待会可知。关于事件发生的原因，美军宣称：这几个士兵“正在秦皇岛西南28英里之西南庄买冰之际遭意外之袭击，被身着蓝灰色服装之武装中国人约80人包围，并为彼等所逮捕”。美方认为自己是“遭意外之袭击”，是受害者。因此，在关于释放士兵的条件方面，和中国共产党方面的要求存在差异。但在说这番话时，执行小组中美方代表马丁已经接受了共产党代表提出的“保证”条件了。尽管美军方一再辩解，但这种尝试徒劳无功，因为美方的招待会是在共产党方面已经公开宣布美国代表作出“保证”之后才举行的。

留守营事件反映了中共反对美军侵入解放区、侵犯领土主权的正义要求，表达了对当时美政府支持蒋介石进行反人民内战政策的严重不满和强烈愤慨。同时，也打击了国民党反动派在全面内战发动以来咄咄逼人的嚣张气焰，进一步鼓舞了解放区党政军民团结一致、不怕任何困难的高昂斗志。对事件的处理，体现了中国共产党在历史博弈中反美政策的坚定性和实事求是处理具体问题的灵活性，具有战略和战术上的双重考虑意蕴。如今，这一地区也因此事件而扬名，成为我国抗击强敌、捍卫国家主权的爱国主义教育基地。

64

西山场村八路军电台遗址：收电讯　传情报

冀东军区电台旧址位于河北省秦皇岛市昌黎县十里铺乡西山场村东1500米处耕地内。旧址北有一条东向土路，南邻东西向干沟，旧址由焦家房舍遗址和东北1000米处避难洞两部分组成，房舍遗址东西20米、南北20米，面积400平方米，电台旧址为葡萄沟最深处的一户焦姓人家居住地。

1943年，晋察冀军区冀东军分区官兵携电台经过3昼夜的迂回周旋，由东山峪经过建昌营、燕河营一带，穿过卢龙、抚宁两县，彻底脱离了敌人的包围，安全转移到昌黎县北部山区。特委决定由卢、抚、昌联合县安排，将救国报社所属各单位安顿下来，陈大远和孔祥均同编辑组住在冯家山，印刷组住在半壁山，电台组住在焦家山，3个村庄隔山相望，呈掎角之势。

隐蔽在这里的八路军报社电台，代号叫“星火部队”，是专门负责接收新华社电讯的电台，选中的是西山场大里边儿的焦家山。之所以将电台安置于此，是因为焦如海媳妇

昌黎县十里铺乡西山场村八路军电台遗址

的嫂子是游击队长高庆的姑姑。当高庆找到焦如海时，焦如海欣然应允。将房子腾出来，电台工作人员开始了正常的工作。

当时，电台台长是阎庄华，报务员是烈华、亚华、生华等同志，译电员是王振邦、刘宝民、张云峰等同志。后来又调来了王贺凤担任刻字员，张书元任译电员，较好地完成了收报、译电、编印《校园报》和《新长城》杂志任务。报社的电台每天接收电讯，记录新闻，用纸特别紧张，而纸张也是战略物资，很不好采购。焦如海得知情况后，找到电台组长，说要进城给电台买点纸来。在回家的路上，被巡逻的宪兵发现，对大量的纸张产生了怀疑，焦如海谎说自家学生多，念书用，宪兵怀疑将其打骂并准备带回宪兵队，幸亏被亲戚——在女子师范学校的潘玉珍碰到，并找到了校长，打了保证，被放出城。

电台的八路军为了隐蔽和保密，刚转移过来从不出门，所有的联系都靠地下党传递情报。这时，焦家就成了电台的“后勤部”，特别是焦如海，帮助八路军管理粮秣等一些后勤物资。当时焦家人为了物资的隐蔽和八路军的安全，就在附近的山上挖了大小不等的 3 个山洞。靠近焦家山的第一个山洞为石板洞，洞口仅能容纳一个人钻进去，但洞内却较宽敞，人藏进去后用石块、葡萄秧子堵上洞口，很难被敌人发现。第二个山洞是在一个天然巨石下抠出来的，洞内空间巨大，能容纳五十余人。第三个山洞在第二个山洞以北约一里的地带，因地形优势，更加隐蔽，电台八路军战士、伤员都在此躲避过敌人的搜山。

1943 年 12 月底，新年前夕，冀热辽特委和司令部以电报通知报社，因敌情有变，命令报社和电台全体人员立即返回冀东中部地区与特委机关会合，电台也得到地方党的通报，说敌人有出城行动的迹象。因此，迁卢抚昌联合县派地方武装高庆游击队的一个连队，护送救国报社机关和电台向中部地区转移。

电台人员在部队护送下出发，奔向冯家山集合。拂晓时分，电台和护送部队遭到敌人的突然袭击，一时间，枪炮声、手榴弹声响个不停，战斗异常激烈，部队边打边撤，电台终于在部队的掩护下突出了重围，却有 21 名游击队战士英勇牺牲。

1944 年，冀东军分区改建的冀东军区，扩建成了冀热辽军区，坚持战斗在斗争环境最险恶的滦东地区的八路军，归冀热辽军区第十六军分区所辖。十六军分区的司令部常常隐蔽在西山场一带，军分区的电台也时常设在这里，有时一设就是几个月。十六军分区司令员曾克林也常到焦家。焦家人亲切地称这个电台为“司令部电台”。

当时，十六军分区的电台的译电员刘珍是军分区副政委唐凯的爱人，与焦如海的长女焦瑞兰同住一屋。而且，曾克林与乐亭程各庄女八路军程君的婚事就是在焦如海家办的，新婚宴就是焦如海和西山场村粮秣委员赵景春操办的，且洞房也选在了焦如海家。由于来往于焦家山的八路军首长很多，为了安全，曾克林命令官兵在附近的山上挖了3个隐蔽的山洞。这3个山洞成了储存粮食、布匹等军需物资，藏匿电台、避险的重要地点。在村民赵树金的家里保存着当年日本讨伐队扔弃在山中的日式饭盒。旧址于2005年11月被昌黎县政府列为县级文物保护单位。

1945年2月中旬，八路军的电台在五峰山被敌人发现了，转移到了焦家山，敌人又到这一带围剿，游击队队长高庆就是在凤凰山阻击敌人的偷袭时牺牲的。围剿过后，八路军电台和后方医院依然隐藏于此。

1945年8月5日，由于叛徒告密，垂死挣扎的日本侵略者组织上千人的讨伐队，分三路包围了西山场。当时西山场周边的山头上站满了敌人。因事先没得到情报，转移已来不及了，焦家人忙带领电台和卫生所的战士躲进隐蔽洞，钻深山沟，在鬼子眼皮底下藏了起来。敌人在山上山下找了整整一天，也没找到电台和医疗所。可惜的是，卫训队的7名队员，在突围到棒槌山的卷卷花儿磴子上时，已经没有退路，最后拉响手榴弹，和敌人同归于尽。这一天，距离日本宣布投降仅剩十天。

8月15日，电台收到了日本投降的消息。不久，根据上级指示精神，曾克林和唐凯率领滦东部队和电台率先挺进东北，部队离开了焦家山。部队出发前，曾克林、唐凯特意把焦如海请到了柳河圈，参加部队举行的告别宴。

65 抚宁区下庄村惠上天烈士墓：穷苦人 敢带头

惠上天烈士纪念碑原碑位于抚宁区抚宁镇下庄管理区下庄村委员会院内。1965 年 4 月 5 日，中共下庄党支部和大队贫协为纪念下庄村贫农团副主席惠上天（惠阴山）而立。惠上天在解放战争时期，积极投身于土地改革运动，不幸于 1948 年农历六月十四日被国民党地方武装逮捕，慷慨就义。2008 年纪念碑迁至抚宁县龙虎山公墓。每年清明节，下庄小学都组织师生到惠上天烈士墓前扫墓祭祀。

惠上天原名惠阴山，1886 年生于抚宁县下庄村一个雇农家庭，从小跟随父母逃荒要饭，后来靠着给地主扛活过日子。父母早年双双去世，哥哥和弟弟逃荒去东北谋生，也都先后身亡。最后，他与妻子和两个儿子相依为命。可是，生活的苦难还没有结束，不久妻子又离开了人世。两个儿子承受不住打击弃家外出，一个参加了八路军，一个流落到东北，最后家中只剩下他孤身一人。

虽然生活凄苦，但是惠阴山总是乐观面对生活。在穷哥们中间，他总是有说有笑，心里似有说不尽道不完的话，因此大伙儿给他起个外号——“话匣子”。每逢秋天，他就去田里拣些丢穗落粒充饥，可他不拿不偷，从来不损害别人的庄稼，因此，群众都同情他，信赖他。翻完别人收过的高粱、玉米秸秆后，惠阴山总爱自言自语：“没货，没货！”当旁人逗趣问他时，他还是说：“没货，没货！”时间长了，村里大人小孩都叫他“老话（话匣子）翻秸秆没货”。以后这句话便在群众中传开了，都叫他“老话翻秸秆没货”。他遇人就说：“穷人要有穷人的志气，不偷不摸怕什么？财主靠剥削穷人过日子，那才是最可耻的哩！穷人总会有出头之日的。”

惠上天烈士纪念碑旧址

日本投降后，抚宁城被国民党接管。由日寇一手扶植起来的赵子恒自称抚宁县“城防司令”，积极收罗反动武装，组织大乡队，建立还乡团，三天两头下乡讨伐，抓人抢东西，妄图消灭我革命力量。1947 年 5 月，赵子恒等随同伪县政府放弃了抚宁城逃至北戴河、留守营一带铁路沿线安营扎寨，继续实行反动统治。

当时，民主政府把留守营、北戴河、牛头崖、卢王庄一带称为“敌占区”。下庄村正处在“解放区”和“敌占区”之间，村政权既要为共产党办事，又要应付敌人的各种摊派，所以叫“两面政权”。

随着解放区迅速扩大，各村新的民主政权不断建立。在党的领导下，全县解放区内普遍开始了史无前例的土地改革运动。运动中，下庄村进驻了土改工作队。年过半百、从来没有过上一天好日子的惠阴山心情激动，碰着穷哥们就说：“这回咱穷苦人可有出头之日了。”

一天，工作队的同志找惠阴山谈话，向他介绍说：“我们帮助群众搞改，要成立贫农会，建立贫农团，领导大家向地主阶级和封建势力开展斗争，你敢不敢参加？敢不敢带领群众打土豪、分田地？”他斩钉截铁地说：“有啥不敢，有共产党领导，有你们给我们撑腰，我什么也不怕，就是上天我也敢去！”这斩钉截铁的誓言，很快在工作队里、群众中传播开来。后来，群众都叫他“上天”。为此，这位 61 岁的老贫农便改了名字叫惠上天。

在工作队的帮助教育下，惠上天的思想觉悟提高很快，工作更为积极主动，赢得了党组织和群众的高度信任，被推选为下庄村农会副主席。从此惠上天这个名字不仅很快传遍全村和周围村庄，而且传到了敌人的耳中。在他的精心组织下，下庄村的土改运动开展得既轰轰烈烈又扎扎实实。被斗的地主、豪绅、恶霸对惠上天恨之入骨。

1948 年 7 月 20 日（农历六月十四日）清晨，在赵子恒的指使下，伪乡长吴敌、惠子益带队，偷偷进入下庄村，以催粮要款为名，说惠上天“抗交粮款”“私通共产党”，把他捆绑起来，逼“口供”，惠上天在匪徒面前从容不迫，无所畏惧，匪徒们一无所获，便气急败坏地把惠上天带走了。走到万庄村附近，将惠上天杀害。惠上天宁死不屈，英勇就义，时年 62 岁。

1965 年，下庄乡和下庄村为惠上天烈士修建纪念碑一座，上面镌刻着烈士的光荣事迹。2008 年，纪念碑被迁至抚宁县龙虎山公墓。

如今的下庄村重点推动农业建设，自然保护、污染治理取得明显成效，人民生活环境大大改善，百姓们真正过上了惠上天向往的好日子。然而，先烈们的付出不会被忘记，他们为了心中崇高的理想信念，甘愿牺牲自己的精神，为我们竖立起革命丰碑，指引着我们前行的方向。

66 潘各庄村革命烈士墓：战强敌　传英名

潘各庄烈士墓位于昌黎县马坨店乡潘各庄村西南，安葬了 1945 年 4 月 10 日为掩护主力部队转移，在围杆庄村东阻击疯狂扫荡的日军而牺牲的八路军某部 11 名战士，以及 1947 年 3 月 17 日为掩护同志们安全转移而牺牲的昌黎县四区区长刘自新，一共 12 名烈士。2007 年 4 月，马坨店乡人民政府在烈士墓群南修建烈士纪念碑一座，正面镌刻“革命烈士纪念碑”，东侧刻“功昭日月，气壮山河”，西侧镌刻“烈士之血，革命之花”。

11 位在抗日战争时期牺牲的革命烈士是 1945 年 5 月 1 日在潘各庄的邻村围杆庄壮烈殉国的抚昌联合县支队尖刀班战士。1945 年 4 月下旬，驻守在昌黎县城的侵华日军甲 1482 部队同伪满洲军 1000 多人，到昌黎县东南沿海一带的抗日根据地进行“扫荡”，后来又到渠流港、杨柳上庄，与驻守在那里的日伪军会合，转向滦河沿岸地区“扫荡”。为了打击敌人的嚣张气焰，抚昌联合县支队与由昌乐联合县基干队改建的乐亭县支队决定协同作战，截击这股敌军。

4 月 30 日，乐亭县支队 300 多人和抚昌联合县支队 200 多人会合后，进驻围杆庄村，其中一部分驻扎于围杆庄村东的小仓上，一部分驻扎于距离围杆庄有几里远的新庄子，共同监视敌人。第二天，日伪军从杨柳上庄出发，与渠流港之敌会合后向围杆庄这边开来。日伪军从东南方向以扇面形的队形包抄过来，在围杆庄东街，乐亭县支队集中 16 挺机枪的火力猛射，日伪军的先头部队被消灭，埋伏在新庄子的抚昌联合县支队迂回到敌人左侧，奋力猛冲。敌军遭到重创后，组织兵力反扑，抚昌联合县支队和乐亭县支队的战士以阵地为依托，打退了敌人一次次进攻。

后来，抚昌联合县支队和乐亭县支队决定主动退出战斗，命令一个尖兵班的战士抢占顾家坟高地，掩护部队安全撤离。这个班的战士在班长的带领下抢占顾家坟高地后，居高临下向敌人猛烈射击。这个地方位于敌军侧翼，对敌军威胁很大。敌军很快就停止了正面进攻，蜂拥般向这里冲来。尖刀班的战士打退了敌人的一次又一次进攻，子弹打光后就同敌人拼起了刺刀。最终，全班战士 11 人全部壮烈牺牲。当时他们中年纪最大的 30 岁，最小的还不到 12 岁。尖刀班的战士们牺牲后，村里的乡亲们把他们的遗体就地掩埋在潘各庄村西的一块沙地里。后来，当地村民称其为“十一个坟顶”。

潘各庄烈士公墓埋葬的另一位解放战争时期牺牲的革命烈士是时任昌黎县第五区区长的刘光功（又名刘自新）。他就是潘各庄本村人，1942年参加革命。1944年参加抚昌联合县第三区区小队，进行武装抗日活动，1945年11月任昌黎县第四区区长，领导全区人民与敌人开展斗争，打击了一些叛徒、特务和不法地主的反动气焰。

1947年，经过国民党军队的大规模“扫荡”和叛徒刘成玉、张绍义武装的反革命“清剿”，昌黎路南解放区遭受严重摧残和破坏，县区干部由公开转向隐蔽，刘自新继续领导人民坚持斗争。1947年5月底，刘自新带着通信员王勇在高庄一带执行任务时，与进行“扫荡”的国民党军队相遇，不幸腿部中弹负伤。他从王勇的背包中掏出文件，迅速点燃，并推开准备背他脱离险境的王勇，毅然掏出手枪对准自己的太阳穴，扣动扳机，结束了自己壮烈的一生，时年仅26岁。王勇见区长倒在血泊中，不由失声痛哭，待敌人逼近后拿起区长的手枪，左右开弓，向敌人连开数枪，趁敌人混乱之际，一下钻进梁子沟。刘自新牺牲后被群众葬于潘各庄村西的烈士墓地里，20世纪60年代中期迁葬于潘各庄烈士公墓。

每年大雁北归，春暖花开，这儿墓草青青，绿树依依，人们不时地来到墓旁，献上一束馥郁的鲜花，深情地祭悼这位故乡人民的儿子。

为继承先烈遗志，教育后代，2009年4月，市委、市政府为在围杆庄阻击战的无名烈士和刘自新烈士立碑，以示纪念。

67
抚宁区上庄坨中学、西上庄坨烈士陵园：树丰碑　慰英灵

西上庄坨烈士陵园

抚宁区上庄坨中学烈士陵园位于抚宁区石门镇沙锅店村北后山，坐东朝西，南北长13.6米，东西宽10米，占地面积130余平方米，1992年，这里本是上庄坨中学，后改建而成陵园。

陵园内烈士墓依土坡而建，埋葬着解放上庄坨时在此地区牺牲的21名战士，3座土筑圆形坟头，在烈士墓周围砌砖混结构围墙，围墙高0.5米。

1948年10月3日，中国人民解放军第四野战军第九纵队，在奔赴隆化战场的途中，经过上庄坨村，向敌人发起进攻，经过三个多小时的激烈战斗，全歼守敌，胜利解放了上庄坨。但在此次战斗中，也有不少同志牺牲了。后来人们才知道，这些人多数是河北省密云县过来的。牺牲的同志中有排长、班长和战士，他们牺牲时都是二十几岁的年轻人，为了革命的胜利、人民的解放，他们把自己宝贵的生命留在这片土地上。

为缅怀革命烈士的不朽功绩，上庄坨中学决定整修烈士陵园。这一决定得到上庄坨乡政府和上级领导、社会界人士以及中国人民解放军的大力支持，当时捐助资金及物资折款共7000元，其中上庄坨乡人民政府、抚宁县民政局、中国人民解放军38580部队、

秦皇岛煤炭工业管理学校、秦皇岛北山电厂、抚宁县第二水泥厂、上庄坨乡民政所、水泥厂、煤矿一井、煤矿二井、上庄坨乡教育办公室及工作人员、退休教师、工人、浅水营小学、上庄坨小学、石岭小学全体师生、沙锅店小学、上庄坨中学等均予以了捐助，此次修碑，也将这一事迹刻于碑文之上。

游人们来到烈士陵园，必然要参观纪念碑，纪念碑立于西侧围墙上，坐东朝西，用水泥制成，呈长方柱体，碑身高 0.85 米，宽 1.82 米，厚 0.27 米，正面镌刻碑文。西侧围墙上镌刻“革命烈士永垂不朽”8 个红色大字，围墙前有花坛。

陵园有钢筋铁围栏，栏外南侧修建陵园记事碑，水泥材质，坐东朝西，底座 3 层，底层长 1.15 米、宽 0.60 米、高 0.50 米，碑身高 1.33 米、宽 0.85 米、厚 0.2 米、正面刻纪念碑碑文。

除这座烈士陵园外，记忆这段历史的另一座陵园则立在了抚宁区石门寨镇西上庄坨村南石河北岸，被称为抚宁区西上庄坨烈士陵园。此地坐北朝南，南北长 26.5 米，东西宽 35 米，占地面积 900 余平方米，也是为纪念解放上庄坨在此地区牺牲的 22 名战士而修造，东、北、西侧有砖混结构围墙，围墙高 0.42 米。烈士墓位于陵园北侧，共 10 座，土筑圆形坟头，东西向呈“一”字形排列，墓前广场有两座花坛。

2009 年 4 月 5 日，市委、市政府为烈士墓立碑。纪念碑坐北朝南，黑色大理石材质，呈长方柱体，下有底座。底座呈长方形，1 层，长 0.8 米、宽 0.60 米、高 0.18 米。碑身高 14 米、宽 0.60 米、厚 0.08 米，正面刻“革命烈士之墓，中共秦皇岛市委、秦皇岛市人民政府立”，背面镌刻“1948 年 10 月 3 日中国人民解放军第四野战军九纵队开赴隆化，在抚宁县上庄坨与国民党守敌进行激烈战斗，全歼守军，在此次战斗中我解放军牺牲 22 人，为慰藉英烈英名，特立此碑，以志纪念”。

为了上庄坨解放，这些烈士献出了生命，上庄坨用这个方式让子子孙孙们都记住了他们的名字，也让后来人知道了曾经发生在这片土地上的红色记忆。

68

昌黎县汪上烈士墓：后封台 敌胆丧

昌黎县汪上烈士墓

汪上烈士墓位于昌黎县龙家店镇汪上村村东。1948 年后封台火车站战斗中牺牲的夏凤祥等 23 名烈士被安葬于此。

1947 年 5 月到 1948 年 9 月间，东北野战军三次攻打昌黎，将昌黎彻底解放。后封台火车站战斗就发生在第二次解放昌黎的战斗中。

1948 年 5 月，解放军发起夏季攻势。东北野战军十一纵队于 6 月中旬进入冀东，在华北野战军十一旅和冀热辽军区炮兵旅的配合下，向宁北铁路沿线的昌黎、滦县地区发起攻击。十一纵队奉“前线指挥部”命令，决定集中主力歼灭昌黎之敌。当时，昌黎城内驻有国民党嫡系交通警察部队第三支队司令部及其所属的第八总队、第五总队一部和保安二十一团，加上“伙会”等共有 6500 余人。伙会是冀东地区的地主阶级为了防“匪”和镇压农民的反抗斗争而建立起来的武装组织，名叫“联庄会”。哪一村发现“土匪”就放双响炮，村村连放，集合起来，由团总（都是地主和士绅）指挥去打“土匪”。

解放军根据城防情况，部署了攻城计划。先由第十旅向昌黎县城发起突击，攻打昌黎城和昌黎火车站，再由第十一旅攻打昌黎西的后封台车站和燕家埝坨、大牛栏等据点，负责十旅的右翼安全，打击从西部增援昌黎的国民党军队；第十五军分区警备团、第十二军分区警备团分别攻打昌黎城东的张家庄、留守营等车站，负责十旅的左翼安全，打击从东部增援昌黎的国民党军队。与此同时，发动民兵进行破交活动，力争实现中心突破、两边开花、全面破交的战略意图。

6月23日晚8时，开始攻击昌黎外围工事。24日中午，攻城部队攻下桃花山、东山和西山国民党碉堡，随即向城关发起攻击。当日晚，占领东、西、南、北城关，将敌军全部压到城内。25日晨，攻城部队从城东北角突破，攻入城内。占领东门和北门后，将敌军压到南门附近的各条小巷中。上午10时，攻城部队占领鼓楼。国民党交警部队第三支队司令汤毅生和“伙会”头子仓皇从南门逃窜，出城即被俘。

在第十旅攻城的同时，十一旅三十一团、三十三团攻下了昌黎城西的后封台车站和燕埝坨等据点，并击退了敌人的增援部队。战斗非常激烈，解放军指战员夏凤祥等23名同志不幸牺牲，勇士们为确保辽沈战役胜利作出了重大贡献。烈士们的遗骸后安葬于昌黎县龙家店镇汪上村村东。

解放昌黎的战斗，给美械装备的交警总队以歼灭性的打击，有力地配合了东北民主联军的夏季攻势。冀东地区的国民党部队受到震慑，从滦东战役开始，冀东解放区军民完全掌握了战争的主动权，由战略防御转入战略进攻。

为了纪念在这次战争中牺牲的同志，2006年4月，龙家店镇人民政府在烈士墓群西侧修建烈士纪念碑1座。2009年4月，秦皇岛市委、市政府为烈士立碑，正面镌刻“革命烈士之墓，中共秦皇岛市委、秦皇岛市人民政府立”，背面镌刻“一九四八年六月，我解放65野战军某部奉命阻击国民党北上增援部队，在后封台火车站与敌展开激战，我军牺牲23人，勇士们为确保辽沈战役胜利作出了重大贡献，将永垂史册。为慰藉先烈英灵，特立此碑以志纪念。”

关于这段历史，在当地还有一个真实而动人的故事。

如今，昌黎县汪上村有一位地地道道的农民，他叫王文彬，从亲手埋葬烈士的那一天起，便担起了一个沉甸甸的承诺：照看好烈士墓。寒来暑往，半个多世纪的光阴里，他像珍爱生命一般守护着烈士们的忠骨，传承着不朽的精神。

1948年的一个深夜，解放军急行军的步伐打破了汪上村的静寂，22岁的王文彬迅速投入到为解放军服务的行列。他爬到战壕边为战士们送饭；晚上坐在炕头儿上，王文彬和战士们一起喝小米粥，一起憧憬着解放后的好日子。然而，王文彬看到了他最不希望看到的一幕：刚刚还生龙活虎的年轻战士们永远地闭上了眼睛，王文彬泪流满面。他和村民徐玉田、张福庆、王亭山一道安葬烈士，在每一座坟茔前竖立起一块木牌，木牌上镌刻下烈士们的姓名。

“把烈士的墓地照看好。”为了部队首长沉甸甸的嘱托，王文彬的生命中注入了一份守护的职责。63年了，汪上村的烈士墓地完好地保存了下来。王文彬，是烈士墓最忠实的守护人。而汪上村的烈士墓和这位守墓者，则成为这段历史最好的佐证。

69

李洗凡、王新烈士陵园：献青春　谱丹心

李洗凡王新烈士陵园位于卢龙县燕河营镇城角庄村东1公里。1944年李洗凡、王新二位烈士被日军杀害后安葬于北洋河支流东河岸边。1997年，被县民政局等单位迁于现址。1999年7月，经燕河营镇关心下一代工作委员会首倡、社会各界捐资修建为烈士陵园。2009年，卢龙县民政局进行了整体维修。李洗凡革命事迹展览馆位于卢龙县燕河营中学，1995年燕河营镇党委、政府修建，展室面积20平方米，设展牌19块，用连环画的形式展现了李洗凡的革命事迹。

李洗凡、王新烈士陵园

李洗凡原名李春华，河北卢龙城内人。她从卢龙师范毕业后，被分配到虎头石教书。虎头石是卢龙从城内往南去的交通要道。上级经过研究，把搞情报的任务交给她。李洗凡每次都能很好地完成任务，敌人来去多少、武器装备、出发方向等等，都搞得一清二楚，对我政府和军队帮助很大。李洗凡不仅搜集敌人的情报，还往城里带布告传单，弄得敌人惊慌不安。1943年3月19日，李洗凡光荣加入中国共产党。

1943年学校放寒假的时候，李洗凡第一次被捕，面对敌人的审查，她勇敢不屈，理直气壮地反驳，并趁机从城里逃了出来。党分配她做妇救会的任务，她在党的培养和同志们的帮助下，很快就熟悉了所有的工作，并表现出了出色的组织能力。

1944年6月，李洗凡听说四区燕河营一带的工作任务很大，她就主动找县委组织部张部长要求到那里工作。组织上派她和王新到四区协助高育民、李希光等同志搞好妇救

会工作，李洗凡她深入群众，很快就在城角庄等村把妇救会建立起来了。

王新是抚宁人，出生在洋河西上官营村一个贫苦的家庭，卢龙县严山头村小学招聘，王新当了小学教员。面对日寇侵略中国蹂躏中华民族的罪行，她立志要参加革命，于1944年到迁卢抚昌联合县组织部报到。组织上分配她到四区搞发动妇女和群众工作。

燕河营是敌人的据点，住着日、伪军二百多人，他们经常对附近村庄进行讨伐，糟蹋百姓，村政府受到了严重摧残，妇救会工作也受到了很大损失。王新和李洗凡等同志在敌人的眼皮子底下，依靠党的组织，依靠群众，开展抗日宣传工作，开展妇救会工作，很快使花台村、河南庄、城角庄等十几个村子的妇救会组织恢复起来了。艰苦的战争环境，繁重的工作任务使王新、李洗凡等人在四区的村村庄庄回旋着。有时因情况紧张，一夜之间要转移多次。

1944年农历六月十八日晚，王新、李洗凡、高育民三人在花合村召开群众大会，传达了党和政府关于“土地合理负担”的政策，并恢复了妇救会的组织。散会后本想回县里汇报工作，不巧下起了大雨，乡亲们纷纷挽留，王新、李洗凡、高育民三人商量了一下，就住在了花合村李海的家里。

第二天拂晓，敌人突然包围了花合村。她们三人立即藏好了文件，高育民先隐蔽起来了，王新和李洗凡化了装，想从北门出去，可是已经晚了，不幸被捕。

日军头目佐藤想从她们嘴里得出八路军部队的下落，八路军的地下工厂在哪儿和村干部的名单，虽经过多次审讯和严刑拷打，二人宁死不屈。日寇无计可施，下令将二人处死。李洗凡和王新带着胜利的微笑，在不断的“打倒日本帝国主义”“打倒佐藤”的喊声中，英勇就义。

二人不幸牺牲的消息，很快传到了迁卢抚昌联合县的村村庄庄，传到了李洗凡、王新烈士的家乡。乡亲们眼含着热泪回顾着、赞颂着两位好姑娘，战友们立下誓言：一定要为烈士报仇，要踏着烈士的血迹前进！

李洗凡、王新被害后，遗体安葬于北洋河支流东河岸边。1997年，被县民政局等单位迁于现址。1999年7月，经燕河营镇关心下一代工作委员会首倡、社会各界捐资修建为烈士陵园。2009年，卢龙县民政局进行了整体维修。除了烈士陵园，1995年，燕河营镇党委、政府建设了李洗凡革命事迹展览馆，让人们在这里再次见到了李洗凡的革命事迹。

70 柳江煤矿党支部：出利刃　慑敌魂

1942 年，中共柳江煤矿支部成立。两年间，带领柳江煤矿工人开展怠工斗争，为八路军转送物资，并协助八路军多次奇袭柳江。在战斗中，柳江煤矿的工人们积极配合我军将士杀敌捕俘，运送弹药，砸敌医院，抢敌粮仓，充当向导等，狠狠地打击了日寇的嚣张气焰，涌现了许多可歌可泣的动人事迹，表现了中国工人阶级的豪情壮志和博大胸怀。

秦皇岛北部抚宁石门寨柳江煤炭资源丰富，有百余年采煤历史，有“京东小煤都”之称。20 世纪初期，这里煤矿产业发达，有柳江、长城等大型煤矿。这里产业工人集聚，有一支人数庞大的煤炭工人队伍。他们处在残酷剥削和压迫之下，一直过着非人的生活，干着牛马不如的重活。煤矿作业分为昼夜两班，每班工作是 12 个小时，工资每人每班 7 到 9 角。资本家只知要煤，不管工人死活，矿上并无任何安全设施和防范手段，工人们长年冒着生命危险作业。由于经营不善，企业负债累累，资本家为了维持经营长期拖欠工人工资。

早在 1922 年山海关、秦皇岛、唐山等地区工人大罢工时，柳江、长城二矿工人就曾

1922 年柳江煤矿运煤列车开进铁路公司秦皇岛车站

受到过很大的影响和启发，开始认识到只有起来斗争才有生路。1926年，长城煤矿工人成立了工会，组织了罢工和游行示威。矿方在工人斗争的威力下，不得不发还部分欠资。当然，这种自发的斗争，可能取得一定的胜利。但是资本家也是十分狡诈的，在发还部分欠资以后，又出现新的拖欠，矿工们仍难摆脱贫困的枷锁。

抗战爆发后，日寇侵占秦皇岛，占据柳江煤矿，奴役劳工，激起了工人们的极大愤怒。在中共柳江煤矿支部的带领下，煤矿工人开展怠工斗争，为八路军转送物资，协助八路军多次奇袭柳江，涌现了许多可歌可泣的动人事迹。

1942年年底，正是中国人民抗日战争即将由战略相持转为战略反攻的重要时刻。中共临抚昌联合县二总区委为了在柳江煤矿和矿区内开展抗日工作，发动工人群众反抗日本侵略者，用实际行动迎接抗日战争战略反攻的到来，并为根据地兵工厂筹集急需的物资，二总区委书记华仲民首先培养和发展了柳江煤矿的傅平、赵连弟二人加入中国共产党。次年2月底，建立了以傅平为书记的中共柳江煤矿支部。随着开展工作的需要，又发展了7名党员。

党支部建立后，积极宣传抗日战争的大好形势和抗日战争的伟大意义，提高工人群众的政治觉悟和民族自尊心，秘密发动工人群众起来反抗日本侵略者的统治。一方面，利用各种方式进行怠工、罢工，或者少产煤多报数字；另一方面，一大批进步工人冒着生命危险，以黄泥卷顶、多领少用的各种形式，从井下或药库搞出雷管、炸药，转给八路军兵工厂，用以制造地雷、炸弹打击日寇。工人们为我军修理枪械，秘密拆掉车床、机械设备运往抗日根据地。党支部秘密搜集日伪情报，侦察日伪据点的火力配备，绘制日寇首脑机关和其他军事机关的地理位置图，报给上级组织，还组织工人配合八路军攻打日寇据点，协助地方政府除奸打特等为民除害的工作，经常向工人群众宣传抗日前线捷报和英模事迹，动员抗日积极分子和富有民族气节的青壮年起来抗日。据统计，先后有200多名矿工离开柳江煤矿，奔赴抗日战争前线参军参战或就地参加革命工作。这个仅有几名党员的支部，秘密地活动在敌人的心脏，坚持到抗战胜利，在抗日战争中作出了突出的贡献。

1943年，滦东八路军马骥部在柳江周边活动，相机打击日寇据点。柳江煤矿是盘踞在这一带较大的敌人巢穴，兵力较强。柳江煤矿地下党支部为了配合我军顺利打下这个顽固据点，特地绘制了矿区内的地形和日伪机关、重大建筑设施的位置等详细图纸。在战斗中，柳江煤矿的工人们积极配合我军将士杀敌捕俘，运送弹药，砸敌医院，抢敌粮仓，充当向导等，狠狠地打击了日寇的嚣张气焰，对秦皇岛以及周边城镇的敌人震动很大。这次战斗后，柳江煤矿工人在地下党支部的领导下，采取了怠工、破坏生产工具等形式，不断同日寇以及矿长、监工们进行斗争。同年10月，工人们卸掉了55千瓦绞车滚筒，拆除部分矿车钢轨交给八路军，使日军惊恐不安。

1944年2月28日，我八路军七区队第二次袭击了柳江煤矿日寇据点之后，又于7月的一天，在柳江煤矿工人们的积极配合下，第三次攻打这个顽固据点。在这次战斗中，彻底炸毁了井口电厂，同时破坏了其他重要设施。之后，工人们又多次破坏生产设备，甚至将机械运至解放区。在我抗日军民的多次沉重打击下，柳江煤矿彻底停产了。

柳江煤矿日寇据点的垮台，对石门寨、上庄坨等据点的敌人震慑很大，他们都龟缩在炮楼和墙院内，基本不再外出活动。经过战斗的洗礼，我人民武装力量日益强大，工农群众抗日情绪高昂。柳江煤矿的广大矿工们为了中华民族的彻底解放，为了广大工农群众的根本利益，宁可自己失业，积极为搞垮日伪煤矿贡献了力量，表现了中国工人阶级的豪情壮志和博大胸怀。今日的柳江煤矿，也因这段历史，而拥有了红色的基因，传递着革命的火种。

★红色传承★

新中国成立后，秦皇岛儿女赓续革命先烈精神血脉，以极大的热情和精力投入城市的发展建设中，70年来，秦皇岛发生了翻天覆地的变化：耀华玻璃和山桥成为行业翘楚，秦皇岛港由单一“能源桥头堡”向国际知名旅游港和现代综合贸易港转型升级，参与举办亚运、奥运两次体育盛会，高新科技产业不断提高综合实力和竞争能力，国民经济和社会事业取得辉煌成就，人民生活水平显著提升，全国文明城市、国家卫生城市、国家森林城市的创建，使得这座城市更加美丽，市民更加幸福，313万秦皇岛儿女用矫健的步伐踏响时代的最强音。

正是这红色血脉的流淌和红色精神的传承，

为秦皇岛城市的蓬勃发展、人民的美好幸福生活注入了不竭动力。

71

解放风云：摧枯拉朽　迎来曙光

秦皇岛的解放是一个艰难的过程，如果按照时间顺序去排列，解放战争初期，青龙全县是我党我军率先解放的区域，昌黎、卢龙、抚宁的大部乡村为解放区；县城及少量村庄、临榆大部分（含山海关、秦皇岛）和北戴河一带为国民党统治区。从 1947 年 2 月起，战争形势发生逆转，特别是当年 5 月我军开始战略反攻后，秦皇岛境内解放区迅速扩大，从青龙开始，昌黎、卢龙、抚宁、北戴河、临渝重镇山海关相继解放，国统区的据点被一一清除，秦皇岛一步步迎来了解放的曙光。

人民日報

我克山海關秦皇島

《人民日报》刊登秦皇岛解放的消息

解放战争中，最先解放的是青龙满族自治县。

抗战胜利后，青龙全境被我军收复，光荣地成为冀东解放区的一部分。1945 年日本无条件投降后，在我军和苏联红军南北夹击热河的强大军事压力下，青龙境内的伪讨伐队副司令张金祥与冀热辽边区十六地委和十六军分区联系，愿意投诚，参加八路军。通过谈判，达成和平解决协议，并于 8 月 25 日，召开了接收、改编大会，大会上宣布张金祥讨伐大队 2000 余人改编为冀热辽军区八路军第三纵队，张金祥任三纵司令员。同时组建了青龙县临时行政委员会，和平接收了伪军队和伪政权，青龙从此宣告解放，并正式成为解放区中的一员。

昌黎则历经坎坷，历经了三次浮沉才终得解放。在 1947 年 5 月的滦东战役中，我军曾首次解放昌黎，但因战争形势变化，此后又战略性撤离。1948 年五六月间，热河、冀东、东北部队发动了夏季攻势。东北野战军第十一纵队受命进军冀东，与华北野战军第十一旅和冀热辽军区炮兵旅协同作战，集中主力攻打昌黎守敌，6月24日向昌黎外围发起攻击，25日开始攻城。在一场场激烈的战争后，终于再次攻克昌黎县城，史称第二次解放昌黎。

冀東戰事達最高潮
昌黎安山後封台等地國軍主動撤守
遂西興城附近據點全收復

1948年9月16日，上海《申报》登载我军解放昌黎的报道

这一战共歼敌6500多人，生俘敌1名中将、3名少将等，缴获大批美式枪械弹药和军用物资。6月26日，为战略考虑，我军满载胜利果实主动撤出昌黎。昌黎又被国民党占领。

1948年9月13日，为配合辽沈战役，东北野战军第十一纵队和冀热辽军区骑兵师，向滦县至昌黎一带国民党军队各据点发起攻击，连克石门、安山、张家庄和后封台。驻守昌黎的国民党河北省保安第二十一团等部慑于解放军的威势，在驻滦西地区国民党第六十二军的接应下，于14日黄昏弃城西逃。第十一纵队追歼其一部，并以第三十三师和第三十二师之第九十六团包围昌黎，分两路发起进攻。激战至15日上午9时，第三次解放昌黎。此战共歼灭国民党军队2000余人，缴获各种火炮18门、轻重机枪53挺、其他枪1000余支。

攻克昌黎县城后，第十五军分区警备团驻守域防，第十一纵队沿北宁路东进，国民党第六十二军即以2个师的兵力向昌黎反扑，企图夺回县城。第十一纵队闻讯连夜回师昌黎，协同守城部队于次日与国民党军激战，连续打退其四次反攻，并乘机向敌军两侧迂回包抄，敌人发觉后立即收拢部队撤至滦河以西。随着敌军的撤走，历经三次争夺，至此，昌黎彻底解放。

卢龙县城的解放也同样历经艰难。1945年8月日本投降后，占据卢龙的日伪军拒不向我军缴械。卢抚昌联合县委为此在温翟坨召开会议，决定成立收复委员会并用武力收复：以卢抚昌支队及五、七、八区民兵，攻打蛤泊和铁路沿线敌据点；以二、三、四、六区民兵攻打双望、台头营、卢龙城。8月16日至20日，围攻蛤泊、双望、台头营据点的战斗以胜利结束。22日，扫清外围的各路民兵冒雨集结到卢龙县城周边，以麻雀战的形式四处出击，终于令惶惶不可终日的敌军大部投降。26日晨，卢龙县城被解放。但国民党反动派却不甘心卢龙古城落于我军之手，1946 年 9 月，国民党集结 13 万重兵进攻冀东。11 月 12 日，卢龙县城得而复失，被国民党九十二军侵占。

重入狼群，卢龙古城在哭泣，然而英勇的人民解放军，始终没有放弃这座历史上著名的军事重镇，1947 年 7 月 21 日，冀东军区部队卷土重来，再度重挫国民党军队，收复卢龙县城。随后，华北和东北野战军部队在县支队的配合下，分别于 1948 年 5 月、9 月攻克石梯子、石门等据点，对卢龙残敌进行了清剿，取得决定性胜利。1948 年 11 月 24 日，卢龙县全境宣告解放。

抚宁境内，也是一番惊天动地的厮杀。抗战胜利后，盘踞县城的日伪军拒不投降，竟在城中拖延两个月，抚宁人民苦不堪言，义愤填膺，一直盼着黎明的到来。1945 年 10 月 18 日，冀东军区十九旅四十七团第一营和团机炮连，到达抚宁城附近，同抚宁县支队一起，做好了攻城准备。

这是一场很艰苦的战争，其难度超出了大家的想象。当时，我军兵力占优，共计 700 余人；敌方兵力较弱，约有 500 余人，但有城墙和工事掩护，而且负隅顽抗，十分顽固。战斗打响后，我军攻城部队接连 4 天攻城未果。此时，起到关键作用的是延安赴东北的干部工作队，他们及时参战，重新调整了攻城方案，终于于 10 月 26 日一举攻克抚宁县城。11 月 15 日，国民党军调集重兵侵占了抚宁城。抚宁又入敌人之手，我军则奋力抢夺，1947 年 5 月 19 日，冀东军区集中兵力进攻抚宁县城，强攻之下，城内敌军不战而退，龟缩到北戴河、卢王庄等据点，我军再次解放抚宁城。1948 年 11 月 22 日，随着东北野战军的大举入关，敌军望风而逃，两天以后的 11 月 24 日，我军再次攻下抚宁城，抚宁全境解放。

北戴河、临榆的解放随之而来。1948 年 9 月中旬，第十一纵队解放昌黎后，乘势东进。17 日晨，第三十一师向北戴河发起进攻。战至上午 8 时，歼灭国民党新编第五军暂编第五十师两个营及地方保安队共 600 余人，并占领北戴河车站；第三十二师长驱直入，攻克北戴河东北制高点烟筒山据点，歼灭国民党新编第五军暂编第五十师 1 个连 100 余人。10 月 2 日，第十一纵队第三十二师对石门寨及其周围据点发起攻击，迅速获胜，全歼国民党河北省保安第十团 1500 余人，并占领长城煤矿。之后，第十一纵队出九门口奔赴东北战场。11 月 22 日，东北野战军结束辽沈战役后，在西进平津的途中，扫清了临榆、北戴河敌军的其他据点，使秦皇岛、山海关成为两座孤城。

守敌急忙从天津、塘沽征调 20 余艘轮船作撤退准备，又在港口码头一带加筑防御工事，企图作为从海上逃跑时的掩护。未等我军接近，驻在山海关的国民党第八十七军便在 11 月 23 日夜间，开始向秦皇岛撤退。24 日凌晨，驻秦皇岛的国民党第八十六军和第

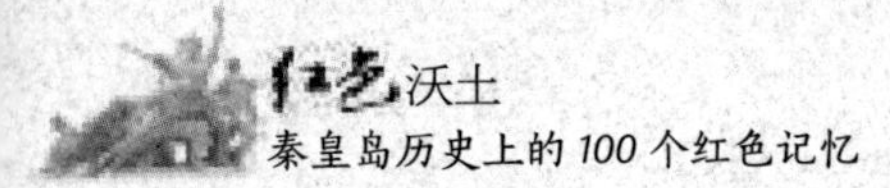

五十三军，开始登船逃亡塘沽、青岛，码头之上，到处都是穿军装的国民党军人，25日，北戴河国民党军政人员也开始逃窜，向秦皇岛集中。

26日，我党我军正式接管北戴河辖区；当日下午，最后一批国民党军乘“长治号”驱逐舰离港时，向南山发电厂、码头和耀华厂等处发射30多发炮弹，企图作最后破坏，但均未命中要害部位。27日，临榆县重镇山海关、秦皇岛回到人民怀抱。至此，秦皇岛地区全境解放。

至1948年11月27日，经过一系列的苦战、恶战，秦皇岛全境获得解放，由当年5月成立的中共秦榆工委接管了山海关、秦皇岛的城市工作。秦皇岛，在历尽辗转与磨难之后，终于回到了人民的怀抱。

72 建市初期：稳定秩序　奠定基础

1948年4月，冀东区党委专门召开了城市工作会议，决定除唐山、承德已有党的工作委员会外，在北平、天津、秦皇岛分别建立三个工作委员会，进一步加强城市工作。明确城市工作的中心任务是搜集国民党守军的动向，配合我军反攻作战；发动群众保护工厂矿山，保护城市不遭敌人破坏，做好接管城市的准备。当年5月，中国共产党冀东区秦榆工作委员会正式成立，这就是秦皇岛市委的前身。

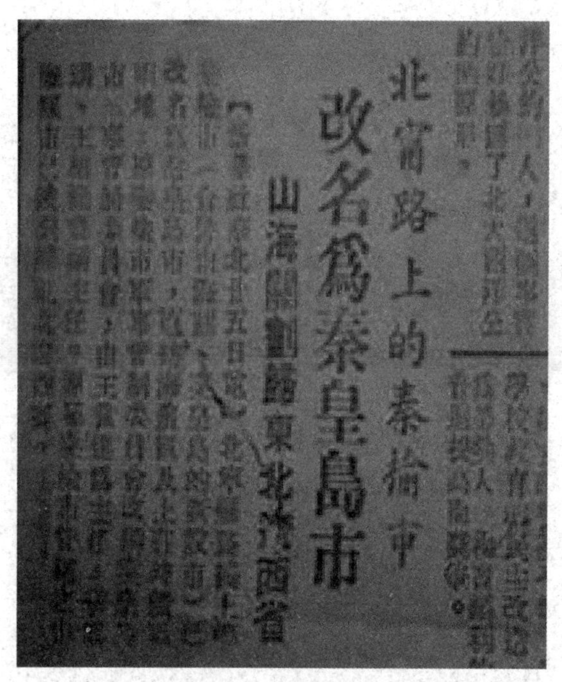
北甯路上的秦榆市
改名爲秦皇島市
山海關劃歸東北遼西省

当时报纸关于秦皇岛市更名的消息

当时秦榆市委书记是王明德，成员有程力群、鲁延、王哲民等。工委驻地在抚宁县北寨村，下设临榆、秦皇岛两个工作组。工委成立之初的主要任务是：保护城市，了解市内动态，迎接解放。因为当时秦皇岛全境尚未全部解放，所以这一任务，是配合解放而来。

当时选派工作人员到山海关、秦皇岛两个城市，分别交给他们一定的任务，以各种身份为掩护，瓦解敌军，了解敌人的兵力布防和武器配备情况，熟悉地形、绘制城内和城郊的地图，为接管城市做好准备。同时也让他们分别在工人、市民和敌方上层人物中做思想工作，对敌军政人员晓以大义，使之不要再做坏事，争取立功赎罪，以便在接收城市时得到各方面的协助。其间还担负了挑选熟悉地形的人员为我军攻城做向导的工作。

1948年11月初，秦榆工委干部参加了冀东区党委组织的集中培训，研究有关资料，制定入城守则，做好各项入城的前期准备工作。

1948年11月27日，秦皇岛解放后，100多名秦榆工委的工作人员同2000多名解放

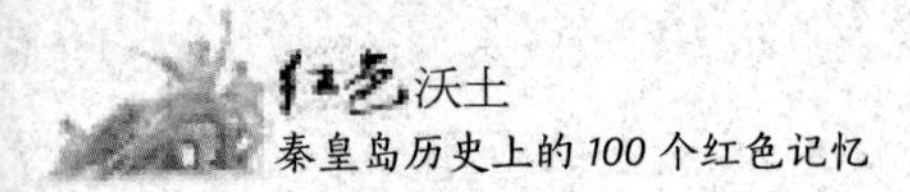

军指战员一起，分别进入山海关、秦皇岛接管城市，受到人民群众的热烈欢迎，顺利完成了城市接收任务。

鉴于历史已经进入了新的时期，中共冀东区委、区行政公署随即决定，将山海关与秦皇岛合并组建秦榆市。1948 年 12 月 1 日，冀东区委任命了秦榆市委领导班子成员。1949 年 3 月，冀东区调整区域规划，秦榆市改称秦皇岛市，秦榆市委改称秦皇岛市委。

秦皇岛市委的建立，是中国共产党秦皇岛地方历史上一个新的里程碑。从秦榆工委过渡到秦榆市委，再到秦榆市委的改称，取而代之的秦皇岛市委应运而生，从此成为全市人民的领导核心。秦皇岛也正式以市级单位的名义走向历史舞台。

解放之初，百废待兴，百业待举，秦皇岛市委肩负着重大的历史使命，首先做的是理顺关系，加强人民政权建设，建立健全秦皇岛市党政机构。秦榆市原辖秦皇岛（一、二、三区）、山海关（四、五、六、七区）和海滨区。秦榆市改称秦皇岛市之后，山海关划归辽西省，设山海关市；秦皇岛市辖区为一、二、三区和海滨区。同时，秦皇岛市委仍属冀东区党委领导。秦皇岛市委领导机构设书记、委员，第一任代理书记为李雪瑞，1949 年 5 月由王世煜接任。

市委工作机构设秘书主任、组织部、宣传部、妇女委员会和《工人报》社。同年 8 月，冀东区撤销，并入河北省，秦皇岛市委为河北省委直属，成为省直属市，市委机构未变。

在政府机构方面，秦皇岛市政府设市长、副市长各 1 人，首任市长王植范、副市长李虚哲；同时健全了 11 个部门的工作机构。市政府的隶属关系，也经历了由冀东区到河北省领导的演变。在市区建制方面，1950 年 4 月设立郊区（后称第四区）；1952 年 11 月，山海关市回归河北省，翌年 3 月改为山海关区，划归秦皇岛市；从此山海关和秦皇岛，又紧密地联系在了一起。同年 12 月，海滨区改称北戴河区。至此，秦皇岛市下辖一、二、三、四区和山海关区、北戴河区，形成了影响到今天的城市结构。

秦皇岛解放后，基层党组织有了较快发展，但是仍处于秘密状态。1949 年 7 月，市委公开了党的基层组织，并抓紧开展基层党建工作。到 1949 年年底，全市共有基层党支部 75 个，党员 1462 人；到 1950 年，已发展农村党员 490 名，建立村或联村党支部 27 个。

基层民主和政权建设成为解放后亟待解决的问题。1949 年 4 月，在市区街道基层组织开始废除旧社会的保甲长制，建立居委会制度，到 8 月底共建成居民组 396 个，居委会 43 个。同时在厂矿企业进行民主改革的试点，逐步废除了封建把头包工制。在农村，随着民主建政工作的开展，大力加强了郊区乡村的政权建设，确立了人民当家作主的强大优势。

解放之初，暗流涌动，鱼龙混杂，为维护社会秩序，安定民心，秦皇岛市委大力开展了三项强势工作：第一是进行反动党团登记。解放前，秦皇岛有大量的国民党、三青团党团员，有些人在国民党溃逃时接受了潜伏任务。对此，市委从速加大了对反动党团成员的登记力度。到1949年5月底，共登记国民党党员3284名，在对其逐一调查核实的基础上，采取宽严适度的灵活政策，作了处理。对一般国民党员，只登记，不审查；对罪大恶极和顽固分子坚决镇压。

第二是实施镇反锄奸。全国解放初期，随着美国和国民党军加剧封锁海上交通，尤其是1950年6月朝鲜战争的爆发，一些反动组织认为时机已到，蠢蠢欲动，妄图颠覆新生的人民政权。按照党中央的部署和省委要求，1950年11月17日，秦皇岛市委制发了《坚决镇压反革命活动的具体意见》，在全市展开了镇压反革命运动。至1953年5月，秦皇岛共逮捕反革命分子520名，其中反动骨干分子151名、特务142名、土匪32名、恶霸168名（包括伪乡、镇、保长和反动地主）、反动封建会道门头子27名。依法处决103名，判处死缓22名，徒刑226名，管制30名，教育释放86名，转外地处理47名。通过镇反运动，严厉打击了反革命分子的破坏活动，稳定了社会秩序。

第三是取缔反动会道门。解放前，秦皇岛会道门名目繁多，有一贯道、大佛教、佛教居士林、临榆县新民佛教会、忠义普济社（家理教）、理道会、道德学社等。其中规模较大的是一贯道、大佛教、佛教居士林。从1951年1月起，按照上级部署，秦皇岛城乡普遍开展了责成道首、道徒坦白和登记工作，并对中小道首进行教育和集训，使一大批道首、道徒主动声明退道。同时，对职业道首依法逮捕、管制，对反动道首进行了镇压。通过打击和处理，较快地摧毁了反动会道门组织，肃清其反动流毒。

解放初的秦皇岛千疮百孔，民不聊生。按照党的有关政策，秦皇岛市委着力恢复和发展经济，逐步接管大中型企业。1949年6月以前，相继接管了山海关桥梁厂、耀华玻璃厂、冀北电力公司、长城煤矿等官办或官商合办企业，积极支持他们恢复生产，1950年开始有外轮进口，到1952年，国内沿海定期、不定期航线基本开通，为秦皇岛向和平建设时期转变奠定了基础。

对于中小型工商业则采取指导与扶持相结合的方式，大力扶植粮食杂货、布匹、货栈等多种商业的恢复和发展，对私营企业，注重教育引导、业务指导、贷款扶植以及帮助解决劳资纠纷，落实好“劳资两利”政策；协调小商、渔业、公营商业及工矿业、私营工商业间的合作与贷款扶持，实行折实储蓄及活期存款，开展汇总业务等，发挥金融机构经济杠杆的调节作用，并采取国家调拨、以粮食发放工资、按人头配售粮食以及低价出售等形式，平抑市场物价。

由于解放前的秦皇岛市郊没有参加老解放区的土改运动，1949 年 10 月至 1950 年 4 月，新区各村普遍进行了土改工作，彻底废除了封建地主土地制度，实现了耕者有其田，极大地调动了广大农民的积极性，推动了农业生产和农村经济的发展。

建市初期，虽百业荒芜，然而在秦皇岛市委的团结努力下，终于带领全市人民走上了开拓进取、发奋图强之路，让一个百业凋敝的烂摊子，在社会主义的艳阳之下，重新恢复了生机和活力，从此，秦皇岛人民翻身得解放，也与城市一道，踏上了社会主义建设的伟大航程。

73 抗美援朝运动：支援前线　热情高涨

1950年10月，中国人民志愿军高举保卫和平、反抗侵略的正义旗帜，英勇地开赴朝鲜战场。在志愿军战士入朝作战的同时，全国掀起了一场轰轰烈烈的抗美援朝运动。地处朝鲜战场大后方的秦皇岛人民群情激昂，纷纷报名参军、订立爱国公约、捐飞机大炮、慰问志愿军，和全国人民一道有力地支援了前方作战。

为使广大群众充分认识抗美援朝的正义性和必要性，秦皇岛市委于1950年11月1日作出《关于深入时事宣传的指示》。随后在全市的工厂、乡村和学校中，建立和组织起30多支文艺宣传队，文艺工作者创作出《忘不了的仇恨》《绣慰问袋》和歌曲《鸭绿江小曲》《志愿军前进》等多种形式的文艺精品，在城乡巡回演出，极大地鼓舞了全市人民的抗美援朝热情。

全市厂矿、街道、村庄和机关、学校的125个基层党支部，建立起党的宣传网络，数以千计的宣传员、报告员，采取多种形式宣传抗美援朝运动的重大意义。

1950年12月1日，中央人民政府、人民革命军事委员会、政务院发布《关于招收青年学生、青年工人参加各种军事干部学校的联合决定》，全市广大青年热烈响应党和政府的号召，积极报名参军参战，出现了妻送郎、父送子、兄弟相送的动人场面。从1950年年底至1953年年初，全市有3000多名青年报名参加志愿军，有411名学生和工人参加了军干校，走向抗美援朝第一线。

耀华玻璃厂第一季度生产报喜后举行抗美援朝大游行

1950年年底，历史悠久

的山海关桥梁厂为朝鲜制造军用便桥拆装梁20孔。1951年12月，山海关组织170多名司机学员、大车驭手、修车技术员、厨师、医疗人员等分赴朝鲜，进行慰问和援助。

1951年年初，山海关火车站建立军供站，保障途经本地奔赴前线部队的军需供应。仅当年的1月至10月，就供应了细粮5000余万斤、菜折人民币3.4万元、马草1.5万斤、木柴2万斤。部队通过高峰时，用饭人员多达2万之众，军供站的人员创造了一天蒸1万多斤馒头，一次蒸400斤大米饭的纪录。

出色的工作，赢来了首长的肯定，志愿军某部政委高度盛赞山海关人的热情，说："你们的'天下第一关'接待站，应改为天下第一接待站。"

在抗美援朝运动中，全市广大职工热烈响应党中央和市委提出的"增加生产，厉行节约，以支持中国人民志愿军"的号召，从1950年年底起，开展了热火朝天的增产节约竞赛运动。

秦皇岛港职工11月至12月开展了安全生产竞赛，煤炭装船工班效率提高2.5倍，车辆停港时间缩短近1个小时，节省工时12832个，节省动力燃煤206吨。1951年1月，耀华玻璃厂职工提出"生产更多的玻璃，支援抗美援朝"的口号。全厂有24个小组431人向马恒昌小组应战，仅熔制车间全年增加经济效益21万元。山海关桥梁厂1951年12月超额完成抗美援朝140辆平车安装任务，并试制出两台40吨架桥机和30吨油罐车。

1951年5月1日，是一个令人振奋的日子，全市4万多名群众走上街头，在和平公约上签名，并举行声势浩大的游行，展现出秦皇岛人民抗美援朝的信心和决心。

这一年，中国人民抗美援朝总会向全国发出关于推行爱国公约、捐献飞机大炮和优待烈属、军属的"三大号召"。秦皇岛市委随即发出通知，把落实"三大号召"作为全市抗美援朝运动的中心内容。

推行爱国公约是"三大号召"的核心，为此，秦皇岛市委印发了《关于目前抗美援朝运动中两个具体工作的指示》，号召全市各区、厂矿、机关、学校订立爱国公约，并同时发布了《秦皇岛市各界人民爱国公约》。在秦皇岛市委的统一部署和领导下，全市各界人民群众纷纷行动起来，热火朝天地开展增产节约、劳动竞赛等活动。

据1951年9月统计，全市有12885户修订了爱国公约，厂矿中有326个组、30个车间修订了公约。在全市有53个行业、1132家商店，以及郊区23个村庄，市内所有机关、团体均修订了公约。秦皇岛港务局各单位全部订立和修订了爱国公约，并建立了经常性的检查制度。在"多扛一个袋子就是多消灭一个美国鬼子，多带一节车皮就是多抢占一个高地"的口号下，生产效率显著提高。1952年港口吞吐量181万吨，是1950年的2.2倍，出色完成了抗美援朝物资的装卸任务。

1951年6月，秦皇岛市委印发《关于捐献运动中几个问题的指示》，强调捐献武器是取得抗美援朝胜利的保证。在全市各级党组织的努力下，捐款活动在全市掀起热潮。捐献运动中，热情高涨的秦皇岛人民踊跃捐出慰问袋、棉鞋、毛巾、袜子、牙刷、牙粉等物资，学生们则利用暑假参加劳动，捐出劳动所得。不少干部把自己的津贴节省下来，学生把早点、糖果费节省下来，捐献武器。

耀华厂老工人朱福成，把解放前多年节衣缩食积蓄下的13块银圆捐献出来。在他们的鼓舞下，仅开滦、耀华两个铁路工厂和铁路职工家属一次就捐款36160元。天信火柴厂女工一直到1953年还在继续捐献，并要“一直捐献到打垮美帝国主义侵略者离开朝鲜”。据统计，到1951年年底，全市各界共捐款80万元，超额完成了折合4架飞机、1门大炮的捐献计划。

为解除赴朝参战人员的后顾之忧，稳定军心，鼓舞士气，1951年“八一”建军节，秦皇岛市发起拥军优属的号召，有的群众带着纸烟、苹果等物品，到医院慰问志愿军伤病员，有的群众到军烈家属中进行慰问……从那时起，优待军烈属成为秦皇岛市一项经常性的政治活动持续开展延续至今：在市区安排军烈属就业，给无劳动力的军烈属家庭发放补助；在郊区、海港区建立代耕制度，保证代耕土地不低于一般农民的土地产量；在城乡建优抚基金，保证军烈家属不低于其他群众的生活水平……

在“抗美援朝，保家卫国”的热潮中，秦皇岛人民在人财物等方面倾囊相助，为年轻的共和国添砖加瓦，光荣地成为“国家记忆”的一部分。而这一优良传统也得到了良好的传承和发扬，拥护爱戴军人一直是我市优良的传统。

据了解，目前在秦皇岛市还有200多名生活在农村的抗美援朝老战士，秦皇岛市委、市政府积极落实相关政策待遇，努力提高优抚保障水平，为他们排忧解难，做这些老兵坚实的“后盾”。多年来，秦皇岛市涌现出了许多拥军先进个人和单位、志愿者团体、公益组织。据统计，截至2020年，全市党政军机关、各企事业单位成立双拥领导组织338个，社区双拥工作站、拥军优属（拥政爱民）服务组2260个，参与双拥工作人员达16万人。此外，市县两级成立10个“爱国拥军联合会”，发展会员单位1311家，实现城乡全覆盖。城市启动实施“秦皇岛市退役军人健康工程”“退役军人专属保险工程”“拥军大集”等具有特色的拥军举措，开发了手机App、微信公众号等智能拥军平台……

2020年，秦皇岛市再次荣获全国“双拥模范城”称号，这已经是秦皇岛市连续七届获得该称号。拥护爱戴军人，在这座城市已经成为一种正能量，一首主旋律。

74

社会主义改造：翻天覆地　焕然一新

秦皇岛市的城市接管工作顺利完成后，一个更为繁重的任务是全面地进行社会主义改造工作。社会主义改造是指新中国成立初期，中国共产党在全国范围内组织的对于农业、手工业和资本主义工商业进行的社会主义改造。

农业社会主义改造：解放前，秦皇岛市农业生产落后，农民生活困难。解放后，经过土地改革和经济恢复，全市农业生产面貌一新，为农业合作化运动的开展奠定了良好的基础。

1951年9月，全国第一次农业互助合作会议通过了《关于农业生产互助合作的决议(草案)》。1952年5月，秦皇岛开展爱国丰产运动，将互助合作运动在旧有的、自发的形式基础上广泛地开展起来。一批初级农业生产合作社便在办得好的互助组中，在劳动模范和先进人物的带领下脱颖而出。

随着国家大规模经济建设的开展，对农业提出了新的更高的要求。1953年12月，中央通过了《关于发展农业生产合作社的决议》，指出："引导个体农民经过具有社会主义萌芽的互助组，到半社会主义性质的初级社，再到完全社会主义性质的高级社，这是党对农业进行社会主义改造的正确道路。"此后，秦皇岛市初级农业生产合作社进入全面发展阶段。1954年年底，全市农、渔、蔬菜生产合作社已发展到156个，其中百户以上的大社14个，入社农户7910户，占总户数的52.44%，入社土地119871亩，占总土地面积的48%。至此，全市农业合

小商贩社会主义改造再跃进誓师大会

作化稳步发展，为即将到来的合作化运动高潮创造了条件。

1955 年 7 月，毛泽东在省、市、自治区党委书记会议上作了《关于农业合作化问题》的报告，作出了加快农业合作化发展步伐的决定。不久，全国掀起了农业合作化运动快速发展的热潮。在这种形势下，市委印发《批转市委农村工作部关于初级社转高级社处理各项政策问题的意见》，要求“必须认识由初级社转高级社，取消土地分红，按劳取酬，是生产关系的重大变革”。仅两个月，全市就成立高级社 32 个，入社农户达到了 16296 户，占全市总农户的 97.2%，实现了对个体农业生产资料私有制的社会主义改造。到 1956 年年底，98% 以上的农户参加了高级农业生产合作社。

农业社会主义改造的完成，实行了农业和农村的集中生产、统一经营管理，彻底改变了几千年来封建的农村土地经济制度，使广大农村进入了社会主义建设的新时代。

手工业社会主义改造：解放初期，全市共有手工业 9 类，145 户，生产规模小，技术落后，也比较分散。为了尽快恢复和发展生产，保护和改善人民群众的生产生活，市委在大力扶持手工业恢复和发展的同时，选择一批觉悟较高的手工业劳动者，试办了一批手工业合作社，并从贷款、功效、税收等方面加以扶持，为后续手工业社会主义改造奠定了基础。

1951 年 8 月，河北省召开全省第一次手工业生产合作会议，按照“先整顿后发展”的方针，对全省的试办社进行了首次整顿。市委认真贯彻会议精神，对已有的手工业合作社进行整顿，在此基础上适度发展。截至 1953 年年底，全市组织起来 4 个生产社（铁、木、缝、渔），一个生产小组（编筐）。

1953 年 11 月，中华全国合作社联合总社召开了第三次全国手工业生产合作会议，确定了对手工业进行社会主义改造的方针和政策。1954 年开始，市委把对手工业的社会主义改造列入工作日程，积极引导手工业劳动者组织起来走合作化道路。

1954 年 4 月，市委印发《关于 1954 年手工业工作计划》，将本市手工业划分为 26 个行业，5 种类型，提出了改造工作的方针任务与要求。

为进一步宣传党在过渡时期总路线，1954 年 7 月，市委召开手工业者代表会议，选举产生了市手工业劳动者自己的群众组织——手工业生产联社筹委会。1955 年 2 月，市手工业生产联社筹委会向市委呈文报告，提出将手工业生产联社筹委会改为正式生产联社。6 月，联合社正式成立。这使得党对手工业合作化运动的领导有了组织基础和力量保证。

在市委的推动和联合社的带动下，到 1955 年年底，全市手工业生产合作社发展到 40 个，比 1954 年增加了一倍，社员 1027 人，比 1954 年增加了 95.2%。1956 年 1 月，全市召开手工业者代表会议，会议要求加快手工业合作化进程，迅速掀起全市手工业合作化运动的高潮。到1956年年底，秦皇岛市手工业共组织了94个生产合作社，入社手工业者达到2806人，占手工业从业人员总数的99.35%，全面实现了手工业合作化。由此，全市手工业社会主义改造全面完成。

私营工商业社会主义改造：1953年后，秦皇岛市各级党组织根据党在过渡时期总路线的要求，在推进农业、手工业合作化进程的同时，有计划、有步骤地开展对私营工商业的社会主义改造。

随着解放后私营工商业的调整与发展，一些资本家的不法行为日渐猖獗。1952年2月，秦皇岛市开展了“五反”运动，使工商业者普遍受到了守法经营的教育，为资本主义工商业的社会主义改造创造了条件。同时，国营经济对私营工业实行委托加工、计划订货和统购包销，对私营商业实行经销代销。为进一步改造提供了政治思想条件和政策法律基础。

过渡时期总路线的公布和粮棉油统购统销政策的实施，进一步明确了对资本主义工商业利用、限制和改造的方针。到1954年年底，全市国合经济已占94.83%，社会零售比重国合经济已占62.5%。但由于国合商业进度过快，私营商业急剧下降，导致城乡物资交流出现了停滞。为此，秦皇岛市加大对私营工商业“一面安排、一面改造”的力度，有计划、有步骤地扩展公私合营工业企业，积极引导私营工商业扩大加工订货和经销、代销。

1954年9月，政务院公布了《公私合营工业企业暂行条例》。1955年下半年，全国资本主义工商业的社会主义改造出现了全行业公私合营的新趋势。11月，中央政治局讨论通过《中共中央关于资本主义工商业改造问题的决议（草案）》，提出把个别企业的公私合营推进到全行业公私合营。1956年1月，市委印发《市委书记苏锋在对资本主义工商业改造工作会议上的结论》，提出1956年一、二季度内将私营资本主义工商业全部纳入公私合营，1956年年底前将其他手工业者全部纳入合作商店。1956年内完成改造任务。

1956年1月28日，秦皇岛市资本主义工商业公私合营大会召开，效仿北京市做法，先批准公私合营，后进行清产核资。会上，市委批准了工商联主任代表626户资本主义工商业的1397人，递交的要求公私合营申请书。至此，全市资本主义工商业全行业公私合营完成。5月，市委按照“归口包干，行业负责”的政策，通过经销小组、经营小组、合作小组或合作商店及合作社经营、代销代购的改造形式，组织了对私营商业的改造。至此，全市3168户私营商业全部纳入了社会主义的经营轨道，完成了由资本主义私有制向社会主义公有制的过渡。

75 暑期办公：擘画蓝图　推动发展

北戴河海滨久负盛名。自1898年北戴河被清政府辟为避暑地以后，这里的休疗资源得到大面积开发，各式别墅星罗棋布，迅速成为享誉中外的避暑胜地。秦皇岛解放初期，国民党达官显要和外国驻华人员逃走时，丢下了一幢幢空别墅，当即被人民政府接收。据统计各式别墅723处，加上附属的饭店、旅馆、舞厅和影院，建筑面积达18万平方米，是华北地区最大的滨海避暑建筑群。当时，解放战争的战略决战尚未结束，但接管工作已开始紧张有序地进行。1949年11月，组建了中共北戴河海滨区委和海滨区公所，管理避暑区的房舍，使其没有受到破坏。12月，中共秦榆市委、市人民政府成立，海滨区归其所属。

解放之初，北戴河海滨便受到中共中央的重视。1949年4月，解放军军管会接收铁路宾馆、莲蓬医院和交通株式会社社员休养所，一些对革命有过重大贡献的、患有慢性病的领导干部及伤残人士在此得到照顾。随后，中组部招待所负责人又在北戴河组建中组部疗养院。在为领导干部选择疗养胜地的同时，1949年6月，中国铁路总工会北戴河肺结核疗养院成立，成为北戴河第一所工人疗养院。

1950年年初，经时任政务院总理兼外交部部长周恩来亲自审定，又批准在北戴河建立外交人员休养所。当年暑期，成立了“外交部驻北戴河联络组”。休养所接收了位于东经路、东一路、东二路、保二路、保三路和中海滩一带的别墅34幢，开始接待当时与我国建交的苏联、东欧等国的驻华使节。

随着国民经济的恢复，社会趋于安定，到北戴河疗养的人开始增多。1952年，中共中央组织部北戴河疗养院交中央办公厅管理局，改名为中共中央直属机关北戴河疗养院，规定中央干部一年有一个星期左右的北戴河休假期。不过这时抗美援朝战争尚未结束，中央领导人没有多少时间来此避暑。

中共中央确定在北戴河实行避暑和办公制度，启动筹办于抗美援朝战争结束后的1953年夏天。当时，北京天气炎热，又没有空调设备，连风扇都少有。中共中央派一个考察小组考察了大连、青岛等地，从环境、地址、路途等方面考虑，认为北戴河海滨沙子质量很好，海滩平缓，鲨鱼也很少，距离北京又比较近，因此决定将北戴河作为中央领导避暑办公地点，并随之成立筹备组。接着，中直北戴河海滨疗养院内便开始修建房屋、道路和水塔等基础设施，还在河东寨南买地盖了几幢楼房作为中直疗养院的办公和集中疗养地，莲蓬山南麓的别墅群交给中直疗养院作为中央领导的夏天办公用房。翌年，中直疗养院改名为中直干部休养所，党和国家领导人夏天办公的地方称一分院。

为保障党和国家领导人正常办公，中央于1954年成立了北戴河暑期工作委员会，下设暑期工作办公室为中央机关服务。同年11月，国务院正式确定北戴河休养区的使用方针是：为中央暑期办公服务。夏季办公制度确定后，中央办公厅警卫局专门组成了暑期警卫、服务班子，奔赴北戴河工作。在北戴河也有一个暑期工作班子，由国务院机关事务管理局负责。再加上警卫师四团的人员，一同负责党和国家领导人住地、浴场和外出活动的服务和警卫工作。中央警卫团的工作，都与北戴河当地公安警卫部门取得联系。双方共同商定了各项安全措施和相关的制度，对首长住地、启用浴场进行了安全检查，并在海中设置了防鲨网，确保中央领导的安全。在通信方面，邮电部门架设了海滨通往北京的专线直拨电话，使中央办公联络更为便捷。

中央选定北戴河作为暑期办公之地后，秦皇岛市委把确保中央领导人安全作为一项重要任务，精心安排、周密部署，力求做到万无一失。随着筹备工作的开展，市委建立了专门工作机构——北戴河暑期工作委员会，由市长武学文和副市长兼公安局局长姚瑞生常驻北戴河，主持日常工作，负责配合中央有关部门进行暑期办公场所建设等相关服务工作。中共北戴河区委草拟了警卫工作方针：“全面控制，重点警卫和机动巡逻相结合。”经市委呈报公安部获批准。北戴河公安局充实了自身力量，进一步梳理了全区的治安底数，采取了严格而精细的综合治理。对散居在海滨东部单庄一带的数十名白俄罗斯流亡人员，市委通过中央主管部门，经苏联有关方面同意，将他们全部遣送回国。在净化社会环境的同时，在地面控制了制高点，布设了必要的哨所。经中央军委批准，增加了雷达监视，加强了空中防卫和海上巡逻，实施了中央警卫部队的内层保卫和地方外层警卫的有机结合，有效保证了暑期安全。

从1954年至1966年，每逢暑期，党和国家领导人几乎都来秦皇岛办公和休息。党和国家领导人在秦皇岛办公，谋划祖国不断发展前进的宏伟蓝图，运筹经济建设方略，构思向四个现代化进军的重大国策，而且还在百忙之中多次抽出时间深入工厂、农村、机关、社区，对秦皇岛的建设和发展给予亲切关怀和精心指导。党和国家领导人深入基层、体察民情的种种动人情景，深深印刻在秦皇岛人民心中。他们那种注重调查研究、实事求是的精神，关心群众疾苦、甘为人民公仆的优良作风，艰苦朴素、谦虚谨慎的品德，成为激励秦皇岛人民进行社会主义革命、建设、改革和现代化建设的精神动力。

76 调整国民经济：拨清迷雾　回归正轨

进入20世纪60年代，“大跃进”、人民公社化运动的失误及自然灾害的影响，造成了中国经济的严重困难。全党上下决心认真调查研究，纠正错误，调整政策。1960年11月，中共中央发出了《关于人民公社当前政策问题的紧急指示信》；1961年1月，党的八届九中全会决定，对国民经济实行“调整、巩固、充实、提高”的八字方针。这两件事，标志着党的指导方针的重要转变。对此，中共秦皇岛市委多次召开会议，认真贯彻落实中央和省委的相关决策、决定，立足本地实际，采取有效措施，积极调整和发展国民经济，使全市经济社会回归正确发展轨道，并取得了一系列成效。

对农业的初步调整。国民经济的调整，首先从农村开始。1961年4月21日至29日，市委召开“四级干部”会议，学习《中共中央关于农村人民公社工作条例（草案）》（简称“农业六十条”），传达省委执行中共中央人民公社工作条例的补充规定，严肃检讨和批评了“五风”（“共产风”、浮夸风、强迫命令风、生产瞎指挥风和干部特殊化风）等缺点错误，研究制订出本市执行人民公社工作条例和补充规定的实施方案。

5月30日，市委印发《关于各公社、生产队干部执行定工生产定额补贴和年终奖励制度的意见（草案）》，对农村干部每年参加生产劳动的天数等作出明确规定。接着，逐步展开了对农业经济的调整工作。

一是清理“大跃进”时期兴办的社队企业。7月24日，市委批转了城市公社办公室《关于调整精简城市公社工业和公社管理体制等几个问题的意见》。对于亏损严重的企业和靠“共产风”刮来的企业，实行变卖厂房设备、破产退赔的政策。同时，为了限制社队企业的无序发展，抽调更多的人力物力用于农业生产，提出了“停办、下放、转业、代替、收回”等处理办法，精简了大批公社或大队办的企业。

二是改变基本核算单位。原来的公社体制中，生产权在小队，分配权却在大队。为解决这种基本核算单位过大，导致分配中平均主义严重的状况，1962年3月20日，市委印发《关于贯彻执行中央“关于改变人民公社基本核算单位问题指示”的意见》，对公社体制、大队规模、所有权下放、干部补贴、债务、实物按劳分配等问题作了具体部署，并很快缩小了公社和大队规模，实行了“三级所有，队为基础，以生产队为基本核算单位”。三是实施集体生产责任制的管理办法。为改变平均主义，普遍建立了“三包一奖”（包工、包产、包成本、超产奖励）、评工计分等制度，生产秩序步入正轨，调动了农民的积极性。

对工业的初步调整。一是压缩基建规模。从1961年8月起，有计划、有步骤地压缩重工业和基本建设战线，调整了商业体制，加强了直接支援农业、支持轻工业和手工业的生产。通过对经济效益差的企业进行“关、停、并、转”，使企业数量减少了25.5%。保留下来的企业大多属于全市的骨干企业和关系国计民生的企业，基本与当时的农业和燃料、动力的负担能力相适应。

二是积极搞好企业内部的整顿与管理。各工业、交通企业，经过全面贯彻《国营工业企业工作条例（草案）》（简称工业七十条），企业党委加强了集体领导和思想政治工作，执行了党委领导下的厂长负责制，建立了以厂长为首的生产、行政指挥系统，建立健全了生产责任制，加强了各项管理工作，企业的生产秩序走向正常。手工业行业经过贯彻《关于城乡手工业若干政策问题的规定（试行草案）》（简称三十五条），调整了所有制，贯彻了按劳分配政策，手工业产品的数量和品种都有增加，服务态度和服务质量均有所改善。

三是开展增产节约活动。在工业、建筑和交通企业中，广泛开展了以反浪费为中心的增产节约运动。以提高质量、降低成本、扭转亏损、增加盈利为目标，以先进企业为样板，广泛发动群众，比指标，找差距，查原因，定措施，比较彻底地总结了生产上、管理上的浪费现象，然后认真整改。

四是精简职工和压缩城市人口。动员和安置大量职工和城市人口下乡，减少城镇粮食的供应量。从1961年年初到1963年6月，全市共精简职工23656人，减少吃商品粮人口35116人。随着城镇人口的减少，供求矛盾得到相应缓解，这对于改善城乡关系和争取财政经济情况好转，起到了很大作用。

对商业系统和社会事业领域政策的调整。商业工作认真贯彻“发展经济，保障供给”的方针，进一步改进了农产品的收购工作，调整和恢复了商品流通渠道，深入开展了改善经营管理运动，在活跃市场，为工农业生产、为人民生活服务等方面，发挥重要作用。教育工作积极落实“教育为无产阶级政治服务，教育与生产劳动相结合”的方针，发展了中、小学教育。为提高教育质量，整顿了教学秩序，对师生加强了政治思想教育，特别着重进行了阶级斗争的教育和反对现代修正主义的学习。根据中央指示，在广大教师和高中学生中，传达、讨论了《全日制中小学工作条例（草案）》，并进行了落实条例的试点工作。科技工作按照“为生产建设服务，为国防建设服务”的方针，总结、鉴定、推广了一些先进技术经验。有计划地进行了科学研究，在水产养殖、果树培育、改良种子等方面，取得一定成绩。文艺工作以为无产阶级政治服务，为社会主义建设服务，为工农兵服务和“百花齐放、推陈出新”的方针为主导，围绕各个时期的中心任务，积极开展了文化宣传活动。同时加强了文艺战线的思想工作，整顿了专业剧团，不断开展了群众业余文娱活动。卫生工作坚持预防为主的方针，加强了疾病的预防和治疗，开展了群众卫生运动，基本上控制了流行病的蔓延。

开展甄别工作。1962 年 1 月 20 日，市委印发《关于当前甄别工作的意见》，在全市部署开展甄别工作。5 月 24 日，市委印发《关于加速进行甄别工作的意见》，对甄别工作的范围和任务、指导思想、方法步骤、时间要求等都作出具体安排。据资料显示，秦皇岛市应列入甄别范围和需要进行工作的共 4449 人，到 10 月中旬已经甄别生效的有 4421 人，占应甄别数的 99% 以上。经过复查，解决了丢漏问题，本着实事求是的精神，纠正了甄别工作中的一些问题，突出解决了党的团结问题。同时开展了对党外人士的甄别平反工作，进一步团结了社会各界力量，初步恢复了党与各群团、各民主党派及工商联之间同舟共济的政治局面。

经过五年的全面调整和发展，秦皇岛市终于走出了严重困难时期，国民经济各项指标接近或超过了历史最高水平，工农业生产开始走上正轨，以凭票限额供应为特征的市场供应体系逐步放开，多数商品实现了敞开供应，人民生活水平稳步提高。同时，社会事业和党内外关系明显好转，为保证社会主义经济体系的完善和进步奠定了基础。

77

三线建设：筹措搬迁　创建基地

三线建设是中共中央1964年作出的重大决策，出发点是准备应对外来侵略的突发事件。特别是1969年后，随着国内形势趋稳，国际面临非常严峻的备战局面，三线建设在各地大规模、高速度地展开。

秦皇岛地处华北与东北的交通要道，是首都的东大门，地理位置重要，自古以来都是兵家必争之地。在当时强调"备战备荒为人民""好人好马上三线"的背景下，秦皇岛市按照上级的安排部署，开始着手推进三线建设。

根据中央提出的"立足于战争，从准备大打、早打出发，积极备战，把国防建设放在第一位，加快三线建设"的"三五"计划建设方针，秦皇岛市革委会1969年6月出台了《关于我市工业企业战备搬迁的规划意见》（简称《意见》）。《意见》指出，根据现有物资、设备、生产条件和初步在抚宁地区选定的一些地点，拟将一些重点生产企业首批搬到山区。

这些企业主要包括工业技术玻璃厂、玻璃纤维厂、拖拉机配件厂、机械制修厂等。《意见》第二部分是关于第二批企业搬迁和战勤物资储备的初步意见。搬迁地点本着"分散、靠山、隐蔽"的原则，逐步进行选定。为解决本市电力不足问题，拟在北山新建5万千瓦的电厂一座，燃料取之于柳江煤矿，水源没有问题，地理条件较好，适于战备需要。粮油储藏为利于战时需要，拟以公社为单位分散保管。机电、化工、金属等物资和棉纱、棉布、日用百货、医药等储藏，均列入第二批计划之列，逐步搬迁和建设。

此后，为认真执行毛主席关于"提高警惕，保卫祖国"的教导，秦皇岛市革委会负责同志多次深入抚宁县的石门寨、驻操营、大新寨等山区调研、考察秦皇岛市的三线基地。经过市革委会常委会讨论，分析比较，初步确定抚宁县石门寨的车厂沟和驻操营的平顶峪沟作为秦皇岛市三线建设的基地。三线的选址与设计要符合"靠山、隐蔽、分散"的战备要求。建厂选点的首要条件是靠山、近水且适合生产、生活，要求建厂点远离城市50公里以上，而且要选高山，当时认为大山下面才能隐蔽。

秦皇岛市选择这两条沟作为三线基地，是根据三线建设的选址要求作出的。这两条沟均处深山密林，山环弯曲，山峰矗立，极为隐蔽，有利于防空；水资源比较丰富，能够满足生产、生活用水之需要；输电比较方便，距变电站较近；交通运输条件较好，距秦青公路和窄轨铁路较近；群众基础良好，这两条沟的一些村庄多数为抗日战争时期的老根据地；有利于平战结合，平时为社会主义建设服务，战时为人民战争服务。

遵照毛泽东“备战、备荒、为人民”的教导，为迅速建成秦皇岛市三线基地，必须进一步完善企业搬迁计划，对需搬迁的单位统筹兼顾、全面安排，分期分批地逐步实现；要坚决执行“抓革命，促生产，促工作，促战备”的方针，做到搬迁、生产两不误；要贯彻土洋结合、以小为主的原则，做到投资少，见效快；搬迁单位的顺序是军工生产单位、机械制造工业、有关国计民生的轻工业和指挥机关。按照上述原则，结合秦皇岛市具体情况，第一批共搬出 18 家单位，2200 名职工。

1970 年，市革委会制定《秦皇岛市第四个五年国民经济计划的初步设想（草案)》，在强调重点目标时指出，从战备出发，加强矿区建设，建立巩固的后方基地。抚宁县的海阳、石门寨、驻操营都是山区，矿藏资源丰富，符合靠山、隐蔽、分散的方针，是本市第四个五年计划发展的重点。

到 1970 年年底，三线建设有了一定进展。本着先国防、军工生产、机械工业，后民用、轻工业的原则，搬出机修厂、汽车修配厂、耐火厂机修车间、拖拉机配件厂 4 个单位，设备 102 台，职工 620 人。架桥和修通公路 30 多里，架通输电线路 35 里。利用和维修旧房 5000 多平方米，新建各种房屋 9000 多平方米。在无设计图纸、缺乏材料设备、没有电源的情况下，仅用了 80 天就建成了 4100 多平方米的厂房。

三线建设从勘察定点、启动建设，到 1972 年已建起厂房 4 处，建筑面积达 13500 多平方米，维修了原有的旧房屋 800 多平方米，修筑公路 30 多里，大小桥涵 42 座，架设高压线 32 里，电话线路 102 里。建成了后方指挥所、档案馆、银行金库、木材收购站和为后方基地职工服务的电话总机室、商业服务点等。在抚宁县石门寨建立了一个数十名医务人员组成、设备齐全配套的战备医院。战备医院仅在 1970 年就已开放床位 30 余张。后方战备医院与巡回医院共培养赤脚医生 293 名，同时办起多个土药库，初步改变了当地农村缺医少药的状况。

秦皇岛三线建设，是冀东地区三线建设的重点，是全国三线建设的节点。参加三线建设的广大工人、干部、科技人员、解放军指战员，发扬“一不怕苦、二不怕死”的创业精神，在异常艰苦的环境下，排除动乱干扰，战胜了各种难以想象的困难，在短时间内建成了一批战备企业，形成了三线建设的基地。秦皇岛市三线建设的开展，改善了周边农村地区的基础设施条件，改变了山区工业布局，为以后乡镇企业的发展奠定了初步基础。

78

抗震救灾：自救他救　众志成城

1976年7月28日凌晨3时42分，河北省唐山市发生了里氏7.8级强烈地震，震中位于唐山市中心南部，烈度为11度，唐山市遭到毁灭性打击。唐山大地震以及其后的强烈余震，严重波及滦河以东的秦皇岛和唐山周边的昌黎县、卢龙县、抚宁县、青龙县，上述地区人民群众的生命财产以及机关、企事业单位财产、物资、设备遭受重大损失，严重影响了正常的生产、生活秩序。

唐山大地震发生后，由时任秦皇岛市委书记李毅主持，在第一时间成立了秦皇岛市抗震救灾指挥部，全面负责本市范围内的抗震救灾有关工作事宜。首次强震发生的当天早晨4时20分，通过有线广播向全市人民发出了第一个防震抗震的紧急通知。凌晨5时，召开了县级以上单位领导干部紧急会议，研究分析震情，安排防震抗震工作。为了及时、全面、准确掌握全市受灾情况，市抗震救灾指挥部迅速通过各级、各系统、各单位在全市开展了全面、细致的灾情普查。各级、各系统、各厂矿、各单位按照市抗震救灾指挥部的统一部署，即刻建立灾情普查队伍，形成全覆盖、无缝隙、无死角的普查网络。

据8月20日统计：市区造成人员伤亡共897人，其中死亡46人，重伤80人。昌黎县死亡869人，重伤3137人，轻伤21865人；卢龙县死亡251人，重伤555人；抚宁县死亡132人，重伤1100人；青龙县重伤7人，轻伤168人。

当时市区共有建筑482.6万平方米，地震中遭到破坏的有305.85万平方米，占总面积的63.4%。从破坏程度看，倒塌和严重破坏的92.12万平方米，一般破坏（需要维修加固）的213.72万平方米，损失高达1亿多元。

秦皇岛市142个区属以上的工业企业，都遭受了不同程度的破坏。各种产品及主要原料遭受破坏的达74种，价值26万元。生产设备损坏达52台（件），价值36.8万元。此外，在机械设备、物资产品等方面的主要损失还有：输油管理处八号油罐失火，损失原油7000吨；山海关有3台机车在重灾区损坏；14座工厂烟囱倒塌或损坏；秦皇岛玻璃厂等单位机械设备毁坏17台（件），损失产品6025标箱。同时，基础设施在地震中也遭受严重破坏。秦唐公路多处路段损毁严重，不能正常通行，还有大量的机井、水井、扬水站（点）、塘坝、引水管道以及相关配套设施遭到破坏。

当时秦皇岛市周边四县出现不同的灾情。时属唐山地区的昌黎、抚宁、卢龙三个县，由于距离唐山较近，地震造成的损失十分惨重。昌黎县倒塌房屋35.3万间，倒塌粮库、畜棚、猪圈约14.5万座，死亡牲畜、猪羊约1.8万头（匹），损失粮食650万公斤。卢龙县倒塌和严重破坏房屋30.8万间，死亡牲畜、猪羊1.2万头（匹）。抚宁县倒塌房屋27万间，倒毁畜棚、猪圈约10万间，死亡牲畜、猪羊7120头（匹）。当时隶属承德地区的青龙县，由于采取了预防措施，灾情相对较轻，但也倒塌房屋2773间，18万处山墙震塌，大量牲畜、猪羊在地震中死亡。

面对灾难，众志成城。地震发生后不到一小时脱险的人越来越多，群众自发性互救活动逐步向有组织的救援发展。顺利脱险的群众，互相打探着汇合在一起，自发形成了震后第一批救援队伍，他们从抢救亲人、邻居、朋友、同事开始，很快形成了自救互救的自觉行动。楼宇街道、村庄、厂矿，凡是有人出来的地方，就有救人的队伍，哪里有呼救声、呻吟声，他们就赶到哪里，用双手去扒、去抠、去挖，用双肩去扛、去抬、去顶，奋力抢救埋在废墟里的群众。

抗震救灾的首位工作就是抢救生命、治疗伤员。秦皇岛的医护人员全心全意救死扶伤抢救伤员，他们自觉打破了科室界限和医护界限，齐心协力，团结战斗，公而忘私，临危不惧。港口医院一些危重伤员在室内治疗处理时，第二次强震突然袭来，当时正在聚精会神抢救伤员的医护人员，用自己的身躯护卫着伤员，迅速组织人员转移，他们刚把伤员转移出去，病房的天花板就掉了下来。一些医院的辅助科室，如放射科和供应室的大型设备不便转出，医务人员为了不影响抢救伤员，把自己的生死置之度外，始终冒着余震在室内坚持工作。

在抗震救灾中，不仅医护工作者冲在前面，交通部门的工作人员也一直在超负荷工作，就是为了在第一时间救出被困压群众，为了使更多的伤员得到及时救治，为了使救灾物资快速送到百姓手中。据交通运输部门统计，从7月28日到8月8日，共出车439车次，其中运送抢险队150车次，运送物资139车次，运送伤病员75车次，运送返乡人员75车次。

解决受灾群众无房可住问题，是抗震救灾工作的重点工作之一。8月16日，市委成立建房领导小组，由市抗震救灾指挥部负责同志担任组长，有关部门组成办事机构，负责灾后建房的各项工作。农村住房本着先易后难、先修后建的原则，一方面突击抢修一般损坏的房屋，一方面发动群众发扬互助精神把多余的房屋调剂给无房户暂住。经过维修、调剂仍然安排不了的，根据需要修建永久性的“五防”过冬房屋。

79

市管县体制确立：城乡一体　共同繁荣

1978年12月，党的十一届三中全会召开后，秦皇岛的行政区域划分，开始出现了新的变化。秦皇岛新的行政区划，除原有的海港区、北戴河区、山海关区外，原承德地区的青龙县和原唐山地区的昌黎县、抚宁县、卢龙县划归秦皇岛市管辖。

十一届三中全会召开后，城市的工作重点，开始转移向以经济建设为中心，中心城市对县域经济的拉动作用逐渐显现，值此新的形势和任务下，1983年3月，秦皇岛恢复为河北省直辖市，也开始实行市管县体制。

市管县体制的确立和实施，在秦皇岛发展历史上是一个重大的转折。面对长期形成的城乡分割、条块分割旧体制的束缚，市委、市政府采取积极措施，注重树立城乡一体、共同发展的商品经济观念和“大秦皇岛”观念，也使秦皇岛这个区域中心城市充分发挥出辐射作用，有效促进了城乡经济的共同发展。

1986年，秦皇岛市确立了“以城市为中心，城镇为纽带，广大乡村为基础，城乡经济一体化”的指导方针，同年9月制定了体现城乡兼顾的《秦皇岛市经济技术社会发展战略》，各县制定了各自的战略目标。按照市县一体的战略谋划和发展商品的客观要求，全市适时调整了区乡机构，撤销了平原地区的工委，合并了43个乡，适当扩大了乡镇规模，充实了乡镇干部力量，加强了基层政权建设。

当时市里的财政并不宽裕，很难拿出更多的财力、物力支持各县，为此秦皇岛市把工作的重点，首先放在利用本市三大优势，带动各县的经济发展上。

借助港口优势，带动农村建材、建筑、运输、仓储业和外贸出口业的发展。秦皇岛港基建任务重，市、县有关部门积极组织农村劳动力、车辆和建筑材料参加港口建设，既保证了港口建设进展顺利，又促进了各县建材、建筑、运输业的发展。

这一政策使当时卢龙和抚宁的很多生产队都投入到了港口建设中，不少人赶着马车去给港口拉石头，工资不给个人，都是给各生产队结算，统一纳入集体收入。

秦皇岛有山、海、长城等旅游资源，因此开发旅游资源，大力发展第三产业成为市管县体制下打出的另一重拳。按照“东引西延、静化西山”的旅游发展思路，秦皇岛市先后开发了抚宁县南戴河、天马湖、背牛顶，昌黎县黄金海岸、碣石山、青龙老岭等旅游景点，在全市形成了以山、海、关、湖、泉、洞配套的旅游网络。旅游业的开发，使抚宁、昌黎两县的知名度进一步提高，对外联系渠道更加扩大，这一举措推出后，吸引大量的游客进入，成为这两个县重要的收入来源。

耀华玻璃厂是中国第一家玻璃生产厂家，因此发挥玻璃产业优势，发展玻璃深加工，成为市管县体制的另一优势。为支持各县发展玻璃加工，市各玻璃企业先后为各县供应优质平板玻璃 7 万多箱，无碱玻璃球 400 吨，玻璃纱 70 吨，同时提供技术服务和设备支援。

在利用三大优势之余，全市还紧紧抓住城乡一体化这个关键点，从多方面入手疏通城乡之间经济技术的协作和联合。工业产品下乡，农副产品进城；城市的科技工作者下乡推广新型技术，农民开始进城打工；城市工业企业开始与乡镇工业联合协作，乡镇企业开始发展壮大……这一系列举措促进了市管县改革的实施，带动了各县经济发展。

市管县体制确立后，秦皇岛市利用自己的经济优势，通过组织厂县共兴、厂乡共兴，城市工业与乡镇工业建立比较稳定的联合协作关系并加强协作，使城市的港口、玻璃、旅游三大优势得到进一步发挥，同时带动了各县建筑、建材、运输、仓储、第三产业和乡镇企业的迅速发展。

以抚宁和青龙为例，1983 年，抚宁和青龙的 GDP 分别为 1.6172 亿元、1.0398 亿元。2020 年，抚宁和青龙分别实现地区生产总值 126 亿元、137 亿元，均取得了可喜的收获。

在拉动县域经济增长的同时，秦皇岛市的经济总量也迈上新台阶。1984 年，秦皇岛市的经济总量为 16.29 亿元。2020 年，秦皇岛的地区生产总值达到 1685.8 亿元。

而在青龙和抚宁的发展历程中，近年来更有两件令人难忘的喜事。

2018 年 9 月，省政府公告青龙退出贫困县序列。在“十三五”期间，国家级贫困县青龙满族自治县始终把脱贫攻坚作为首要政治任务，实现 142 个贫困村、6.7 万贫困人口全部脱贫出列，彻底结束了绝对贫困的历史；2015 年，秦皇岛行政区域又有重大的改变，国务院批复秦皇岛市部分行政区划调整，同意撤销抚宁县，设立抚宁区；原抚宁县所辖石门寨镇、驻操营镇、杜庄镇划归海港区，牛头崖镇划归北戴河区。

区划调整后，抚宁由原来的农业大县蜕变为秦皇岛的新城区，让秦皇岛市的城乡一体化发展再次提速，更进一步形成了城乡一体、共同繁荣的新格局。

市管县体制的实施，打破了长期以来形成的城乡分割的旧格局，促进了城乡经济发展，为今日秦皇岛的发展与腾飞创造了有利的条件。

80

山海关桥梁厂：中国品牌　业界翘楚

中铁山桥有限公司1894年建厂，是目前秦皇岛地区历史最悠久的老厂，也是当地红色革命历史最悠久的一座老厂。

山海关桥梁厂

1921年7月，中国共产党宣告成立。当年10月，经过组织上的严格挑选，中共党员杨宝昆来到山海关铁工厂（今中铁山桥集团），以铁匠身份为掩护，从事工人运动的组织、宣传、发动工作。

杨宝昆是中国共产党诞生后，第一个来到秦皇岛地区开展工作的中共党员，他在山海关铁工厂办起了工人夜校，筹建了秦皇岛地区第一个工会组织“山海关京奉铁路工友俱乐部”。工友俱乐部的成立，不仅使京奉铁路工人有了自己的群众组织，也为我党领导和开展工人运动创造了条件。

其后，作为中国共产党的创始人之一，1922年8月，王尽美来到山海关，与山海关京奉铁路工友俱乐部的领导人杨宝昆接上了头，帮助山桥创建了秦皇岛地区第一个党组织，给企业注入了红色的基因。于是有人说，山桥是由桥而生，因红而兴。桥是山桥的根，红是山桥的魂。

1922年9月，王尽美领导山海关铁工厂工人开展反对封建把头的斗争，10月，王尽美组织山海关铁工厂数千名工人，举行了震惊中外的京奉铁路工人大罢工，在中国铁路工人运动史上写下了光辉的一页，也为中铁山桥这家百年企业植入了一心向党的红色基因。

山桥人一直没有忘记王尽美，“尽美精神”也始终都凝聚在山桥人的心中。为了永远地铭记王尽美，坚持和弘扬革命精神，在20世纪80年代初，山桥的青年团员利用业余时间，在厂区内建造了种有多种花木的3500平方米的青年园，将王尽美汉白玉雕像安置其中。2012年山桥建厂118周年的时候，又重修青年园，重葺了王尽美的汉白玉雕像，并举行了隆重的奠基仪式。

红色的山桥魂延续至今日，也缔造了自强不息、百折不挠的“红桥”精神，新中国成立以后，创造了无数个“中国第一”和“世界之最”。

1955年，我国开始修建“万里长江第一桥”——武汉长江大桥，在那个技术落后、资料匮乏的年代，山桥义不容辞地挑起这份重担。全厂职工将全部的智慧和汗水都倾注在了大桥的建设上，饭在工厂吃，觉在工厂睡。为了造桥，山桥第一批全国劳模、造桥工人赵连仲把家里长了几十年的老榆树锯断，做成木槌当工具。

靠着这些简陋的工装设备，山桥制造出了被外国专家认为是“世界上质量最好，最牢固的桥梁”。

1961年，南京长江大桥修造在山桥开工，在苏联专家撤走的困境下，“建争气桥”成了山桥人的口号，打破了外国专家“中国人自己不能在长江造桥”的断言，山桥再次出色地完成了这个重任。

在山桥历史上，有五座里程碑——武汉长江大桥、南京长江大桥、九江长江大桥、芜湖长江大桥、武汉天兴洲长江大桥。这五座长江大桥的修造，从新中国成立初期一直延续到改革开放，见证了山桥实现中国桥梁之梦的艰难历程，也在中国的交通史上留下浓墨重彩的一笔。

逢山开路，遇水架桥，山桥至今已累计制造各种类型桥梁3100余座，先后制造了33座跨长江大桥、19座跨黄河大桥和12座跨海大桥，创下了众多的“中国第一”和“世界第一”，获得多项国优金奖和詹天佑大奖：江苏润扬长江大桥获得行业历史上质量评定最高分，香港昂船洲大桥被业界赞誉为业界翘楚……

2013年，习总书记在视察创造了四个“世界第一”的湖南矮寨大桥时称赞：“月亮不仅仅是外国的圆，这就是中国的圆月亮！”

今天，中国的桥梁工业已经发生了根本性的变化，以山桥为代表的中国桥梁不仅伫立于世界的东方，还已经作为国家名片，走向世界，为民族工业赢得新的赞誉。

如今，在这无数个第一中，又增添了一个让人难忘的“鸿篇巨制”——港珠澳大桥。

2012年，世界级跨海大桥港珠澳大桥动工，中铁山桥中标了大桥钢结构项目的最大标段，这座世界最长的跨海大桥被称为“世界第八大奇迹”，是中国走向造桥强国的标志。

港珠澳大桥的完成实现了从“中国制造”到“中国创造”的转变。

2012年年底，山桥人通过艰苦的谈判，在纽约签订了美国纽约韦拉扎诺海峡大桥悬索跨的上层路面更换工程。山桥人用四年的时间，通过了业主的验收，保质保量地完成了五个批次的产品制造，得到了美国业主的充分肯定，美国《华尔街日报》也对此事进行了报道。

2014年，伴随着“一带一路”倡议的推进，山桥又中标了孟加拉帕德玛大桥钢桁梁生产制造项目。帕德玛大桥是“一带一路”的重要交通支点工程，也是百年山桥冲出国门、迈向世界后，单笔中标最大的海外项目，全桥达13万吨，帕德玛桥被当地居民亲切地称为“梦想之桥”。在这座“梦想之桥”的制造中，中铁山桥的焊接机器人再次大显身手。

港珠澳大桥、韦拉扎诺海峡大桥、帕德玛大桥，三座大桥里抒写了山桥走向世界、打造中国品牌的历程，也让中国桥的梦想走向了世界。

历经两个甲子、跨越三个世纪，从中国第一座钢桥——滦河大桥到万里长江第一桥——武汉长江大桥；从自力更生第一桥——南京长江大桥到世界首座六线铁路大桥——大胜关长江大桥；从世界第一高桥——北盘江大桥到世界最长公铁两用跨海大桥——平潭海峡大桥；从首次采用国际标准制造钢箱梁的超公里斜拉桥——香港昂船洲大桥到首次采用反变形船位机器人自动焊接技术的港珠澳大桥，再到以“三项第一”领跑桥梁制造界的孟加拉帕德玛大桥，山桥人打造着中国人的“桥梁梦”。

从中国第一组普通铁路道岔，到第一条重载铁路道岔；从中国铁路六次大提速，到时速350公里18号、42号、62号高速铁路道岔均由山桥率先研制，打造“中国桥梁梦”的山桥，也在打造着中国的“铁路梦”，也在不断打造着中国钢桥和中国高铁两张国家名片。

“以振兴民族工业为己任，以打造工业制造品牌为动力”，根植于百年红色基因的中铁山桥，正在以“红桥”精神，用强国愿、工匠心，书写着百年梦想，并在时代的大潮中继续乘风破浪。

81 耀华玻璃厂：行业巨擘　玻璃象征

这是一个不平凡的年代，尽管任何一段历史都有其不可替代的独特性，但1978年至1988年的中国经济尤为突出。

“文革”时期，耀华厂党的组织和行政指挥系统瘫痪，职代会制度中断，各项工艺制度废弃。1978年改革开放以后，邓小平主持召开全国科学大会，提出“科学技术是生产力”“知识分子是工人阶级的一部分”，举国为之一振，所有人仿佛都听到了时代巨轮转变航向的轰鸣。

随后，各省、市也相继召开了科技工作会议。根据会议要求，耀华厂编制了一份1978至1985年科学技术发展规划，其中包括了四十项科学技术研究项目。同年，国家建材工业局印发了《平板玻璃工艺管理规程》。依据《规程》，耀华厂从各个生产环节拟定工艺指标，并建立了从厂部车间到班组的检查制度。对技术研发的重视，使耀华得到长久的收效。1978年至1988年间，耀华研制的56式玻璃钢枪托、79式冲锋枪、运-8飞机热弯钢化玻璃等20多款新产品获省与国家级奖项。

龙门陡开，天高海阔。数万人的工厂里怎么可能没有有志之士。一时间技术人才、劳动模范大量涌现。由于玻璃切割面锐利，被划伤的伤口外掀，不易愈合，切片车间曾

20世纪80年代耀华厂全景

被戏称“刀锋车间”，一名叫孙守明的切片车间工人，改进操作方法，改叠片切裁为单片切裁，并在全车间推广，明显地减少了玻璃的划伤，提高了切裁质量。工程师谭祖舜，研制铣洗机、钉装机等机械，有效地减轻了工人劳动强度，提高了工作效率。玻璃熔窑热修被公认是一件艰苦而又重要的工作，维修周期、效果直接关系到玻璃产量与质量。工人穿戴厚重并高频率轮班以避免在高温熔窑中烫伤。曾任一熔车间班长的张立成，积极研究改进熔窑热修方法和熔窑保温措施，延长了熔窑使用周期，降低了能源的消耗。

1978 年 10 月，耀华厂贯彻中共中央下发的《关于加快工业发展若干问题的决议》（工业三十三条），制定了《党委领导下的厂长分工负责制》，随即取消了“革命委员会”制，由上级任命了厂长、副厂长等行政责任人，实行党委领导下的厂长分工负责制。按制度规定，企业长远规划，年度生产技术财务计划和基建计划，生产、科研、集体福利措施等方案，重大事故处理等问题，均提请党委讨论决定，由厂长、副厂长按各自分工责任组织实施。

同年 7 月，耀华厂恢复奖励制度。耀华的奖金制度也在 1979 年恢复并加强，鼓励多超，实行重罚。推行全面质量管理，将岗位标准也纳入到考核中去，不仅考核生产指标、经济指标，而且考核工作质量。工作责任明确，厂工双方权益得到保障，这一奖、一罚，似乎平常无奇，却不难看出内在的某种抉择：摆脱意识形态的纠缠，以经济发展为主轴。

文章妙笔，会议国策。1979 年 7 月，一篇名为《抓老厂改造 促优质高产》，署名为河北省秦皇岛耀华玻璃厂的文章受到国务院重视，被列为全国工业交通增产节约工作会议典型材料。文章提及“科研走在前”“岗位责任制”“明确工作质量、标准”“质量检查制度”“制定奖惩措施”等内容。一个国有行业巨擘在改革开放初期，乍暖还寒的时候，提出这样的看法是个创意之举。老厂长佟瑞林回忆：“这在当时还是冒着很大风险的，改革刚刚开始，观察风向，待时而动，当然是更‘安全’的举动，但就耀华这样一个全国行业标杆来说，必须承担‘破冰’的风险与责任。”

画龙不点睛，一点走雷霆。1979 年 7 月的全国工业交通增产节约工作会主题是“扩大企业自主权”。它或许未必是三十年企业变革中最关键的时刻，但在传统计划经济体制上打开了一个极为重要的缺口，后被誉为“一块石子入池塘”。同年，耀华被列入扩大企业自主权的试点单位。实行利润留成制，规定利润的 89.82% 上缴国家，10.18% 留给企业。厂部执行经济责任制，按年、季、月把国家的利润指标逐级分解到车间、班组、机台和个人。

江河始解，冰雪方融，在国内成功地掀起了“真理标准大讨论”的思想热潮后，1978 年 10 月 22 日，邓小平出访日本。此次访问中，走访日本公司是他出行的重要事项之一。《中日和平友好条约》的签订和生效，使两国的友好合作可以更加广阔地在多方面进行下去。

各个行业掀起与国外“技术合作”的高潮。1979 年 1 月，日本株式会社一行 7 人受建筑材料工业部邀请，到耀华厂商谈有关引进“旭法”技术事宜。同年 12 月 8 日，正式签订了引进“旭法”技术合同。第二年，旭法生产线投产，产品质量明显提升，当年生产的特选品 29.2 万标准箱，相当于新中国成立以来所产特选品的 23.8 倍。同年，产品质量在全国同行业评比中蝉联第一名。与引进“旭法”工艺的成功案例类似，这种学习先进国家、引进技术的做法得到政府、企业、公众的广泛肯定，并迅速推广开来。

领导责任制度与经济责任制度的恢复与奖励制度的重建，极大激发了企业与工人的积极性。到 1988 年，职工平均收入 2138 元，比 1980 年提高两倍多。

过往已为陈迹，铭记是为了创造。正是在耀华人与耀华精神的指引下，耀华这两个字，成了中国玻璃的象征。

82

秦皇岛港口：港口巨变　三年为期

秦皇岛沿海地区古称碣石，因依山傍海、地处要冲，自古就有港口建于此，名为碣石港，并以“四海咸通”“扬帆直指”成为中国古代渤海沿岸主要口岸。早在公元前200多年，秦皇岛沿海一带航海业就初现繁荣。这里被称为“天开良港”，优越的自然条件是秦皇岛港应运而生的先决条件。

从1898年开港到1948年秦皇岛解放，半个世纪以来，港口长期受外国势力控制，发展缓慢，只有大、小两个码头共7个泊位，没有任何壁岸设备，装船卸货依赖传统落后的装卸方式——肩扛、人抬，港口年吞吐量最高为459.4万吨。

1948年，秦皇岛解放后，春回大地，万象更新，秦港工人阶级在开滦工委“发展生产，繁荣经济”的号召下，走上了自力更生、奋发图强之路。

在1956至1959年社会主义建设高潮中，港口在恢复、建设和改造的基础上，首创“一条龙”大协作生产模式，尝试并摸索出矿、路、港、航一条龙运输大协作的物流新经验，有效提高了煤炭运输效率，并面向全国路港推广。

1956至1965年10年间，秦皇岛港提出技改兴港的口号，革新煤炭装卸工艺，从人力到皮带机，从半机械化到机械化，秦皇岛港对乙码头7号泊位前后进行3次技术改造，实现六机联合作业。1965年，7号泊位螺旋卸车机和平舱机试验成功，标志秦皇岛港自行设计、制造和安装的第一座机械化煤炭泊位诞生，彻底结束了长达60多年的煤炭装卸靠人力的历史，在港口发展史上具有极其重要的意义。

1983年秦皇岛港全景

1973年2月，在中共中

央政治局会议听取国民经济汇报时，周恩来总理指出：交通是先行，是基础工业，必须采取非常措施，很快把它搞上去，并提出“三年改变港口面貌”要求。为加强对港口建设工作的领导，国家成立了以粟裕为组长、以谷牧为副组长的国务院港口建设领导小组，领导小组成员有国家计委、国家建委、交通部、外贸部、海军等部门的领导同志。

河北省委、唐山地委、秦皇岛市委和计划、交通、建设、规划等相关部门认真贯彻落实周总理对于港口建设的重要指示精神，为了落实总理提出的“三年改变港口面貌”重要指示，在国务院港口建设领导小组的直接领导下，1973 年 4 月成立了河北港口建设领导小组及河北省港口建设指挥部，迅速掀起港口建设的新高潮。

当时中国的各大港口，由于港口能力和任务很不适应，经常出现压船、压货、压车情况，也被称为“三压”问题。1972 年在我国沿海上海、大连、天津、青岛、黄埔、秦皇岛、湛江等七个主要港口中，秦皇岛港基础建设相对落后，装卸能力相对较弱，当时泊位数不及上海的十分之一，码头岸线不及大连的七分之一，岸壁设备数不及天津港的四分之一，吞吐量仅有青岛港的 70%。当时“三压”问题比较突出，而其中深水泊位太少是一个重要因素。

为了改进港口工作，秦皇岛市委抽调 13 名干部组成工作组，在国务院口岸检查组和河北省、唐山地委工作组的具体帮助下工作，工作组从 1973 年 3 月初开始，先后召开三次港口各部门负责人会议，原原本本传达了国务院“三年改变港口面貌”的要求，深入 23 个单位了解情况，还分别召开了若干专题座谈会，对几个主要问题反复研究讨论，并同国务院、省、地工作组交换了意见，在此基础上形成了中共秦皇岛市委《关于贯彻国务院十九号文件的情况和改进港口工作意见的报告》。

“三年改变港口面貌”的指示成为港口建设的巨大推动力。国务院港口领导小组把秦皇岛港建设列入首批国家重点发展建设项目，河北省对新成立的秦皇岛港口建设指挥部在技术和物资供应上予以保证，并根据秦皇岛港建设发展的总体规划，提出了三项基本措施：一是排除“文革”干扰，千方百计扭转港口“三压”局面，使港口、铁路货畅其流；二是抓基建项目的落实，确保原油码头一期工程大庆输油管道在 1973 年国庆前同步建设投产；三是筹划 1974 至 1975 年划建设方面的具体项目，为港口大规划、大建设、大发展打好基础。

秦皇岛港口建设指挥部着重研究了港口建设的方针政策，提出在研究港口建设布局时，不仅要考虑沿海，而且要考虑内河。从适应国民经济发展和战备需要出发，根据港口的地理位置、自然条件、经济腹地和货物流向诸多因素，煤炭按照大中小结合、军用民用结合、平时和战时结合、近期和远期结合的原则，来确定港口的吞吐任务和码头生产种类、近期建设规模和远期发展方向。

按照统筹安排、合理布局、远近结合、分期建设的原则，搞好统一规划，合理分配和使用岸线，坚持深水深用，浅水浅用，新建的码头，主要搞深水泊位，杂货泊位多数搞万吨级的，大宗稳定的散货应搞高效率的专业化码头，并下决心解决航道淤浅问题，实行疏浚和整治相结合。同时，还要提高装卸机械化水平，实现港口装卸机械化，对大宗稳定的散货，如煤炭、矿砂、粮食、化肥等要尽量采用高效率的专用流水线。

经过三年艰苦努力，秦皇岛港发生了巨大变化。三年内共完成投资15980.87万元，新建泊位4个，码头岸线由1297米延伸到2593米，完成的主要项目有：新开拓东港区原油一期码头工程，两个2万吨泊位，年通过能力1000万吨；新建甲码头两个3.5万吨级杂货专用位，年设计能力100万吨；9号泊位技术改造新增能力250万吨；东港区的燃料油码头新增四条装卸作业线以及一部分装载机，等等，总共新增港口吞吐能力1415万吨。

1975年港口吞吐量达到1557万吨，改变了秦皇岛港的落后状况，基本上消除了港口的“三压”现象，并且为“五五”发展建设计划奠定了坚实的基础。

1973年至1975年成为秦皇岛港有史以来最不平凡的三年，也是摘掉港口落后帽子的三年。在这三年中，秦皇岛港新开拓了东港区，建成了我国第一座原油管道运输码头，使港口吞吐量由1972年的512万吨提高到1975年的1557万吨，并且从全国沿海港口的第六位跃居到第三位。1978年港口吞吐量突破两千万吨，从小港步入中型港口行列。

此后，1983至1992年的10年间，港口吞吐量以年均500万吨的速度递增，1992年港口吞吐量完成8000万吨，到20世纪末，品类扩展到煤炭、石油、杂货、集装箱四大门类16个品种，吞吐量达到8261万吨，是1948年的20倍，跃居全国沿海港口第二位。

改革开放以来，秦皇岛港从中型港口、“北煤南运”的重要港口发展为“国家能源主枢纽港”“最大的世界能源输出港”，被国家领导人誉为“国民经济的晴雨表”，为国家发展作出了重要贡献。

如今，在河北港口集团有限公司的管理下，秦皇岛港已经有了飞跃式的变化，现有生产性泊位71个，设计年吞吐能力3.9亿吨，主要布局在秦皇岛港、唐山曹妃甸港区、沧州黄骅港，2020年完成港口吞吐量3.76亿吨，成为当今世界领先的干散货大港、中国“北煤南运”主枢纽港，同时也是历史悠久的综合贸易港，与100多个国家和地区建立通航往来。而这一切的成就，与当年切实践行周总理“三年改变港口面貌”的努力与拼搏奋斗是分不开的，也是一代秦港人在红旗之下的精神传承。

83
一渠百库：银河下凡　群星落地

在秦皇岛的水利建设史上，有过这样一个辉煌而感人的事迹——“一渠百库”工程。这是勤劳勇敢的秦皇岛人，在党的领导下，在新中国的征程里，以大无畏的勇气和奉献精神留下的一笔红色财富。

这是由一条引青干渠和上百座水库、塘坝组成的血脉之渠、生命之水，在卢龙960平方公里的大地上，形成了纵贯县域南北的、令人叹为观止的人造水系，它历经50多年修建完善，由全县42万人民血汗和智慧凝结而成，也造就了秦皇岛市水利建设史上的奇迹，这个卢龙县最大的水利工程，不但完善了全县灌溉体系，提高了抵御旱涝灾害能力，还大大改善了群众生产生活条件，对于卢龙经济的发展和腾飞功不可没。

卢龙县为殷商时期孤竹国都，也曾以永平府的称号，成为古代著名军事重镇，历史典故“夷齐让位”“不食周粟”“老马识途”都发生在这里，2009年卢龙荣获“中国孤竹文化之乡”的称号。

“一渠百库”工程现场

卢龙境内现有大小河流71条，年平均降雨量706.3毫米。但在50年前，卢龙却是一片干旱之地，因为地处浅山丘岭区，低山重叠、丘陵起伏、沟川纵横的独特地貌使地表水流出境困难，再加之大量蒸发和渗透，造成水资源匮乏。十年九旱，史称“孤竹旱海”，也造成农业生产条件差，粮食产量低，农民生活贫困，干旱缺水严重制约着卢龙经济和社会的发展。

解放初期，卢龙县群众吃水困难，全县没有水浇地，粮食亩产仅为36公斤，548个村竟有286个村严重缺水。卢龙人还过着祖祖辈辈为水煎熬，与水抗争的日子，直到新中国成立后，降服“旱魔”的愿望第一次成为可能，1958年起，卢龙人民在党和政府的领导下，开始举全县之力掀起水利建设高潮，他们利用地势，修水库、建塘坝，库内蓄水，库下造田，既抗旱浇地，又拦洪防涝，控制水土流失。

1969年，时任卢龙县革命委员会主任的孟英带领党政领导和水利科技人员一起，发动全县人民掀起以小型水库建设为重点的水利建设高潮。按“以小型为主，以土为主，以群众为主”，“截、引、蓄、提”并举的方针，大打了一场兴修水利的人民战争。在他们的努力下，10年间，全县兴建水库121座，配套渠道164.3公里，使全县水浇地面积达到8.2万亩，解决了山区饮水难的问题。

1976年前后，卢龙引水工程掀起高潮，引青干渠以青龙河为水源，修建了主干渠一条，全长52.3公里，并有重力坝、引水闸、排沙闸、穿山隧洞、渡槽等设施，建成国家级大型灌区。在那个艰苦的年代，也创造了水利建设史上的奇迹。

人们难以忘记那一个个历史的瞬间，1976年12月3日，5万多名基干民兵从家中的防震棚中住进了更加简陋的建渠工棚。引青灌渠开挖工程全线开工，这一干就是四年，直至1980年5月1日竣工通水，他们一口气建成卸甲庄、大横河、大李佃子等8条分干渠。

那时候没有推土机、挖掘机，也没有风钻，全靠人用手把着锹镐，人力接送把土石送出渠外。各村家家户户上前线挖基槽，日夜奋战，车拉人担。因为施工需要碎石，家家户户白天捡石块，晚上人工砸碎搞备料。为加快进度，经常从白天干到夜晚，灯火通明的工地亮如白昼，工人们锨挖、镢刨，在尘土飞扬中收获一个个喜悦，他们只为了迎接天上的水，敢教日月换新天。

1989年，秦皇岛遇到35年来罕见的大旱，市区饮用水告急！在这紧要关头，引青灌渠工程发挥了巨大作用。卢龙县利用引青灌渠上的5座大型扬水站，用60天时间，将2500多万立方米的青龙河水蓄入抚宁县洋河水库，解决了秦皇岛市区断水的燃眉之急。

这一胜利让人们深受鼓舞，为从长远解决市区供水问题，秦皇岛市委、市政府做出决定，修建“引青济秦”工程。从卢龙引青主灌渠出口修建隧洞、暗涵、盖板渠，将青龙河水引入洋河水库。

当年引青工程总体规划中的12条分干渠，还有四百户以及燕河、花台、陈官屯4条分干渠因地形复杂、工程量大、投入巨大被搁置下来。这次“引青济秦”工程也为完成这4条分干渠提供了难得的机遇。1989年10月11日，卢龙县委县政府形成决议：“抓住引青济秦机遇，争上总长67.5公里的四条分干渠，掀起卢龙县第三次水利建设高潮，向实现全县水利化的目标进军。”

1989年11月5日，四百户分干渠工程开工，卢龙第三次水利建设高潮拉开了序幕。

“一渠百库”工程也是当时干群关系鱼水情深的表率，四百户分干渠工程开工的第一天，县、乡主要领导就吃住在工地，和群众一起挥锹挖渠、钻隧洞、抢工期，在工作上，人人都是一个颜色，一个状态，老百姓根本分不出哪个是干部，哪个是群众。

1996年，卢龙县被列为“全国节水重点县”。县委、县政府抓住这一有利机遇，在全县大力推行节水灌溉技术，提高水资源利用率。经过十年的不懈努力，探索出适宜卢龙地形地貌的多种节水灌溉模式：在平原区发展网络式管灌和喷灌；在山区发展管池并用，分层用水；在水库下游巧用势能布设管道，发展自压式灌溉；在库、井复合水源区，发展自压与扬压、库井联用灌溉；在高效农业区发展微、滴灌，全县铺设地下管道96万米，发展节水灌溉面积12.4万亩，平均年节水1493万立方米。

1998年，卢龙县引青灌区被国家水利部列入“全国大型灌区”节水改造续建配套项目行列。从1999年至2016年，连续实施11期灌区续建配套与节水改造工程及三期农田水利重点县项目工程。

水利事业的大发展，带来了农业增产增收、改善了生态环境，也推动了经济社会和谐发展。优越的水利条件，使卢龙这个典型的旱作农业区成为粮食生产大县，20世纪90年代全县甘薯面积达到耕地面积的50%以上，甘薯产量达到6亿公斤，被誉为“中国甘薯之乡”；酒葡萄种植由1998年的500亩发展到现在的2万亩，被命名为“中国酒葡萄生产基地县”；设施农业从无到有逐步扩大，种植面积达到4万亩；桃林口、鲍子沟、棋盘山、柳河溪谷等以水利设施为基础，形成了以生态农业为主体的观光旅游，填补了旅游业的空白。

五十年的接力治水，卢龙人终于用血汗和智慧架起引青主干渠，建成的百座水库，宛如大地上散落的一颗颗星星，辉煌照耀卢龙古城。现在的卢龙引青灌区总面积63.8万亩，有效灌溉面积31万亩，是一个集引、蓄、提、灌、排等多种功能于一体的水利综合开发利用体系。另有库塘、渡槽、隧涵、泄洪闸、节制闸、分水闸等各类附属建筑物1403座，成为卢龙县最大的农业基础产业设施，全县12个乡镇286个行政村28.2万人口受益。

以“一渠百库”为主体的引青灌区，目前已经成为卢龙县农业的“生命水脉”，昔日的“孤竹旱海”，今日被人们称为“北国江南”。而这一切，不但成就了卢龙宏伟的水利工程，也铸就了新时期党群、干群关系的丰碑，成为卢龙红色革命文化中的精华。

84

巢庄农村改革：联产到劳　敢为人先

1978年，中国共产党第十一届三中全会的召开，标志着中国进入改革开放的历史时期。这一年冬天，安徽凤阳小岗村的18位农民以“敢为天下先”的精神，在一纸分田到户的“秘密契约”上按下鲜红的手印，实行了农业“大包干”，被誉为“拉开了中国农村改革的序幕”。实际上，早在1977年的中国北方，昌黎县马坨店乡巢庄人已经打破计划经济的禁锢，率先实行“联产到劳”这种生产责任制形式，开始走上了一条富裕之路。

昌黎县巢庄是全国最早开展“大包干”家庭联产的村庄之一

十年“文革”与人民公社经济体制的束缚，对昌黎县农业经济造成了极大影响。1977年夏，昌黎县又遭受新中国成立以来最大的一场洪涝灾害，使本就陷入困境的农村经济再次受到打击。秋收时，巢庄的收成少得叫人仰天兴叹：村里一块80亩见方的玉米地，先涝后荒，一共劈了三大车干干瘪瘪的玉米棒子；第三生产队下了5000斤花生种子，收回了3000多斤花生，600多亩耕地的农业纯收入仅有1000元，一亩均不上2元钱。

就在这一年，血气方刚的复员军人、共产党员巢殿杰担任大队党支部书记，挑起了带领巢村人摆脱贫困绝境的重担。

为了保障村民生活，1978年在家庭联产承包责任制的文件下发之前，在巢殿杰一班人的带领下，巢庄村采用插橛子的办法，秘密地把地块分给社员，干“小包工”，即实行“小段包工定额计酬”生产责任制。1979年发展为“联产计酬，责任到人的田间管理生产责任制”。

这一切都是悄悄进行的。春去夏来，尽管麦秋时节又遭受了一场特大暴风雨的袭击，巢庄的庄稼长势却格外喜人，不待秋收季节来临，一个特大丰收已成定局。

事实上，此时的巢庄还是县委办公室承包的“后进村”。县革委会主任、县委副书记吴瑞全，把巢庄定为改变“后进村”面貌的试点。在秋收即将开始之际，吴瑞全第一次到巢庄进行调查研究。他一进巢庄，就发现巢庄大队3个生产队的各种庄稼长得都格外旺盛，估产可在亩产500斤以上。了解到真实情况后，吴瑞全一下被惊住了。

改革开放刚刚开始，各方面政策还“乍暖还寒”。农业责任制生产的改革必定存在政治风险。回到县里以后，吴瑞全为了查清这种生产责任制的政策依据和理论基础，逐字逐句地查找了从中央到地方的所有文件，翻阅了不少革命导师的经典著作，并从县图书馆找到几张刊载与巢庄有类似做法消息的外地报纸认真进行思索，最终认定根据党的十一届三中全会的精神实质，不能再死抠任何文件的字眼，而应当尊重已经变化了的客观形势和群众的实践经验，在自己职权范围内尽力支持巢庄农民的做法。理清了思绪，他与县委书记苏成沟通了思想，回到巢庄表明了自己的态度，并接连在巢庄召开公社、大队和全县的农村工作现场会，解说巢庄治穷的良策和一年改变后进面貌的做法。紧接着，他又与苏成及其他县委领导一进步沟通思想，形成比较一致的意见，决定支持巢庄农民的做法，在亟待治穷的贫困村推广巢庄农民的经验。

巢庄人无法忘记这一年的“丰收账”。这一年，巢庄的粮食平均亩产一下达到512斤，花生亩产184斤，劳动日值跃到0.94元，全村向国家交售粮食33万斤，人均891斤，跃居全县农村第一位。集体的2万元贷款全部还清，100多户人家平均收入在千元以上，最多的一户达到3500多元。

仅仅几年时间，便使这个“吃粮靠返销、生产靠贷款、生活靠救济”的“三靠”队发生了翻天覆地的变化。至1980年，巢庄村和实行责任制前的1977年比较，粮食每公顷产量由1687.5公斤上升到4995公斤，年人均收入由33元上升到185元。1980年3月27日，《唐山日报》全面介绍了巢庄农民“联产到劳”的做法。当年9月27日，中共中央印发《关于进一步加强和完善农村生产责任制的几个问题》的通知，巢庄农民的做法被概括进中国北方农民的经验。1981年4月24日，《人民日报》在第二版头条位置发表了题为《巢庄踏上共同富裕之路》的长篇通讯，介绍了巢庄大队的经验。1982年1月1日，中共中央批转的《全国农村工作会议纪要》中指出“联产到劳”这种生产责任制形式就是源于昌黎巢庄。巢庄“包产到户”“包干到户”的农业改革的成功经验，与巢庄人敢为人先、开拓进取的精神，得以在中国大地传扬、普及。

85
桃林口水库移民：踊跃搬迁　造福山民

桃林口水库位于青龙满族自治县境内的青龙河上，是国家和河北省的重点工程。水库坝体最低处只有90米，汛期青龙河的流量如果达到每秒1000立方米，8个小时水位就将达到90米的高度，坝前的土台子、庄窠、三岔口、前炕峪、山城子、南沟6个行政村就将被水淹没，如果遇到洪水，一个小时便可淹没。这6个行政村总共有18个自然村、9683人，为了保证这些群众的生命安全以及水库建设，必须抢在主汛期到来之前，把他们全部迁移出去，否则后果不堪设想。

情为民系，事为民想。1995年5月初，省委、省政府主要领导给秦皇岛、唐山两市市委书记、市长写信，要求认真做好水库移民工作。5月8日，时任河北省省长的叶连松主持召开紧急会议，研究落实搬迁工作的各项措施。省委、省政府下达给秦皇岛的任务是，要在汛期以前完成全部移民的搬迁，并明确提出“不淹一户、不死一人”的要求。

众所周知，移民搬迁是众多基层工作中“最难啃的骨头”，毕竟这直接关系到千家万户的切身利益。祖祖辈辈生活在这里的桃林口人，要搬出村子和故土，情感上很难接受。

桃林口

为了完成这个艰难的工程，时任秦皇岛市委副书记、常务副市长的菅瑞亭和市委副书记张树仁、副市长黄荣经常来到移民工作第一线，市里与各县抽调了130多名干部开赴现场，分工协作。

他们放弃周末和晚上休息时间，走村入户，磨破嘴皮，踏破脚皮，积极向群众宣传水库建设的重要意义以及征拆的相关政策，不厌其烦地做征迁户的思想动员工作，梳理问题、理顺关系，不厌其烦地讲解，详细介绍建设水库将发挥防洪、发电、灌溉的综合效益，对促进经济建设、改善旱涝之灾有积极作用，并针对老百姓最关心的迁移地址、安置办法、补偿手段等敏感问题，耐心听取意见，一一进行解答。

精诚所至，金石为开，当群众反映强烈的问题得到了妥善解决时，大家对水库移民的事情逐渐开始理解和支持。从 1995 年 6 月 30 日起，移民们踊跃参加了搬迁抽签活动。

55 天，9683 口人，18 个自然村，2902 户，这几个数字，对于桃林口水库建设史有着里程碑的意义。人们搬出了大山，离开了原生地，走向了新生活，也创造了一个令人难以相信的奇迹。

为了支持水库建设，库区的每位群众都为水库建设作出了巨大的牺牲和贡献。省、市、县的领导也力争在政策框架内实现移民利益的最大化，决不让一个移民掉队，成为大家心中的共识与愿景。

抚宁县留守营镇，把安置任务的 41 个村划成 9 个片，领导干部包片负责，为移民热情周到地服务；卢龙县在 81 个有安置任务的村，均建立了由村党支部书记牵头的移民服务队，全县各有关部门一起出动为移民服务；昌黎县团林乡普遍开展向移民献爱心活动。有移民一时没房住，村支部书记让出了自己的房子；海港区拨出专款 5 万元为移民每人购买了 30 斤细粮，并积极帮助移民建房、就业；北戴河区把移民 30 多人安排在月收入 400 多元的修建队和果园工作。

离开大山的人们，终于过上了如愿以偿的幸福生活，水库建设，让他们得到了合理的安置，各种补贴还到位，大家都说搬过来日子变好了。在大山外面，他们过上了和城里人一样的生活。搬迁出去的移民们，生活质量普遍提高了，在教育、医疗、就业、文化等方面也享受到全覆盖的服务。

而始建于 1992 年 11 月、1998 年年底竣工的桃林口水库，作为我国北方地区建成的第一座碾压混凝土重力坝，圆满实现了燕山脚下筑平湖、建功造福冀东人的夙愿。高耸的大坝巍然屹立在燕山长城脚下，锁住了青龙河的咽喉，让它不再肆虐横行，而俯首听命于人力的调控。经过水库调控的青龙河水，滋润着秦唐大地，成为“八五”“九五”期间水利部和河北省重点建设项目，解决了“引滦入津”后唐山、秦皇岛地区用水困难问题。这项工程总投资 18 亿元，每年可为秦皇岛市提供工业、港口和城市生活用水 1.82 亿立方米，为唐秦地区补充农业水源 5.2 亿立方米，对冀东地区经济和社会发展具有十分重要的意义。

每年农忙时节，水库都要提闸，向唐山滦下灌区放水，灌区内几十万亩农田将得到有效灌溉。除了城市供水、工业用水、农业灌溉用水等职能，近年来桃林口水库又增加了防洪职责。

桃林口水库对冀东地区，特别是对解决秦皇岛港口、工业、城市用水及唐、秦地区农业用水具有十分重要的意义，拦截青龙河的大坝，更是成为河北省水利建设史上的一项功在当代利及千秋的基业。而为了完成这一切，当年水库的移民顾全大局的行为，也为水库的顺利建设作出了重要贡献。

20 多年来，各级党委、政府和社会各界一直关心移民的生活、生产和发展，也帮助移民及其后代在迁入地拥有了幸福、稳定的生活，如今，青龙河上，矗立着的造福人民的桃林口水库大坝，向我们诉说那一段火热的岁月，那一份舍小家、顾大家的家国情怀。

86
经济开发区：艰苦创业　砥砺前行

1984年3月26日至4月6日，中共中央书记处和国务院召开沿海部分城市负责同志座谈会，秦皇岛被列为14个沿海开放城市之一。4月12日，时任中央书记处书记、国务委员的谷牧同志单独召见河北省和秦皇岛市负责同志，传达座谈会议精神，决定在秦皇岛设立经济技术开发区。

秦皇岛经济技术开发区由此掀开了建设帷幕。

市党、政领导从北京回秦后，立即召开市委常委会、市政府市长办公会和各有关部门负责人参加的座谈会，传达相关会议和中央领导指示精神。经过多次会议研究，几经修改完善，在中央、省帮助指导下，《秦皇岛市经济技术开发区规划大纲》正式上报省政府，并呈报国务院。同年10月27日，国务院特区办公室向市政府下发了《关于秦皇岛市经济技术开发区地域界限的通知》。就这样，坐拥山海、毗邻京津的秦皇岛经济技术开发区，成为国务院批准设立的首批14个沿海开放城市的第二级国家级开发区。

时任市政府市长的顾二熊曾兼任开发区第一任工委书记和管委会主任，在当时的情况下，既没有资金，又缺乏人才和管理经验，仅就开发区的选址，就经过了多次论证。

1985年4月25日，秦皇岛经济技术开发区开工剪彩仪式

最后还是谷牧同志亲自拍板，定在了大小汤河之间的一片区域，面积1.9平方公里。

1985年4月25日，这一天将永远载入开发区史册。市委、市政府在汤河畔举行开工典礼，开发区正式破土动工。利用当时仅有的0.93亿元国家贷款，在1.9平方公里土地上，开发区人开始了艰苦创业。

当时刚刚改革开放，没有成功经验借鉴，开发区的建立，正应了那句老话："大家都在摸着石头过河。"不论是对于开放的概念还是建设，都没有现成的经验，只能在摸索中进行。

1985年12月，开发区批准成立第一家中外合资企业——华燕邦迪制管有限公司。这是开发区第一家中外合资企业，40岁的王庆华离开原市玻璃机械厂工会主席的"铁饭碗"，来到这间工厂担任管理工作，成为第一批进入开发区的高级管理人员。

1985年到1994年的10年间，开发区制定了"统一规划、分步实施、逐步积累、滚动发展"的开发建设方针。将国家支持的9000多万元银行贷款、土地出让金和财政收入捆在一起，从水、电、路、气、讯等入手，加强基础设施建设。10年间累计实际利用外资1.69亿美元，引进内资9.07亿元，当时进区落户的也大多为劳动密集型企业。

开发区真正大发展的时期是1995年，因国内全方位、多层次、宽领域的对外开放格局已然形成，国家给开发区的政策优势明显弱化，再加上两年后的亚洲金融危机，使开发区面临的发展形势异常严峻。而这促使了开发区在全国同类开发区中率先进行"二次创业"。

1996年7月，在我国著名经济学家马洪的倡议下，开发区举办了"中国高新技术产业项目开发研讨会"，确立了"以高新技术为向导，以现代工业为基础，第三产业协调发展的外向型经济"发展方针，正式迈开了二次创业的步伐。

从1995年至2007年，开发区"二次创业"引进外资项目401个，内资项目3083个，累计实现地区生产总值578.8亿元，主要指标实现了20%以上的增速，开发区一跃成为全市工业经济的龙头。

"二次创业"为开发区发展打下了坚实基础，拥有ISO14000国家示范区、河北省环境保护模范区的金字招牌，中国投资环境40佳城市、跨国公司最佳投资开发区等殊荣，在为秦皇岛开发区增光添彩的同时，也赢得了国内外投资者的青睐。

开发区随之不断发展壮大，2008年已成长为集国家级出口加工区、国家级高新技术创业服务中心等园区于一体的多功能、综合性新区，但随着国家绿色发展、低碳发展的提出，面对不少企业存在能耗高、污染大，不能适应这一发展的问题，开发区继续深化改革，在转型升级上下功夫，下定决心调整全区产业结构。最后，提出了淘汰一批，转移一批，改造升级一批，全面推进产业转型升级，打造经济升级版。

按照产业布局安排，部署不同的功能。开发区西区侧重引进高端装备制造、高新技术产业，集中布局汽车零部件企业以及科技型企业、技术研发机构，突出高新技术产业特色，东区侧重开发高端重型装备制造业和现代物流业。

这一战略调整，促使各种好项目纷纷落地，全区产业聚集效应不断凸现，形成了汽车及零部件、粮油食品精深加工和高端重型装备及智能制造等主导产业集群，以及精密电子信息技术及智慧消防和康复辅具及医疗健康等新兴产业集群，建成了世界最大汽车铝制零部件基地、中国第二大汽车玻璃生产基地、重要高端装备制造基地、北方最大粮油食品加工基地。

投资软环境的不断优化也吸引了很多大企业的加盟，在此基础上，为了与国际惯例和国际市场接轨，开发区以深化“放管服”改革为统领，坚持以“诚”招商、以“优”便商、以“信”安商，不断优化服务举措，创新服务内容。目前，已经形成了项目引进审批服务全过程、项目建设服务全方位、企业投产服务全天候的“三个服务体系”，并大力推行服务承诺制、限时办结制和全程代理代办制，率先在全省实施了行政审批制度改革，成立了行政审批局，实现“一枚印章管审批”，审批事项办理效率得到了极大提高。

目前，开发区已成功吸引了美国通用电气、联合技术、ADM、新加坡丰益等一批世界 500 强企业和中信、中粮、中船、中油、哈电等众多国内知名公司来此投资兴业，引进了中信戴卡、金海食品、哈电重装、天威秦变等一批龙头项目。开发区也成了集国家级综合保税区、国家级大学科技园、国家级高新技术创业服务中心等园区于一体的现代化、多功能、综合性绿色生态产业园区。

在开发区 128 平方公里的土地上生机勃勃，如今有 30 多个国家和地区的投资者在此投资兴业。2020 年，开发区以占全市 1.64% 的土地面积，创造了 301.18 亿元的地区生产总值，占全市的 17.9%，财政收入占全市的 17.4%，规模以上工业企业营业收入占全市的 42.5%，实际利用外资占全市的 34.6%。

当前，开发区较好地发挥了“窗口、示范、辐射、带动”作用，并已成为全市经济发展最具活力的增长极。“十四五”期间，开发区将以高质量发展为主题，以改革创新为动力，全力打造产业繁荣、科技领先、环境优美、功能完善、宜业宜居的现代产业新城。

开发区“由改革而生、伴开放而长、因创新而强”，是秦皇岛全市改革开放和经济发展的排头兵，也是一代代开发区人在这片土地上艰苦创业、砥砺前行的成果，目前，开发区已经构建起多极支撑的现代产业及产品体系，并连续 9 年在全省开发区综合发展测评中位居第一。在建党百年之际，正如邓小平同志的留言所言：“开发区大有作为”，开发区一定会再创佳绩。

87
引青济秦工程：披肝沥胆　谱写浩歌

引青济秦应急工程隧洞第一期暨开工典礼

1984 年经国务院批准，秦皇岛被列为全国 14 个沿海开放城市之一，实行对外开放。随着人口的增长与经济发展水平的提升，城市用水量激增，秦皇岛市供水矛盾日益突出。1985 年，在水资源论证会上，确定开发柳江盆地的地下水源。后因采水过大，引起地面塌陷，这一计划难以实施，寻找新水源摆上议事日程。

经过多轮论证，引青龙河水解决市区用水成为最佳方案。

1989 年，我市遭遇有水文资料记载的 35 年来罕见干旱，年降水量仅 350 毫米，不足正常年景的一半，石河水库存水量下降到最低限度，地下水已经到了可开采的极限。根据气象预测，未来 5 个月依旧没有雨雪。如果任凭旱魔肆虐，全市经济社会发展各项事业都将因无水而停摆。

而此时解急救民的唯一良策就是引青济秦。

时任市长丁文斌于 1989 年 9 月 3 日向省委、省政府紧急上书，信件中这样写道："……面对大自然的严酷挑战，征服自然，把水源丰富而大量弃海的青龙河水引到市区来造福人民……在这个关系到秦皇岛存亡前途的抉择关头，我愿与全市人民同甘共苦，披肝沥胆，打胜引青济秦这一仗。”翌日，市政府紧急请示省政府，提出解决秦皇岛城市用水的根本出路——引青济秦。两天后，省政府主要领导作出批示，坚决支持引青济秦。

对于引青济秦的论证，其实一直就没有停止过，为了解决当年的用水危机，市委、市政府想了很多办法，包括在石河上游、北戴河枣园等处打井取水，但最终都被否决了，折中的办法就是先从洋河水库抽水应急，可洋河水库主要用于农业灌溉，水抽走了，庄稼怎么办，这仍然是个问题。最终证明只有引青龙河水这个办法比较科学。这是在一次基层调研时，由卢龙的干部群众提议，他们认为可以利用卢龙引青灌渠沿线的 5 个泵站从青龙河抽水补充到洋河水库中，实现农业用水和城市应急的两全之策。

1989 年 9 月 5 日至 8 日，卢龙县大刘庄、卢龙镇、双望等乡镇每天出动 1000 多人，开挖临时应急渠道 1.2 万米，动土石方 5000 立方米。同年。9 月 14 日，市委、市政府召开 3 万人参加的引青济秦誓师动员大会，这场艰苦卓绝、波澜壮阔的引水鏖战就此拉开帷幕。

经过初步的勘测设计，施工难度和所需资金远超想象。市委、市政府想尽一切办法，去国家地质队和开滦煤矿请来了专业技术人员和施工队伍，向企业无息借款，跑国家和省里争取支持，协调企业捐赠钢材、水泥等施工耗材，人民群众也给予了极大的支持，孩子们掏出了压岁钱，小青年拿出了一个月工资，农民们抬来了地里的收成，国有企业、个体工商户、人民子弟兵也都慷慨解囊，一位老将军甚至捐出了自己一部分退休金。在万众一心、众志成城的协力下，截至当年 12 月 31 日，全市共筹集资金 7560 万元，其中个人和企业捐款达 3118 万元。

1989 年国庆节当天，随着第一声开山炮的震响，引青济秦工程击鼓发兵。在此后的 3 个年头 600 多个日日夜夜里，沿线数十万农民和专业施工人员、几千名驻秦部队官兵、几万名党政机关企事业单位干部群众，战严寒、斗酷暑，风餐露宿、枕戈待旦，克服了无数困难，闯过了无数难关，谱写出一曲曲气壮山河的浩气之歌。

1990 年 4 月 21 日 1 时 28 分，引青东线的水头流入市区。1991 年 6 月 25 日上午 9 时 15 分，经过引青将士 625 个昼夜的浴血奋战，引青西线渠首开闸试通水。10 时 05 分，青龙河水顺利穿过 5000 米大隧洞，18 时 25 分流入洋河水库，试通水一举成功。

在引青工程丰富的水源补给之下，市区缺水的局面从根本上得以扭转，海水倒灌和地表污水入侵得到有效缓解，市区内河道、海口的生态平衡得以改善，公园、绿地、住宅小区也重新焕发了生机活力，城市面貌得到较大提升，更保证了全市工业、农业、交通、能源和旅游产业发展的需要，经济社会发展有了不竭的源泉动力。

在1991年6月26日召开的引青济秦应急工程全线竣工祝捷大会上，国务院发来贺电：“引青济秦是从青龙河取水至秦皇岛市区的大型引水工程，是我国继引滦入津、引黄济青之后，又一项规模较大的引水工程。在今天全线胜利竣工之际，国务院特向你们并通过你们向参加工程建设的同志致以热烈祝贺。在引水工程建设中，广大干部群众和驻地人民解放军，发扬了实事求是、艰苦创业、无私奉献、团结协作、顽强拼搏的精神，以比较好的质量、比较高的速度胜利地完成了这一造福人民、造福于后代的引青济秦工程……”至此，由“艰苦创业、无私奉献、团结协作、顽强拼搏”16个字组成的、著名的引青精神随之应运而生。

祝捷大会上，时任水利部部长杨振怀代表水利部授予了秦皇岛市水利建设最高荣誉奖“大禹杯”。这是党和国家对引青济秦工程的充分肯定和最高褒奖。

为了维护好、管理好引青济秦百里输水管线，建设者和管理者们继续发扬“引青精神”，一直没有停止过建设，使引青济秦输水管理工作踏上了科学调度、安全运行的新阶段。截至2020年，引青济秦工程已累计向秦皇岛市城区供水182902万立方米，向农业供水115538万立方米。

从投入建设到现在，一晃30年过去了，30年的实践充分证明，引青济秦工程是一项造福一方的惠民工程、德政工程，对全市经济社会发展起到了不可替代的支撑和保障作用，而在引青济秦中涌现出来的“艰苦创业、无私奉献、团结协作、顽强拼搏”的引青精神，成为一座城市生态文明的典范，更具有时代的意义。

88

协办北京亚运、奥运会：两次盛会　宝贵遗产

北京亚运会、北京奥运会是我国举办的两次大型国际性体育盛会，对我国的经济、科技、服务业都带来了深远的影响。值得骄傲的是，秦皇岛市都参与其中。

1990 年 9 月 22 日至 10 月 1 日，北京亚运会海上帆船帆板竞赛由秦皇岛市承办，作为除北京之外的唯一分会场，全市 240 万人民感到无比光荣，责任重大。

市委、市政府审时度势，决心承办好这次盛会。同时通过亚帆赛使我市全民素质得到提高，两个文明建设向前推进一大步。

秦皇岛奥体中心夜景

北京选择秦皇岛市作为唯一的协办城市，是经过细致考虑和论证之后的慎重决定，并且秦皇岛可以担任这项重任也是有其历史背景的。早在 1973 年，国家体育总局就把中国第一个多功能的体育训练基地放在了秦皇岛，乒乓球、羽毛球等十多个项目的国家队和外国队都来这里进行强化或调整训练，并且秦皇岛海滨的自然条件十分适宜进行海上帆船帆板比赛，而且秦皇岛距离北京较近，交通便利。1981 年和 1982 年的全国帆船锦标赛就是在秦皇岛顺利举行的。这些都为秦皇岛承办第 11 届亚运会帆船赛提供了有利条件。

为了办好这次盛会，市委、市政府精心组织，全市上下积极支持，克服困难，创造条件，精心设计，做到“接待好、吃好、住好、比赛好、参观好”，确保比赛圆满成功。

1990年9月23日下午1时，第11届亚运会帆船赛开始在秦皇岛海上运动场进行第一轮角逐。比赛精彩激烈，各国选手精神振奋，勇于拼搏，力图取得最好成绩。

作为后起之秀的中国选手发挥正常，蒋琛、张小冬获得男女国际莱赫纳尔A-390级帆板两枚金牌，张勇强、王勇、廖晓燕、刘美云和曹晓波获得男女国际470级帆船和蔡塞级帆船3枚银牌。

10月1日，在《亚运会会歌》乐曲声中，亚奥理事会会旗徐徐落下，燃烧了11天的亚运会圣火缓缓熄灭。霎时间，天空中升起火树银花，“百鸟朝凤”“春色满园”“碧波银涛”等各式烟花把海上运动场的星空装点得更加灿烂。广场上群众一片欢腾，共庆亚帆赛圆满成功。

亚运会结束后，中国帆船运动以秦皇岛为起点，逐渐生根发芽。31年间，中国海上运动发生着日新月异的变化，当年的秦皇岛亚运会港口被公认为“世界海上运动比赛七大赛场之一”。

秦皇岛成功协办亚运会海上运动项目后，2008年又成功协办北京奥运会足球比赛。作为这届奥运会唯一的地级协办城市，为全面做好北京奥运会秦皇岛赛区的足球比赛，从2002年5月27日开始，为奥足赛专门建设的秦皇岛奥体中心正式开工，2004年7月30日竣工，成为京外赛区第一个竣工并投入使用的奥运场馆，也是唯一一个临海听涛的比赛场地。奥体中心占地556.78亩，总投资8亿元人民币。

2008年8月8日至24日，为期17天的北京奥运会成为奥林匹克运动史上辉煌的一页。经过7年的精心准备，秦皇岛人民翘首以盼的奥运会秦皇岛赛区足球比赛正式拉开帷幕。整个赛事期间，秦皇岛赛区共承办了8支男队和6支女队参加的12场比赛，各场比赛均进行得圆满顺利。奥运会期间，我市共接待各国运动员495人，随队官员65人，裁判员44人，112家国内外媒体的386人次记者，奥林匹克大家庭成员及国际贵宾141人次。4700名志愿者参与了服务工作，近10万名安保人员参与了保卫工作，有16万人次的球迷观看了比赛。这是秦皇岛乃至河北省历史上规模最大、时间最长、人数最多、级别最高的国际体育盛会。

秦皇岛市以一流的场馆设施、一流的安全保障、一流的服务水平、一流的城市环境、一流的宣传舆论氛围，圆满完成了奥运会足球赛事的筹办工作，实现了“平安奥运”目标，展示了秦皇岛开放、文明、亮丽的城市形象，为办出一届有特色、高水平的奥运会作出了重要贡献。

为高水平、高质量地协办好北京奥运会秦皇岛足球分赛场的比赛，秦皇岛坚持把奥林匹克精神与自身发展实际结合起来，通过几年的努力，森林覆盖率达到40.4%，城市区绿化覆盖率达到42.7%，人均公共绿地达到9.8平方米，整个城市犹如一座天然氧吧。

秦皇岛成为我国目前唯一同时协办过亚运会和奥运会的地级城市，这是秦皇岛城市的骄傲，也是秦皇岛人民的骄傲。一流的体育场馆，先进的体育设施，完备的保障体系，高效的志愿服务……给秦皇岛这座城市留下了宝贵的“奥运财富”。如今，每当人们经过山东堡立交桥时，花海中巨大的“奥运足球”总是夺人眼球，成为秦皇岛人民和来秦中外游客的打卡地，成为秦皇岛这座城市十分珍贵的奥运遗产。

2009 年，秦皇岛市以市委、市政府名义印发了《关于创建“体育名城”的实施意见》，提出将秦皇岛打造成以“休闲之都、训练之城、体育强市”为内涵的体育名城。同时，分别在秦皇岛南部沿海和北部山区规划布局“山一翼”“海一翼”体育运动场地及项目，在城市中心区规划布局“城市带”体育工程，形成了“一带两翼”的项目格局。2020 年，市委十二届五次全会提出建设“体育强市”工作目标，为“十四五”乃至更长时期体育事业发展确定了方向。

2020 年统计数据显示，全市目前共有体育场馆、场地 7288 处，总面积 908.19 万平方米，人均体育场地面积达到 2.89 平方米，市、县、乡、村四级公共体育设施网络基本形成，城市区 15 分钟健身圈基本建成，位居全国前列，形成了“全季全域全人群”的运动项目格局，为市民参与健身、追求健康生活方式创造了良好的社会环境。

亚运会和奥运会的举办，不仅提高了秦皇岛的知名度和城市吸引力，展示了秦皇岛优美的城市环境，也让“更快、更高、更强”的奥运精神，在山海间扎根、开花、结果。各种体育赛事层出不穷，影响深远，如：活力四射的秦皇岛国际马拉松已经连续举办了 6 届；朝气蓬勃的北戴河国际轮滑节已经举办了 15 届；走向世界的中式八球国际大师赛已经举办了 7 届；世界徒步大会、女拳世锦赛暨伦敦奥运会资格赛、一带一路国家国际象棋公开赛、全国帆板帆船公开赛……各荣誉纷至沓来，落户港城：国际奥林匹克城市、中国轮滑城、中国之队主场、全国群众体育先进单位、全国体育事业突出贡献奖等十余块国字号招牌和国家级奖，成为秦皇岛市近年来体育事业快速协调健康发展的印证。

越来越多的大型体育赛事不仅展示了城市形象、提升了城市品位、提高了城市影响力，同时也扩大了体育产业基础，拓展了秦皇岛体育强市的内涵。目前，全市体育场馆业、赛事运营业、体育传媒业等产业形态已经初具规模，体育产业已经成为秦皇岛建设现代化国际化沿海强市、美丽港城不可或缺的重要力量。

在良好的体育氛围下，“运动”“健康”“快乐”成为大家口中的热词，体育运动已成为港城人民生活的组成部分，全市经常参加体育活动人口已超过 135 万人，占全市总人口的 44%。青春与活力成为这座滨海城市独特的光彩。这笔宝贵的奥运精神遗产，也为秦皇岛经济社会发展提供了长期的动力支持，让秦皇岛不但成为一座旅游名城，也成为一座当之无愧的体育城市。

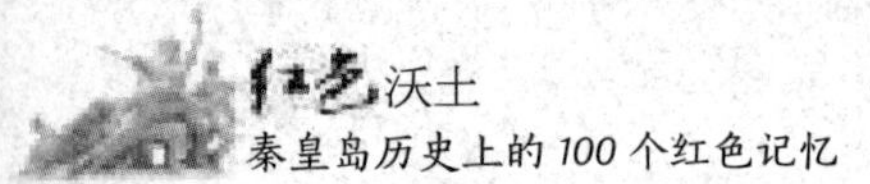

89

创建全国文明城市：文明之笔　勾勒幸福

2003 年，中央文明委正式公布全国文明城市评选标准，每 3 年评选表彰一次。从这一天起，秦皇岛正式吹响了争创“全国文明城市”的集结号，从此也开始了艰难而光荣的“三城同创”之旅。

“全国文明城市是一个城市综合实力的至高荣誉，是践行以人民为中心发展理念的最好诠释。”这是秦皇岛历届决策者的共识。

从这一天起，秦皇岛市委、市政府 18 年如一日，带领 310 万港城人民攻坚克难，勇于担当，勇挑重担，向着更高的目标努力奋进。

2005 年、2008 年，秦皇岛是第一、第二届“全国创建文明城市工作先进城市”；2011 年、2014 年，秦皇岛获评第三、第四届“全国文明城市提名资格城市”；2017 年，秦皇岛以第 13 名的身份，获得第五届全国文明城市荣誉称号。

2020 年，秦皇岛顺利通过第六届全国文明城市复检。全国文明城市，终于成为秦皇岛的金字招牌。

秦皇岛市党员干部在创城誓师大会上宣誓

这份荣耀的背后，是一连串的努力拼搏，团结协力。

作为全国首批沿海开放城市和国家首批优秀旅游城市，秦皇岛把创建全国文明城市作为提升城市旅游品质的强力“引擎”、改善营商环境的第一要素、检验干部能力作风的试金石、提高群众幸福指数的加速器，将其写进“两会”报告，纳入经济社会发展规划。

为强势推进创建工作，市委书记、市长亲任市创城指挥部指挥长，市级领导任 14 个创建组牵头人，与市委书记签订责任状，各有关单位部门“一把手”作为创建成员，明确任务，明晰职责，形成常态长效的“层级化”创建指挥体系和高效运转的督导问责机制。

构筑起“五级网络管理体系”，一人一片、一天一事、一鼓作气、一以贯之，带着问题看，对着问题干，一项一项抓落实，一项一项抓达标，确保天天有进展、周周有变化、月月有提升。

每位市级领导担河长、任路长，开展“走遍秦皇岛”活动，实地踏查河流水系、城市道路、背街小巷、集贸市场，大到规划制定，小到花草种植。5 年来，市级河长累计踏查河道 700 余次，解决问题 600 余个，域内 13 条入海河流全部达到三类水质；市级路长累计行走 10 万公里，解决问题 145 个。

“向城市‘毒瘤’——‘双违’开战！”市委、市政府发出集中攻坚令。历时 25 年、7 次拆迁未果的秦皇岛火车站范家店片区累计拆除违建 110 万平方米；4 次拆迁、11 年未果的北戴河赤土山村征拆只用了 11 天……

老旧小区改造、集贸市场提升、公园绿地建设……事关群众民生，党委政府补短板、强弱项。近年来，对 389 个老旧小区、26 个城中村、58 个城乡接合部进行改造，拆除“双违”建筑 1815 万平方米，改造提升集贸市场 38 个，改建新建公共厕所 388 座……一批“老大难”问题得到彻底解决，城市形象发生了翻天覆地的变化。

既要“面子”，也要“里子”。秦皇岛先后制定实施了祭祀管理办法、市容管理条例、养犬管理条例、控制吸烟办法等多部地方法规，为文明“立法”。

随着一项项措施不断落地，一个个立法相继出台，也让一朵朵文明之花在秦皇岛灿烂绽放。

“创城，有我！”在城市的各个角落，只要有屏幕的地方，都能听到这样的声音，市委书记、市长与环卫、城管、交通等各条战线职工及普通市民拍摄《创城有我》公益广告。从上到下，团结一致，发出一个声音，既是承诺，也是宣誓。

“全民创建、全域创建、全时创建”成为秦皇岛创城工作的总体思路，全方位激活形成创城合力。党政干部走出来了！数万名机关干部参与到“全民洗城”“烟头革命”“接力沈汝波，为民做好事”“党员固定服务日”等活动之中，对标全国文明城市创建标准，对照测评体系，实行“五级网格化管理体系”。每一条河、每一段路、每一栋楼、每一个点位，都有河长、路长、网格长、楼长，时时有人管，事事有人抓。精细化分工让城市管理更加人性化、科学化。

民营企业家也在行动。兴龙建设、海三建设、隆基泰和等数十家企业积极响应市委、市政府号召，认领20多个基础设施建设项目，总投资达943万元。

志愿者和广大市民也积极参与。无论是在大街小巷，还是在海边浴场；无论是在景区景点，还是在车站码头，“志愿红”“马甲蓝”已经成为秦皇岛市街头巷尾一道亮丽的风景线。广大市民积极踊跃投入到创城大军之中，不管是骄阳似火的盛夏，还是寒风凛冽的严冬，捡拾垃圾，清理城市“牛皮癣”，成为城市的一道风景。

市长热线、“全民城管”App、“指尖上的城管”微信公众号等平台广泛参与，也成为不文明行为的监督者；创城活动走进社区、走进校园、走进企业，宣传社会主义核心价值观，宣传文明行为，让每一个人都成为创城的宣传者。

“奉献、友爱、互助、进步”的志愿精神，实现了“文明人创文明城，文明城养文明人”的梦想。

从城区到镇村，从主干道到背街小巷，从环境卫生到公共秩序等方方面面都发生了“幸福蝶变”。天蓝草绿，海晏河清。

市民过马路不再闯红灯；司机在斑马线前礼让行人；窗口办事有序排队；小区里，市民遛狗时随手铲走狗粪丢进垃圾桶；饭店里，食客使用公筷公勺用餐按需点餐，让文明成为一种生活习惯……

“践行社会主义核心价值观，争做文明市民”“做文明秦皇岛人，创全国文明城市”，各种宣传牌下，处处可见宣传社会主义核心价值观的“理论微广场”“道德馆”“好人广场”“家风公园”，各类公益广告抬头可见、移步可观。经过全国文明城市洗礼的秦皇岛人，在获得感幸福感安全感的同时，也用自身的行为，丰富着文明城市内涵，拓展着文明城市外延。

从2003年到2021年，创城之路在秦皇岛一直没有停止，从“创城有我”到“创城，一直在路上”，秦皇岛人在持续创城中，让环境更美，让城市更靓，也用文明之笔勾画出了民生幸福的亮丽画面。

90 创建国家森林城市：家乡增绿　生态和谐

“生态立市、产业强市、开放兴市、文明铸市”——秦皇岛市委、市政府把“生态立市”作为“四市战略”之首，提出到2020年全市森林覆盖率达到60%、打造京津冀城市群生态标兵城市的奋斗目标。以生态为本，走加快转型、绿色发展、跨越提升新路，成为秦皇岛上上下下最坚定的共识。

秦皇岛广阔的森林资源

“像保护眼睛一样呵护这一湾碧海，像爱护生命一样守护生态。”这样的承诺贯穿于整个创建国家森林城市的过程中。市委、市政府各级领导组成国家森林城市工作领导小组，多次调度、部署相关工作。坚持挂图作战，市四大班子领导分头带队，深入各县区、乡镇、片区检查核实，确保让每个项目、每个指标都落到实处。按照属地管理和“谁主管、谁负责”的原则，建设市县联动、部门协调的工作机制，形成相互配合、相互促进的良好局面。

多渠道优化资金保障机制，创森以来，全市财政投入资金9亿多元，撬动社会资本33亿元，构建起以财政投入为引导、社会投资为主体、国家储备林贷款为补充的造林绿化投入新格局。

围绕一流国际旅游城市定位，秦皇岛市把构建全域绿色生态体系作为森林城市的“创建之本”，坚持“城市即景区、景区即城市”的理念，突出沿海、沿河、沿路、沿城镇村、沿景区、沿园区“六沿”重点，依托162.7公里海岸线，实施沿海防护林工程，构建沿海生态廊道，完成绿化面积26.6万亩；依托北部山区林地资源，实施“三北”防护林工程，构建山区生态屏障，完成绿化面积33.2万亩；依托交通干道以及县乡村级道路，实施高标准道路绿化工程，构建道路林网，完成绿化长度3195公里、面积15.2万亩；依托境内16条入海河流，实施河流水系绿化工程，构建水系林网，完成沿河流绿化6万亩，形成了以防护林建设为屏障，以城市公共绿地为重点，以道路绿化为网络，以居民小区、单位庭院绿化为依托，以公园游园、街头绿地为核心，以海岸线、迎宾线、沿河线为亮点的点线面相结合的绿化大格局，让“生态和谐、四季有绿”的城市环境全面呈现。

在创森工作中，发动群众，党群联动，成为活动的基础。从市委、市政府和各机关单位到企业、学校，从城市社区到乡村农户，人们纷纷拿起工具，掀起了一股为家乡添绿的空前热潮。

在全民义务植树活动中，通过栽植青年林、巾帼林、学生林、劳模林、“八一”林等多种形式的纪念林，三年义务植树近2000万株，努力将绿色铺满秦皇岛每个角落。

秦皇岛市在中心城区按照“一心、两翼、五带、多园”的建设布局，以海港区为中心，北戴河区、山海关区为两翼，以5条河流绿化带、多个公园建设为重点，启动实施了城市公园、街头游园、道路绿化、水系绿化、环城景观林建设工程，改造提升环城景观防护林带2400亩，让这座滨海之城绿韵悠扬，形成了“城在林中，林在城中”的优美城市风貌。

2017年，秦皇岛市借举办第二届河北省旅游产业发展大会之机，建成了150公里的环长城森林旅游廊道，形成了“上山、下海、入村”全域旅游新格局，森林旅游产业蓬勃发展。

借河北省第二届园林博览会在秦皇岛成功举办之际，园博园选址在总面积约7000亩的栖云山，这里过去布满废弃矿坑、破败不堪，通过生态修复，却化腐朽为神奇，一座超大型、综合性城市公园展露新颜，形成了以栖云山为核心，以园林园艺为主题，以会展酒店、健康养生为产业支撑的现代城市绿色综合体。奥林匹克公园、联峰山公园、戴河生态园、港西绿地、森林体育公园、植物园、汤河公园、新世纪公园等一批大型综合性公园及社区公园、街头游园满足了市民出门500米有休闲绿地的日常游憩需求，“推窗见绿、出门进林”的生态景观带给市民满满的幸福感。

秦皇岛素有“花果之乡”的美誉，板栗、核桃、大樱桃、葡萄等品质优良，发展前景广阔。在创建国家森林城市中，秦皇岛市把创城同调整农村产业结构结合起来，按照“生态建设产业化、产业发展生态化”的思路和“一廊、一屏、四网、六基地”的建设布局，打造沿海生态廊道，构筑山区生态屏障，建设四大林网和六大特色果品基地。

青龙板栗种植面积近百万亩，居全国之首。山海关大樱桃年产量超过2万吨，为冀东之最。作为优质葡萄酒产区的昌黎县是中国第一瓶干红葡萄酒的诞生地，已有中粮、茅台、金士、朗格斯等27家知名酿酒企业落户于此。六大特色果品基地更带动了鲜果采摘、农家乐、乡村旅游产业发展，城乡生态环境明显改善，森林质量持续提升，既扮美了乡村，又富裕了群众，走出了一条生态建设与经济发展的双赢之路。

据统计，全市2200多个行政村中，栽培果树的村达到90%以上。2017年年底，全市经济林栽培面积达到220万亩，果品及加工产值达到54亿元。全市林业总产值达到92.2亿元，与森林旅游相关的产值近350亿元。

在创建国家森林城市的过程中，一股“绿色之风”吹遍了秦皇岛的各行各业每个角落，通过组织开展市树市花评选、鸟类放飞、摄影大赛、野生动植物保护、湿地保护以及进机关、进学校、进社区、进企业等一系列群众参与性强、喜闻乐见的创森宣传活动，积极培育生态文化，使城乡居民对创森工作的知晓率、支持率和满意度明显提高。

秦皇岛市每年举办的梨花节、桃花节、大樱桃节、葡萄酒节、天女木兰节等节庆活动已经成为传播森林文化、弘扬生态文明的重要载体。

一草一木皆关情。历时一年，秦皇岛市完成了全市古树名木普查工作，4.2万株古树名木全部建立档案，并得到有效保护。这些名木古树代表着一座城市与植物间的情感连接，见证了生活在这片土地上的人的印迹。

秦皇岛市还在全国地级市中率先开展了《沿海防护林保护条例》立法工作，各项林业法律法规得到全面落实和普及。森林防火网格化管理体系、火灾预警监测体系、“五统四化两结合”管理机制、野外违法用火管控机制等一系列管理制度，为全市森林防火工作提供了重要支撑；秦皇岛市目前拥有1500人的专业扑火队伍和5000人的护林员队伍，森林火灾监测预防及扑救能力达到全国领先水平。森林公安干警组织开展“金钺行动”“金网行动”“金盾行动”等专项行动，打击和惩处破坏森林和野生动植物资源违法犯罪行为，森林资源得到有效保护。

努力终有回报，耕耘迎来硕果，2018年10月15日喜讯传来，秦皇岛市荣膺国家森林城市荣誉称号，这是继2017年秦皇岛市成功创建“全国文明城市”之后又一项国字号荣誉，也是国家对一个城市在生态建设方面的最高评价。

秦皇岛曾荣膺“全国绿化模范城市”“全国文明城市”“国家园林城市”“中国最佳休闲城市”“中国旅游竞争力百强城市”等诸多荣誉称号，此次再次获得国家森林城市荣誉称号，这块“国字号”招牌可谓来之不易，它既是对秦皇岛生态文明建设的一次充分肯定，也承载了313万秦皇岛人的执着、汗水和梦想。

推开秦皇岛的大门，森林遍布、绿树成荫，一座生态和谐、绿美交融的国家森林城市已悄然屹立于长城脚下、渤海之滨。

91

创建国家卫生城市：整洁家园　共享美好

为全面落实习近平总书记提出的“推进健康中国建设”指示精神，引领港城人民共同奔向健康、幸福、美好的小康生活，2015 年，市委、市政府提出全国文明城市、国家森林城市、国家卫生城市“三城同创”的奋斗目标。继 2017 年、2018 年成功摘取全国文明城市、国家森林城市桂冠后，2018 年，市委、市政府做出了“文明再出发，创建卫生城”的决策部署，在巩固文明城市创建成果的基础上，全力创建国家卫生城市。

这是一项新的使命，对于一个城市来说，也是一个崭新的起点。

对创建卫生城工作，秦皇岛市委、市政府在思想上给予高度重视：“创建全国卫生城市，既是市委、市政府向全市人民做出的庄严承诺，也是各级党委政府引领港城人民奔向健康、幸福、美好的小康生活的初心所在，更是以人为本、执政为民理念的具体体现。”

市委、市政府把爱国卫生和创卫工作纳入国民经济和社会发展总体规划，持续列入政府重要议事日程和考核目标，写入每年政府工作报告，作为“一把手”工程和重要民生工程来抓。

秦皇岛召开创卫工作调度会

为推动创建国家卫生城市工作取得扎实成效，市委、市政府加强顶层设计，构建务实高效的创卫机制。市党政主要领导分别担任指挥长，市委副书记、市人大常委会主任、市政协主席和相关市委常委、所有副市长担任副指挥长，同时，下设“八组一办”，各组组长和创卫办主任、常务副主任分别由市级领导担任。这一高规格创建组织架构，既彰显了市委、市政府创卫的决心，也为成功创卫奠定了坚实基础和组织保障。

市创卫办组织相关人员赴先进地市学习创建经验，聘请创卫专家来秦授课，高标准制定《创建国家卫生城市规划》《创建国家卫生城市工作实施方案》，全方位谋篇布局城市卫生事业。

在创卫过程中，党政机关牢牢把握创卫主攻方向，严格执行“六项机制”：创新领导包联机制、制定考评奖惩机制、推行网格管理机制、实施市场运作机制、坚持检查督导机制、开展对标学习机制……形成纵向到底、横向到边的工作体系和“一把手亲自抓，分管领导具体抓，齐抓共管、协调联动”的创卫新格局。

从创建工作开始，市委主要领导带头到一线，经常深入农贸市场、背街小巷、老旧小区、市区河道实地踏察，市政府主要领导、市创卫办领导每周实地检查、调度一次，力推重点难点问题解决。据统计，市领导在踏察过程中，累计发现解决问题 134 件。

在创卫过程中，创卫办严格考评奖惩，建立问题台账，挂账督办销号。同时，出台《督导考核办法》，对创卫成效进行晨检、夜查，实行周调度、双周考评，并将考评结果在媒体刊登。以红黑榜的方式，进行考核和处罚。对卫生工作第一名县区奖 100 万元，倒数第一县区罚 100 万元，对工作不力的单位和个人追责问责，确保创卫工作出真功、见实效。

为营造创卫浓厚氛围，在市主流媒体的重要时段和重要版面，开设创卫专题专栏，“创卫红黑榜”曝光创卫问题 1.2 万多个。通过《电视问政》《新闻发布会》等渠道，持续解读创卫政策。高清广播直播车开进社区小区，播放创卫公益广告 70 万次。现场直播连线，特别报道 500 余篇次。同时，在全市广泛开展“创卫随手拍”有奖举报活动，利用网站、微信公众号等新媒体新手段，建立市、区、街道、社区四级宣传全覆盖，提高市民对创卫的关注度、热情度和参与度。

群众是最坚定、最可持续的创卫力量。为提高市民创卫的知晓率和参与率，市创卫办组织党员干部、志愿者深入机关学校、社区小区、商场超市、车站机场、建筑工地分发“致市民的一封信”150 余万封；利用街头路角、随处可见的宣传设施，开辟形式多样的专栏、微展墙、微标语等上百万处。让市民群众抬头可见、驻足即观，真正了解创卫为民的内涵。形成了党政主导、部门联动、社区共建的氛围。

有氛围就有行动，在各级党政部门的努力下，全市的机关干部、企业工人和广大市民纷纷主动加入到全民洗城、周末劳动日、小手拉大手、志愿者联盟大行动等活动中来，捡拾垃圾、清理“城市牛皮癣”、开展爱卫运动……“创卫有我”“擦亮港城”的口号四处传播，已成为广大市民的共同意愿。

一系列整改措施，让城市不断变美变靓，也变得更加清洁、卫生。

小市场连着大民生。对于市场的管理，成为创卫的一项重要工作。为推动市场上档升级，印发菜市场卫生管理“十个一”标准、菜市场管理规范“十查十看”内容、菜市场经营管理规范等文件，通过加强药残检测、加大保洁力量、健全“三防”设施等有效举措，进一步提升了菜市场经营管理的规范化、标准化水平，让标准化的菜市场覆盖整个城市。几年来投资两亿多元，对全市 38 个菜市场进行升级改造，高标准菜市场总占有率达 71.05%。加强农残检测，保障群众“舌尖上的安全”，近 3 年未发生重大食品安全事故。

对垃圾转运站也进行颠覆式的整改，采用密闭压缩式设计转运站，让新建的垃圾不落地，气味扩散小，运输过程中垃圾不遗撒，渗沥液不滴漏。新建的水平压缩式垃圾转运站，彻底改变了原来露天地坑清运设一处脏一片、运一路臭一线的窘境。新颖漂亮、洁净密闭的垃圾转运车辆成为城市一道流动的风景线，赢得了群众交口称赞。通过全面提升垃圾处理设施，全市更新 600 余台车辆，新建、改造 38 座垃圾收集站、3 座中转站，城市建成区垃圾中转站达到 9 座，垃圾收集站达到 125 座，确保垃圾的收、运、管得到全面提升。城市垃圾日产日清，清运率 100%，生活垃圾无害化处理率 100%。

认真贯彻落实《学校卫生工作条例》，加强学校疾病防控工作，中小学健康教育开课率达到 100%。

狠抓小餐饮店、小食品店等“六小”企业经营管理，企业资质及从业人员健康持证率均达 100%。

累计新建公厕 99 座、改建 314 座，实现了彻底消除旱厕且每万人厕所拥有量不少于 4 座的目标任务。目前，全市各类公厕 537 座，全部达到三类以上标准，其中二类标准以上 330 座，实现了主次干道、车站、机场、旅游景点等公共场所二类以上公厕全覆盖，一批卫生环境“老大难”成为城市卫生洁净典范。

一项项实实在在的创卫工程，一组组优异的考核成绩，不仅使秦皇岛摘得了国家级卫生城市的桂冠，也让广大人民群众切切实实感受了实惠。数据显示，北戴河区创建成为国家级慢性病综合防控示范区，海港区、山海关区、卢龙县创建成为省级慢性病综合防控示范区。2019 年秦皇岛市居民健康素养水平为 21.04%，在全省 11 个设区市中排名第一。

家门口的菜市场整洁便利，老旧小区换了新装，裸露空地变成了花海，背街小巷不再脏乱……创卫给港城带来的变化，引来老百姓的交口称赞，正是在党政同心，干群同向，持续发力，接续创建的一步步行动下实现的。

2021 年，秦皇岛梦想成真，一举摘下了“国家卫生城市”殊荣，也让“创卫让生活更美好”的理想落到实处，让港城人民享受到健康美好的生活。

92 打好精准脱贫攻坚战：精准帮扶　共赴小康

习近平同志指出："加快老区发展，使老区人民共享改革发展成果，是我们永远不能忘记的历史责任，是我们党的庄严承诺。"青龙满族自治县是秦皇岛市唯一的贫困县，也是革命老区凌青绥联合县工委所在地，位于河北东北部，燕山东麓，古长城脚下，素有"八山一水一分田"之称。

群峦叠嶂，山高谷深，是青龙革命时期开展游击战争的有利条件，同时，也成为交通运输与现代化建设的天然阻碍。自 1994 年被确定为国家扶贫开发重点县以来，秦皇岛市与青龙满族自治县始终把脱贫攻坚作为首要政治任务和第一民生工程，特别是 2015 年"精准扶贫"开展以来，以脱贫攻坚统揽县域经济社会发展全局，找准主攻方向，明确脱贫路径，实打实干，脱贫攻坚战取得显著战果。

应当说"脱贫攻坚"与以往扶贫工作有明显的不同。

从组织上，由国家、省、市管机关派出工作队，驻村工作由以往的一年调整为三年。职责是：宣传贯彻脱贫攻坚各项方针政策、决策部署、工作措施；解决"两不愁、三保障"；发展集体产业；加强基础设施建设；教育扶贫；文化扶贫等。2016 年年初，由 426 名驻村干部组成 142 个驻村工作组，肩负着坚决打赢脱贫攻坚战的使命，奔赴青龙满族自治县各个贫困村，正式开展扶贫工作。以脱贫攻坚为主战场，以增加群众收入为核心、以培育发展富民产业为主攻方向，统筹现代农业发展、山区综合开发、美

精准扶贫工作成绩显著

丽乡村建设、乡村旅游、新型城镇化和社会事业建设，举全市之力打赢脱贫攻坚战。

加强基层党组织建设，是工作队的职责，也是扶贫工作的重要法宝。青龙实施建强堡垒、能力提升、“支部＋”、结对帮带、阵地升级五大攻坚行动，村党支部带领创办合作社实现贫困村全覆盖，成立农村党支部学校。

几个词语里体现了扶贫工作的内涵。一是强壮“主心骨”，在连片贫困地带，整合村组织，包片联建，组团发展；二是培育“突击队”，引导创业有成的外出流动党员、民营企业优秀党员担任村“一把手”；三是争当“先锋军”；四是涵养“实干家”，让党员成为脱贫致富的实践者、实验者和实干者；五是架起“顶梁柱”，市县领导包联帮扶，机关单位驻村帮扶，科技特派员现场帮扶，一帮到底，不脱贫不脱钩。

在这些工作中，帮扶责任人制度是个创举。精准扶贫重在“精准”二字，简要地说就是要解决每一位困难群众的“两不愁、三保障”，确保农村贫困人口不愁吃、不愁穿，保障其义务教育、基本医疗和住房安全，这也是农村贫困人口脱贫的基本要求和核心指标。

为此，除派出驻村工作队，派出单位还组织帮扶责任人，解决贫困户具体问题，“一对一”帮扶。在青龙，贫困户与帮扶责任人发生了许多感人事迹，被村民亲切地称为“走亲戚”“结对子”。仅2020年下半年，青龙满族自治县各级帮扶责任人为贫困群众帮办实事好事2万余件，捐款捐物合计520余万元。

基础设施建设是我国发展的优势与长项。青龙的精准扶贫延续了我国经济建设集中力量办大事的特点。在农田水利、交通、住房、通信等方面，统筹大量资金，以乡村振兴战略为统领，围绕贫困村基础设施建设、富民产业培育、社会事业发展，推动金融、交通、水利、电力、通信、文化、社会保障等行业和专项扶贫政策措施落实到村到户，实现村村通路、户户通电、安全饮水、住无危房的目标。2016—2018年，精准扶贫以来至脱贫出列两年间，累计投入各类扶贫资金30.5亿元，是2001至2015年这15年总投入的7.8倍。其中道路、水利、电力、通信网络、危房改造、农村公共服务、植树造林等方面的工程量、投入量位居全省前列。

教育扶贫是青龙县扶贫的另一个优势。1987年，河北省政府和国家教委在青龙县开展职业教育综合改革试点。2012年，根据新一轮中央单位定点扶贫工作要求，青龙县被再次确定为教育部定点扶贫县。结合青龙县实际，教育部充分发挥教育系统优势，建立四级教育行政部门联动工作机制，构建产教融合、创新“教育＋定点扶贫”精准扶贫新模式，印发定点帮扶青龙县实施方案，提出了27个方面的工作任务。

划定方案后，教育部选派8名优秀干部到青龙县开展脱贫攻坚工作，其中一名挂职副县长，协助分管扶贫工作；先后选派两名驻村“第一书记”在青龙镇龙潭村工作。

短短几年，教育部拿出一张张成绩单，提振了青龙县全面建成小康社会的信心。协调安排资金，改扩建危旧校舍 109 所，更新 150 所学校教学设备；培养新型职业农民 1046 人，开展农林果技术培训等 2.6 万人次；开展“农校对接”，帮助农产品进入高校食堂；134 个贫困村稳定退出。青龙县的教育扶贫也结下硕果，全县精准落实“两免一补”“三免一助”资助政策，2016 年以来共资助贫困学生 96166 人次、5985 万元，资助覆盖率 100%。“雨露计划”资助 8965 人、1388.6 万元，“泛海助学计划”资助 730 人、307.7 万元，为 1902 名家庭贫困大学生申办助学贷款 1505.3 万元。

精准扶贫不但要有政府的主导，政策的支持，干部的奉献，更需要企业的参与，资本的助力。秦皇岛市自 2016 年开展“百企帮百村”精准扶贫行动以来，全市共有 1257 家民营企业和商会结对帮扶青龙 142 个贫困村，累计投入各类扶贫资金 17 亿元，带动建档立卡贫困人口 67680 人，人均增收 3000 元以上，实现了群众增收、企业发展、经济转型的总体目标。通过资产收益扶贫、入股分红、务工就业、订单生产等形式，使贫困户融入“全产业链”，实现贫困人口的广覆盖、多重覆盖，走出一条“造血式”精准扶贫新路。

精准扶贫，关键在人，根在扶志。青龙是革命老区，为了弘扬老区精神，传承革命传统，青龙县扶贫工作注重挖掘红色资源，先后在青龙革命老区建立了花厂峪抗日纪念馆、三星口地区抗战纪念馆、吉利峪革命史馆等多处爱国主义教育基地和党史宣教基地，开发了祖山、花果山、长城抗战旧址等多条红色旅游线路。在脱贫攻坚、决胜全面小康建设中，发挥了“扶贫扶志”的重要作用，成为凝聚强大攻坚合力、激发最佳精神状态的有力武器。

青龙满族自治县顺利脱贫摘帽以来，广大干部群众坚持在脱贫攻坚和疫情防控“双线”作战，脱贫攻坚和防贫防返贫取得标志性成果，在河北省扶贫成效考核中连续两年进入“好”的行列，也为乡村振兴留下许多经验。

2018 年 9 月 29 日，省政府发出通知，正式批准平山县、广平县及青龙满族自治县等 25 个县（市、区）退出贫困县序列。2019 年青龙满族自治县剩余贫困人口全部脱贫出列。

在成绩面前，精准脱贫之路并未结束，脱贫保障的是基本生存，致富才是最终目标。推动脱贫攻坚与乡村振兴两项工作相互促进、相互融合，需要秦皇岛智慧，展现秦皇岛力量，正是在各级党政机关与各条战线相互协作、协同奋进下，才确保了秦皇岛市乡村发展再上新台阶，才会在乡村振兴的征途上书写新的辉煌。

93

秦皇岛抗疫工作：群防群控　慎终如始

在秦皇岛的“抗疫”历史上，有过很多可歌可泣的时刻。

2003 年 3 月底，一场突如其来的非典型性肺炎疫情传入北京，并逐步蔓延。秦皇岛市委、市政府对此高度重视。4 月初，在秦皇岛市还没有任何疫情报告的情况下，市委、市政府就提前部署，迅速成立了由书记、市长任组长，有关领导任副组长的非典型性肺炎防治工作领导小组、疾病控制专家组及诊断治疗专家组、非典型性肺炎处理机动队。制定了《秦皇岛市传染性非典型肺炎应急控制预案》，明确了疫情报告和疫情调查的时限及程序，确保一旦疫情发生，能够得到及时有效的控制。

此后，38 次专题会议、18 次领导小组会议，运筹帷幄，把控全局，110 多条详尽的刚性措施相继出台，从阻断传染渠道、严格预防措施、建立防御体系、积极开展救治以及统一领导、协调联动等方面制定了具体措施。

4 月 16 日，抚宁区发生在京打工的一名非典疑似病例者返乡事件后，市委、市政府当日紧急下发了《关于加强传染性非典型肺炎防治工作的预案》，并先后 80 余次深入县区、部门、机关、学校、企业、火车站、汽车站、高速公路出口等重点单位、重点部位、

秦皇岛市第一医院驰援武汉的医护人员准备出征

重点场所检查指导，发现问题及时解决，保证了各项工作的顺利开展。

防治非典战疫打响之后，医疗卫生系统成为抗击非典疫情的主战场，1000多封“请战书”“决心书”及200多份“入党申请书”递交上来，97名政治素质高、业务能力强、服务作风好的医护人员经过业务培训，奔赴抗击非典第一线。

全市共组建应急机动队31支，各定点医院全部落实了发热门诊和隔离室，开辟了专区和隔离病房。全市75个乡镇共设置了176个留观站，并严格采取了隔离、消毒及个人防护措施。人员、车辆、制度和防护物品、治疗药品迅速全面落实到位。

抗击非典成为一场全民动员、全力攻坚的特殊战斗。市商贸办、工商、物价、技监、药监等几大部门迅速行动起来，稳定供应，平抑物价；公安机关在我市的公路、铁路出口共设检测站27个，投入警力5851人，并配合医疗部门，在隔离区等高危地区，执行安全保卫任务；市公用局系统采取一系列措施，确保市民用水、用电、用气和出行的绝对安全；市地税国税出台优惠政策，市财政局开通防非典资金拨付绿色通道，全力支持非典防治工作；宣传部门充分利用各种舆论工具和媒体，在解疑释惑、凝聚人心、激扬正气、维护稳定等方面发挥了重要作用……

正是在这种群策群力之下，2003年6月3日，秦皇岛市最后一例非典确诊病例痊愈出院。非典期间，全市累计出现5例临床诊断病例和5例疑似病例，192名密切接触者，实现了医护人员零感染、农村零感染、学校零感染、企业零感染、建筑工地零感染。

经历了非典，秦皇岛人不仅积累了战胜突发疫情的宝贵经验，并且凝练出恪尽职守、甘于奉献、迎难而上、顽强拼搏、顾全大局、团结互助的“抗非精神”，对于突发而来的疫情防控奠定了良好的基础。

城市安全保障体系整体都得到了全面提升，2018年成立了应急管理局，加快了应急管理工作信息化、智能化、专业化、现代化发展步伐，积极推进集应急指挥信息、监测预警、融合通信调度、视频协同会商、应急管理疫情防控健康管理和应急指挥中心建设等六大系统，监测预警应急指挥信息化平台建设，用于应急救援指挥平台硬件建设，交通、地震、防汛等6个系统已接入使用。

2020年年初，在本该万家团圆、阖家欢乐的新春佳节，一场突袭而至的新冠肺炎疫情，让秦皇岛这座滨海城市按下了“暂停键”。

在湖北省武汉市监测发现不明原因肺炎病例后，2020年1月20日，河北省召开会议，部署疫情防控工作。随后，秦皇岛市委、市政府立即响应，连夜召开会议传达、研究防控对策，制定防控预案，坚决服从党中央统一指挥、统一协调、统一调度，做到令行禁止，果断打响了疫情防控阻击战。

2020年1月22日，秦皇岛市委、市政府成立由党政主要领导任组长的疫情防控领导组织体系，迅速铺开排查网络，社区乡村实行动态地毯式排查，确保不漏一户、不落一人。

为应对来势汹汹的新冠肺炎疫情，秦皇岛市委、市政府果断决定，全市重点场所采取最严格的防控措施：餐饮宾馆暂停营业，市内公交暂停运行，环省界道路实施封控，学生禁止提前开学返校，聚集性活动全部取消，景区等人员密集场所关闭……一夜之间，整个城市街头巷尾空寂沉静，偶尔在马路上见到几个人，也是戴着口罩脚步匆匆。

2020年1月31日，秦皇岛市出现首例确诊病例。

疫情就是命令。市委常委会决定启动“战时”机制，成立指挥部，与领导小组合署并行，以“令”的形式对外发布指令，全市上下统一口令、统一步调。

为阻断病毒传播链条，全市采取了最全面、最严格、最彻底的超常规应急防控措施：对社区乡村实行全封闭管理，对发热人员全部进行核酸检测，对湖北武汉来秦返秦人员全部集中医学隔离观察，对境外来秦返秦人员从严从紧采取口岸防控措施，在全市统一调配集中最优质的专家设备不惜一切代价全力救治患者……

健全完善的医疗防控救治体系，关系着应对突发疫情的能力和水平。秦皇岛市确定市第三医院为全市新冠肺炎医疗救治定点医院，全市二级以上综合医院设立20个发热门诊实行24小时接诊，组建市县专家组、应急机动队，设置集中医学观察场所，全市各级各类医疗机构全面建立预检分诊制度。

自2020年1月31日出现首例确诊病例，到2020年3月21日10例确诊病例全部“清零”，秦皇岛市仅用了一个多月的时间，且实现了医护人员零感染。

医疗防疫物资是抗击疫情的重要“武器装备”，在疫情防控形势最严峻、最复杂的时候，秦皇岛市督促企业改变思路，一批口罩、防护服、隔离衣等物资生产项目相继投产。2020年12月，全市疫情防护物资生产企业达到22家，其中口罩生产企业19家，防护服、隔离衣生产企业1家，红外体温计生产企业2家。

在全市所有区县处于比较安全的状态下，2020年6月6日，秦皇岛市下调防控响应等级，疫情防控进入常态化阶段。此时，游客出游意愿高，市场复苏期待高，疫情防控的风险也随之增加，秦皇岛市作为知名的旅游城市，如何在旅游旺季期间，确保并引导广大游客安全出行，是市委、市政府面临的一大考验。

针对这一实际情况，秦皇岛市委、市政府始终绷紧疫情防控这根弦，慎终如始做好常态化疫情防控，严格落实“外防输入、内防反弹”的防控策略，进一步压实各方责任，重点控制源头，加强入境来秦返秦人员管控，强化重点场所、重点人群管理，加强发热门诊规范建设，巩固来之不易的疫情防控成果。2020年旅游旺季期间，全市没有出现一起确诊病例，切实保障了旅游市场和广大市民游客安全。

2020年进入秋冬季后，国外疫情持续蔓延，冷链食品、非冷链食品输入疫情风险增加。秦皇岛市再次优化调整防控指挥体系，增设冷链运输防控工作专班，进一步严格落实常态化防控措施，突出人、物同防，严防境外疫情输入，强化冷链进口食品人员及环境监测。

核酸检测是确诊新冠肺炎的有效手段，秦皇岛市从最初的市疾控中心一家核酸检测定点，逐步增加建设至38家核酸检测机构，单日最大检测能力为90.96万人份，为助力疫情防控和全面复工复产复学提供了坚强保障。

国有召唤，使命必达。根据上级统一安排，秦皇岛市分别于2020年1月26日、2月9日、2月21日，先后组织了三批共计41人的医疗队出征湖北，支援湖北医疗防控；2020年8月4日、6日，秦皇岛市还先后组织了两批共计9人的检验医疗队支援新疆，帮助开展核酸检测；2021年1月，秦皇岛市又先后派出疾控人员、医护人员共计235人支援石家庄疫情防控。

面对前所未知又来势汹汹的新冠肺炎疫情，秦皇岛建立企业防控、隔离点管理、医疗保健、院感防控、核酸检测、流调溯源、转接转运等专班机制，全市上下蹚出了一条“可知可控、精准防控”的“战疫”之路。

在打赢疫情防控阻击战的同时，也要把疫情对经济社会发展的影响降到最低。秦皇岛市委、市政府一手抓疫情防控，一手推动复工复产复学，奋力夺取疫情防控和经济社会发展双胜利。

有效的举措有力对冲了疫情带来的影响。2020年，前三季度全市生产总值增长1.7%；1至10月固定资产投资增长4.0%，规模以上工业增加值增长6.5%，一般公共预算收入增长1.8%。

在群策群力之下，秦皇岛市经济社会秩序逐渐得到全面恢复，大街小巷恢复往日面貌，城市也慢慢按下“播放键”……

2021年五一小长假，秦皇岛市迎来了疫情态势稳控之后的第一个旅游黄金周。数据显示，5月1日至5日，全市共接待游客379.85万人次，实现旅游收入34.61亿元。

从2003年的“非典”，到2021年的“新冠”，在抗击疫情的战场上，利用一场场胜利积累下的宝贵经验，统筹做好疫情防控和经济社会发展，在这个考验面前，秦皇岛市委、市政府带领全市313万人民交了一张合格的答卷，而广大共产党员和医护工作者，也无愧于历史赋予他们的使命！

94

红酒行业：蓬勃发展 “饮”誉全球

一个总人口56万的小县城，却拥有27家葡萄酒企业，葡萄酒年总加工能力14万吨，罐装能力14万吨，涌现出“华夏长城”“朗格斯”“地王”“越千年”等多个国内外知名品牌，河北省昌黎县的葡萄酒产业令人赞叹，而且产业链越做越长。而这一切起源于20世纪80年代的一次技术革新。

20世纪80年代，国家轻工业部“七五星火计划”高档干红葡萄酒研制开发项目落在了原昌黎葡萄酒厂的肩上，在葡萄酒泰斗郭其昌的带领下，开始攻克这一课题。

从此，“让中国人喝上自己酿造的红酒”，就成为一代酿酒师的梦想，而这个梦想落在了昌黎人的肩上。

1979年，昌黎葡萄酒厂成功研制出中国第一瓶干红葡萄酒（图为研制人员合影）

自主研发是一条艰苦的道路。1979年，国家轻工业部派出由国内酿酒专家、学者组成的赴法国葡萄酒、白兰地考察小组，分别考察了法国的葡萄酒产区、葡萄园和葡萄酒生产情况，选择适合当时中国葡萄酒酿造条件的干红葡萄酒酿造技术。为了丰富昌黎县的酿酒葡萄品种，以一美元一株的价格从法国购买了赤霞珠幼苗，在酿酒大师郭其昌的指导下进行酿酒葡萄的选育工作，建立了新中国成立以来第一片酿造干红葡萄酒的酿酒葡萄基地，随后又对生产车间进行了设备升级改造。

经过近两年不断探索，1983 年 5 月 20 日，昌黎葡萄酒厂以热浸法新工艺酿制干红葡萄酒获得成功，这是中国第一瓶干红葡萄酒，酿造者为它取了个具有代表性的名字——北戴河牌赤霞珠干红葡萄酒。

1984 年，“北戴河”牌干红葡萄酒分别在“全国开发新产品经验交流表彰会议”和“轻工业部酒类评比大赛”上获得新产品奖和金杯奖。此后，研究团队先后研制出半干桃红葡萄酒、半甜白葡萄酒等国际流行的半干型高档葡萄酒，我国葡萄酒类型逐步与国际主流接轨。中国的葡萄酒开始走向世界。

从第一瓶干红葡萄酒诞生开始，昌黎迈上了葡萄酒快速发展的轨道。昌黎葡萄酒厂不仅研发了第一瓶干红，还培养了一批懂技术、热爱葡萄酒的专业人才，在人才和技术的基础上，昌黎陆续成立了多家葡萄酒企业，发展出具有地域特色的葡萄酒产业。

国产干红的出现，打破了此前多年干白葡萄酒一统市场的局面。1988 年 8 月 9 日，昌黎葡萄酒厂与中国粮油食品进出口总公司、法国鹏利股份公司三方共同投资 700 万元，兴建了中粮华夏长城葡萄酒有限公司，经反复试验，1998 年研制生产出具有独特风格的长城牌干红葡萄酒产品 420 多箱，“长城”品牌开始享誉全国。

1992 年，邓小平发表南行讲话，乘中国改革开放的东风，长城牌干红逐渐销往法国、英国、美国、新加坡、马来西亚、中国香港等国家和地区，还被列为外交部的定点产品，供我国驻世界各地的 200 多个使领馆和办事机构使用。秦皇岛的红酒品牌，也开始走向世界。

十几年后，中粮华夏长城葡萄酒有限公司由一个年产几百吨的小厂一路发展成农业产业化国家级重点龙头企业，成为国内干红葡萄酒酿造业的旗舰。作为中国首家专业生产干红葡萄酒的出口型企业，“长城”以强大的优势发展成为中国葡萄酒业三大品牌之一，1998 年被国家商检局评为“中国出口名牌”，自 1994 年起，连续多年被国家评为“质量效益型先进企业”，先后获国内外大奖 30 余项。2000 年获“中国著名葡萄酒保护品牌”，2002 年获“中国名牌”和“中国驰名品牌”称号。同时，昌黎葡萄酒也被国家命名为第一批“原产地域保护”产品。

华夏长城也带动了整个昌黎县的红酒产业，成为全县支柱产业。在华夏长城的影响下，朗格斯酒庄、茅台葡萄酒、耿氏家族式酒堡等著名干红企业纷至沓来，如今，干红葡萄酒已经成为昌黎的特色之一。2000 年 8 月，昌黎被命名为“中国干红葡萄酒之乡”“中国酿酒葡萄之乡”和“中国干红葡萄酒城”。

2002 年 8 月，中国第一个葡萄酒原产地域保护区——昌黎产区诞生。目前，昌黎已经成立了酿酒师协会、碣石葡萄产业协会、晟杰葡萄酒产业研发中心等科研机构，2018年11月1日，秦皇岛市晟杰葡萄酒产业研究发展中心院士工作站挂牌，工作站以葡萄与葡萄酒产业品质提升为主要研究方向。院士工作站的建立，对于提升葡萄与葡萄酒品质，增强产区国际竞争力发挥了重要作用。

昌黎葡萄酒事业的发展不只是葡萄种植与葡萄酒酿造，还包括橡木桶生产、彩印包装、制瓶、瓶塞、物流等一条完整的产业链。一瓶葡萄酒从葡萄生长、采摘，到发酵、罐装，再到贴标、运输等所有环节需要的全部材料，在昌黎境内都能完全满足。目前，昌黎的葡萄酒产业链年营业收入超过40亿元，极大地带动了周边区县的经济发展，一个以昌黎为核心的葡萄酒产业集群已经形成。

在全域旅游的思维下，昌黎构建了“葡萄酒＋大旅游＋大健康”的产业新体系。酒庄旅游成为昌黎独具特色的旅游项目，长城华夏是昌黎产区内成立较早、发展得最好的企业之一，也是目前国内干红葡萄酒产销量最大的生产企业之一。长城华夏不仅有亚洲最大的地下酒窖，酒庄还被评为“AAAA级景区”，吸引了众多游客。华夏长城成立旅游公司，就是为抓住葡萄酒工业游的发展机遇。经过这几年的发展，旅游公司年接待酒庄游客30万人次，旅游收入近千万元。不仅是华夏长城，碣石山东麓还有朗格斯酒庄等十余家葡萄酒公司都在发展酒庄游。沿着新修的道路进入葡萄小镇，矿坑公园、葡萄沟民俗旅游、茅台凤凰酒庄、碣石山国家公园、干红小镇、诗词小镇等一处处景点由新修的道路和绿道连接成片，形成了一个以碣石山为中心的超大规模的葡萄与葡萄酒主题旅游目的地。

如今，昌黎葡萄与葡萄酒主题旅游在京津冀地区已经打响了名气，以红酒文化为核心的一个崭新的产业生态，也正在迎来美好的明天。

95

星箭特种玻璃：打破垄断　填补空白

2021 年 4 月 29 日，中国空间站天和核心舱发射升空，准确进入预定轨道，随着太阳能帆板两翼顺利展开且工作正常，发射任务取得圆满成功。在这个空间站里，太阳能电池板上的 3 万多片特种玻璃全部来自河北秦皇岛星箭特种玻璃有限公司，该公司研制生产的高强度抗辐照玻璃盖片再次为空间站披上护身铠甲，伴随“天和”遨游太空。

秦皇岛星箭特种玻璃有限公司再一次进入了人们的视线中。上一个让人印象深刻的瞬间，还是在 2018 年 11 月 1 日，由中共中央总书记、国家主席、中央军委主席习近平在京主持召开的民营企业座谈会，面对着秦皇岛星箭特种玻璃有限公司总经理卢勇的汇报，习近平微笑着说：“‘民参军’企业不可替代。军民融合今后发展空间很大，意义作用很大，相信你提出来的问题会得到解决。”2019 年 8 月 29 日，卢勇获第五届全国非公有经济人士优秀中国特色社会主义事业建设者称号。

对于星箭公司来说，这是一个永远值得纪念的时刻，也让星箭的名字，一夜之间，成为秦皇岛企业界的骄傲。

1997 年，身为秦皇岛宝马家具厂厂长的卢勇了解到市医用玻璃厂能生产一种特殊的

秦皇岛星箭特种玻璃有限公司

玻璃——航天用抗辐照玻璃盖片，用于太空飞行器上硅太阳能电池板表面的防护，加工精度要求非常高。当时的医用玻璃厂是国内生产同类产品的五家工厂之一，但面临原料不佳、加工精度不高的困境，成品质量是一个长久解决不了的难题，一直处于“靠单等饭”的局面，随时面临被取缔的危险。

卢勇看在眼里，心里升腾的却是热烈而豪迈的火焰！他激动地意识到，自己与航天结缘只有一步之距，这不是每个人都能拥有的机遇。为了这神圣的事业，他创办星箭公司，要做航天玻璃！

2000年10月，秦皇岛星箭特种玻璃有限公司注册成立。

公司成立初始，最没想到的困难竟然是买不到加工需要的原料玻璃。国内的石英玻璃普遍脆、硬度大，而国外石英玻璃价格昂贵，成本太高，由此，星箭公司做出了自己研发的决定。

2001年10月，星箭公司成功研制出航天用特种玻璃，并按国家技术标准加工出了成品。鉴定结果表明，产品性能指标甚至达到了国际水准。分批次做航天搭载试验的结果是：一次通过，两次通过……次次通过！

航天用特种玻璃的成功，并未给企业带来生机。星箭作为业内新军，订单少，效益差。而航天玻璃技术研发，对于星箭来说，就是个无底洞。大量的资金投入又长期得不到回报，使工厂一度入不敷出，濒临倒闭。

转机出现在2003年年底。意外的机缘，让星箭公司接了国外空间站的一个大订单，需要加工制作2000片大尺寸超薄超轻抗辐照玻璃盖片。全厂工作人员没日没夜熬在车间反复试验，最终利用磁力原理，发明了“机械加工手”，成功解决了这个难题。交货期的前一天，订单如数完成。客户验收，所有产品一次性合格！

星箭公司打赢了上阵以来的第一次大仗，震撼了国内特种玻璃加工行业，也为我国航空航天附属品加工赢得了国际威望，从此星箭走上了发展之路，2003年，星箭公司获得ISO9001：2000国际质量管理体系认证，2010年通过2008转版质量管理体系认证。

2008年，星箭公司被中国航天科技集团评为全国同行业中唯一一家合格供应商。2011—2013年，获得三项国家发明专利。其中OSR玻璃基片的研制成功，打破了国外的技术垄断，填补了我国航天技术的一项空白。公司所制定的一系列产品质量标准，彻底更新并提升了国内行业标准，为我国航天附属产品加工掀开了崭新的一页。星箭公司的产品被广泛用于包括东方红系列、风云系列、神舟系列载人飞船以及嫦娥一号、二号、三号探月卫星等高、中、低轨道飞行器上。通过中国航天科技集团整体出口，远销欧洲市场。

如今的星箭特种玻璃有限公司，在秦皇岛经济技术开发区，像一颗耀眼的明星，熠熠生辉。吸引着世界上关注航天事业的每一双眼睛，亦被国家、省、市领导高度关注和支持，先后被评为河北省高新技术企业、河北省诚信企业、秦皇岛市经济技术开发区自主创新企业先进单位，获得河北省科学技术进步奖和国家重点新产品奖、秦皇岛市科学技术进步奖。获得三级保密资格单位证书，被中国航天科技集团评为中国航天科技集团公司航天型号物资优秀供应商。

星箭公司也以科学严谨的态度瞄准世界高端，并在世界领域占有一席之地，目前已拥有 7 项发明专利，2 项实用新型专利，其中柔性抗辐照玻璃盖片、超大超薄高强度抗辐照玻璃盖片、OSR 玻璃基片等填补了国内空白，打破了国外技术垄断。现在国家发射的每一颗卫星、飞船，以及国外的部分卫星都用上了星箭的产品。为国家航天事业争光，为祖国繁荣尽力，成为星箭公司最大的动力。

96

旅发大会：滨海康养　全域发展

旅游花海中的观光小火车

2015年11月29日，河北省旅游工作小组第一次会议研究决定：从2016年起，每年举办一届全省旅游产业发展大会。

河北省旅游产业发展大会由河北省委、省政府主办，是集旅游开发、生态保护、文化交流、招商引资、经贸合作于一体的大型专题会议。与其他产业类大会不同的是，它实行申办制，通过“奥运会式”竞争模式，每年一次，由11个省辖市和两个省直管县（市）以政府名义申办。

秦皇岛市历经了两次申办。争办第一届省旅发大会，旅游资源禀赋优越的秦皇岛市本以为胜券在握，却以4票之差负于保定市，遗憾落选。壮志未酬，从头再来，申办第二届省旅发大会，秦皇岛市以一票险胜。

第二届河北省旅游产业发展大会以“打造世界一流滨海康养旅游度假区”为主题，于2017年9月18至19日在秦皇岛市举行。

在旅游兴市的发展战略中，承办旅发大会是秦皇岛发展史上的“关键一役”。

在河北省委、省政府的亲切关怀、悉心指导下，秦皇岛市委、市政府以高点定位、精心谋划、勇于担当、不辱使命为信念，组织全市上下夙兴夜寐、激情工作，各级、各界、各部门通力合作、连克难关，形成竞力比拼、携手攻坚的生动局面。

作为“三大主战场”，海港区、昌黎县、北戴河新区在这次战役中担负重要角色，各展英姿，尽显风流。

围绕“打造世界一流滨海康养旅游度假区”主题，着眼于破解旅游淡旺季明显、产品结构不够合理、基础配套相对薄弱等突出问题，秦皇岛市重新审视、谋划旅游业发展，先后制定了《第二届省旅发大会总体规划》和《全域旅游发展规划》。

以“上山、下海、入村”为方向，第二届省旅发大会的承载区，涉及23个乡镇394个行政村71.83万人。旅发大会的目标十分明确：在空间上，提升以山海关区、海港区、北戴河区为主的旅游核心区，做靓承载省旅发大会的旅游功能支撑区，辐射以北部山区为主的旅游发展拓展区，构筑山海呼应、全域协同、优势叠加的全域旅游新格局；在业态上，重点发展“滨海度假、海上娱乐、康体养生、山地生态、文化体验、红酒休闲”六大业态；在品牌上，突出山海特色、康养主题，树立“秦皇山海·康养福地”品牌，叫响“要想生活好，首选秦皇岛”的口号。

过去说起到秦皇岛旅游，人们往往只想到夏季的碧海金沙，如今，秦皇岛从单一景点观光游，转向成串连片全域游，全域皆风景，四季都能游。

2017年5月，宽6米、长75公里的长城旅游公路和长24公里、宽12米的祖山大道全线通车，串联起北戴河、金梦海湾、祖山景区，以及北部山区的老君顶、板厂峪、董家口、九门口、圆明山等景区，贯穿海港区6个镇、48个村庄，最终形成100公里的旅游景观环线，形成一条山海相连、南北呼应的旅游景观走廊。

2017年9月2日，作为旅发大会的支撑项目，位于秦皇岛港西港区老码头的山海旅游铁路实现全线通车。这是全国独有的一条贯通山海的铁路线，起点“开埠地车站”是一座观光火车站，终点是海港区驻操营镇板厂峪景区。这条全长41公里的铁路打通了由山到海的旅游大通道，串联起了秦皇岛的山、海、长城、森林、地质遗迹、古堡村落等特色景观。

从此，游客可以在铁路和公路网中，上山、下海、进村，秦皇岛市山、海、城融为一体。

把淡季变短变旺，把旺季变长变热，实现全季旅游，是秦皇岛市旅游业发展的一个重要目标。渔岛景区开发出温泉度假项目，淡季变成旺季，一年四季都是旅游好时节。旅发大会中新开发落地的诸多项目像渔岛一样，从单一的海滨游拓展到多领域、多时段旅游。心乐园、金士红酒养疗庄园、葡萄小镇等多个项目的适宜旅游时间都是全年。

以旅发大会举办为契机，立足生态资源优势，秦皇岛还贯彻绿色发展理念，突出生态游，打好康养牌。

葡萄小镇路边葡萄溪谷溪水清澈见底，远处漫山遍野的葡萄秧绿意盎然，小镇旁边过去满目疮痍的采石场，变成精美大气的生态花园；天女小镇让中外游客真真切切享受到“才洗碧海澡，又沐森林浴”的惬意；数万亩沿海防护林带遮沙蔽尘，数百万亩山地森林水土丰茂；守护碧水清流，改善海洋生态……秦皇岛把发展旅游产业与建设生态文明相结合，做足了生态旅游文章。

在突出“红酒＋大健康”理念的金士红酒养疗庄园，游客可享受到针对不同人群养生需求而定制的专属健康管理方案和医疗保障服务；在心乐园的标志性建筑——人体馆内，游客可体验中华传统的五行养生；在北戴河国际健康城，以“药、医、养、健、游”五位一体的大健康产业体系正在加速形成……高端康养服务异军突起，新型生物工程方兴未艾，秦皇岛这座健康养生之城正悄然崛起。

6个多月，180多个日日夜夜，一道道关隘被拿下，一个个精品被铸就，“秦皇岛力量”助推着“秦皇岛速度”、塑造着“秦皇岛品质”，山海联动的全域旅游大格局由此开启。

对于秦皇岛承办的这次旅发大会，省委、省政府给予了高度评价，而旅发大会带给秦皇岛的，绝不仅仅是三天的热闹和繁华，而是城市建设、产业结构、市场认可、人民认同层面的长久发展与升华。因为旅发大会，秦皇岛这座城市的未来发展空间从此有了更多想象与可能。

97 山海关古城保护开发：文旅融合　释放活力

山海关古城，是山海关的历史所在、文脉所在。

山海关古城始建于明洪武十四年（1381 年），迄今已有 640 年历史。它位于山海关核心区，占地 170 万平方米，拥有 62 条街巷。

2003 年，总投资 23 亿元的国家重点文物保护工程、河北省 1 号文化工程——山海关古城保护开发工程正式启动。由此，山海关古城人居环境得到大大改善，古城风貌更好展现。山海关古城保护与开发，加快了文化与旅游的高度融合，开启了山海关发展全域旅游的新篇章。

山海关素有“两京锁钥无双地，万里长城第一关”之美誉。历史上的山海关，构成了一个完整的长城防御体系，堪称古代军事建筑的绝唱；作为咽喉要道，这里曾是秦驰道、明驿道、清御道；其境内的长城南起海、北进山，长城与大海对话；经过 640 年的岁月沉淀，发生在这里的历史故事众多，天下第一关、老龙头、孟姜女庙等景区驰名海

古城天下第一关

内外……

山海关古城至今仍保留着明清时期的方格网状街巷布局，城内现有国家级、省级、市级、区级文物保护单位共17处，国家5A级景区1处，其他景区、景点11处。

1979年，山海关是国务院公布的首批重点文物保护单位，是我国首批对外开放的四大旅游区之一。

然而，随着岁月的流逝，古城内基础设施配套严重滞后，居民的居住环境和生活质量很差。开发前的古城内，道路完好率仅为8.6%，污水管线的分布只占12%，集中供热率仅为3.4%。市民居住条件十分简陋，很多家庭三代人挤在一两间平房内。

不仅如此，当时4600延长米的古城墙有3300米损毁严重，古墙内侧全部或部分坍塌的占50%。

对山海关古城进行保护开发是展现中国历史文化名城的需要，是保护世界文化遗产的需要，是提升人民群众生活质量的需要。

“山海关古城开发，刻不容缓！”2003年年初，时任河北省委书记白克明到山海关调研时指出，要把山海关古城保护开发工程视为中华民族的形象工程、执政为民的形象工程、改革开放的形象工程，2008年奥运会之前整体推向世人，再现古城历史风貌，打造世界旅游名城。

“充分利用山海关得天独厚的历史资源，再现古城历史风貌，实现保护与开发并举，经济效益和社会效益并重理念，打造世界历史文化名城。”河北省、秦皇岛市和山海关区党政领导班子形成了这样的共识。

按照这样的共识，山海关全面启动了古城保护开发工程。

保护开发之初，山海关区委、区政府加强顶层设计，委托上海同济城市规划设计研究院，先后编制了《山海关关城文物古迹保护规划》《山海关历史文化名城保护规划》和《山海关古城旅游发展规划》，将文物保护、文化挖掘、基础设施建设、民生改善和产业开发融合在一起，齐头并进，统筹推进。

一场声势浩大的山海关古城保护开发工程，在全市上下的期盼中，徐徐拉开大幕。

古城保护开发分为两个阶段：2003年至2008年为第一阶段，称为“古城保护开发年”，由河北省建设投资集团有限责任公司投资10亿元，对古城内四条大街进行了整体开发建设；2009年之后为第二阶段，称“古城繁荣提升年”，由政府及社会力量先后投资约13亿元，对古城重点项目进行了建设和改造。

古城保护开发启动以来，先后实施重点项目60余项，复建修缮完成了钟鼓楼、望洋楼、迎恩楼、兵部分司署、大悲院、三清观、镇远镖局、甲申史鉴馆等一批标志性建筑。

新建改造完成了总兵府、长城博物馆、王家大院二期改陈、翰林书院和秦皇岛市方志馆等项目建设。

针对长城保护和业态发展，古城保护开发对古城内环路景观带、一关路精品街、古城墙修复和古城四条大街街景等一批基础设施进行了改造提升……

经过不断保护开发，如今的古城就是一个大景区，4600 米的关城城墙将 7 个城楼串联在一起，在上面走一圈，可将古城风貌以及长城内外原汁原味的山海关人生活尽收眼底。

2016 年，山海关区委、区政府为破解“所有权、管理权、经营权”三权不分的瓶颈制约，实施了旅游体制机制改革。同年 2 月，第一关旅游发展有限公司正式成立，为国有独资企业，对山海关景区实行公司化管理、市场化运营。

历史是“根”，文化是“魂”。古城保护开发工程沿着历史的脉络，不断深化文旅产业融合，发展新业态，释放新活力。

2019 年，第一关旅游发展有限公司深挖山海关历史文化内涵，大胆尝试夜经济发展。

“夜宴 · 2019 首届山海关浑锅文化节”应运而生，它创造性地将被列为市级非物质文化遗产的山海关浑锅引入景区，通过百人浑锅宴、浑锅故事汇、浑锅文化展等多个板块，融合展现山海关特色美食、民俗文化。

2020 年国庆节期间正式面向游客的“观山海 · 长城情境光影秀”项目，则由天下第一关城墙 mapping 光影秀、梦幻游园光影交动体验秀、登城夜游体验三大板块构成，采用现代声、光、电的高科技手段，全方位、多角度呈现山海关深厚文化底蕴，打造山海关视觉盛宴。

依托古城资产和民间资源，第一关旅游发展有限公司还深度挖掘山海关长城文化、军事文化、民宿文化，引导和带动古城居民打造以“大明帅府”“圆圆曲”等为特色的“一院一主题”创意性民宿。民宿匹配茶艺、书咖、酒肆、非遗手作、亲子互动、创意打卡等丰富的商业业态，形成住宿娱乐一体化全方位体验。

与此同时，为了加强山海关古城的保护、管理和利用，推动业态健康有序发展，借鉴平遥、阆中等古城的发展和管理模式，在山海关区司法局的指导下，山海关区古城保护发展中心起草了《山海关古城保护条例》。《条例》颁布实施后，推动了古城保护开发管理更加科学化、规范化、法制化。

在保护中开发，在开发中保护。面貌一新的山海关古城，看点多了，业态多了，游客也多了。古城在保护开发中，“活”了起来，“火”了起来。

如今，夜幕降临，华灯初上，漫步古城街道，街巷间、小吃店旁，皆可见信步其中的游客。

随着古城保护开发，以古城为核心的旅游产业也助推改变着山海关的全域发展。

过去的山海关重点利用和发展的都是“关”和“海”，而“山”则为弱项。随着古城保护开发的持续推进，“山”“海”“关”发展不平衡格局正在被改写：山海关正以古城为核心呈放射性发展，带动南部沿海地区和北部浅山区的联动发展。在山海关，全业态融合、全时化消费、全景化体验、全民参与的全域大旅游产业格局正在日益加速形成。

如果说1979年，山海关景区对外开放拉开了山海关旅游的序幕，2003年，古城保护开发激发了古城发展新的活力，那么，2019年，中央启动长城国家文化公园建设，让山海关迎来了再次腾飞的新机遇。

在角山长城西侧即将建设的中国长城文化博物馆，是国家重点项目，更列入了河北省长城国家文化公园“一号工程”。以博物馆为中心，研学基地、文创基地、房车基地、特色小镇等都将在北部10.78平方公里的长城文化产业园片区铺开建设。这里将是山海关发展的新亮点和新引擎。

98
北戴河新区：康养乐土 京畿花园

北戴河新区新景

秦皇岛，作为中国唯一以皇帝尊号命名的城市，因公元前 251 年，秦始皇东巡至此派人入海求仙而得名。秦皇求仙，反映了古代人们对健康长寿、生命延续的执着追求。

北戴河，作为秦皇岛最为知名的一个区域，自 1898 年被清政府确定为自行开放的第一个“允中外人士杂居”的“避暑地”，国内外知名人士便纷纷至此度假疗养。新中国成立后，这里又成为最早的休疗养区。

从 2006 年开始，河北省委、省政府开始重视沿海地区发展的难得契机，当年 11 月召开的省第七次党代会，提出了建设沿海经济社会发展强省的奋斗目标，决定对河北区域发展布局进行重大调整和优化，把更多的生产要素和资金政策向沿海聚集，2007 年 9 月，时任省委书记张云川同志到秦皇岛调研时，进一步要求秦皇岛做好沿海城市和沿海港口两篇文章，嘱托秦皇岛要严格控制使用海岸线，从严保护生态环境，搞好城市规划布局调整。

围绕落实省委、省政府的重大决策和部署要求，秦皇岛市委、市政府领导认真分析审视了秦皇岛面临的机遇挑战、市情基础和瓶颈制约，把目光放在了北戴河以西、与唐山交界以东的沿海一线。应当说，这片沿海地区相对独立于现有的市区之外，生态环境良好，自然条件和资源禀赋独特，拥有82公里海岸线，有着中国北方最优质的沙滩海水浴场、世界罕见的海洋大漠、华北最大的潟湖“七里海”、20万亩连绵葱郁的沿海防护林带，又有以干红葡萄酒、海产养殖、旅游、高效种植、畜禽养殖等为主体的特色产业体系，以南戴河、黄金海岸两大景区为依托，有着一定的经济实力和发展基础，确实是秦皇岛不可多得的风水宝地，也是非常稀缺的发展空间。

建设北戴河新区的战略构想提出后，市委、市政府多次研究，专题安排部署、强力组织推进，得到了全市各级干部群众的积极拥护，也得到了省委、省政府的高度重视和支持。

2006年12月，省政府批准设立黄金海岸保护建设管理区。2008年4月，组建黄金海岸保护建设管理区工委、管委；同年，省委、省政府将北戴河新区开发建设列入全省发展战略。2009年6月，根据省政府主要领导讲话精神，将黄金海岸管理区更名为北戴河新区。2011年1月，实体组建秦皇岛北戴河新区，升格为副厅级，并着手理顺新区管理体制，开始接收工作，设立行政机构并开展工作，北戴河新区规划设计、基础设施和项目建设进入全面提速阶段。

北戴河新区的谋划启动和规划建设，凝聚了上上下下、方方面面的关心关注、心血汁水和集体智慧。

2011年4月，秦皇岛北戴河新区经河北省人民政府批准成立，成为全国首个国家级生命健康产业创新示范区。同年4月成立工委、管委，为秦皇岛市委、市政府派出机构。新区北临戴河、南接滦河、西起京哈铁路和沿海高速、东至渤海海域，总面积425.8平方公里，拥有82公里海岸线、12条河流。22万亩森林湿地，12条入海河流，8平方公里的华北最大潟湖七里海，是“中国最美八大海岸”之一，是京津冀协同发展中疏解非首都核心功能的重要滨海空间。

北戴河新区此后进入了发展的快车道。2012年9月，省部共建绿色节能建筑示范区获批；2013年1月，获批首批国家智慧城市建设试点；2014年1月，国家级新能源示范产业园区获批；2014年6月，新能源公交车603路正式开通，结束了北戴河新区不通公共交通的历史……

2016年9月28日，国务院批复同意设立我国第一个国家级生命健康产业创新示范区——北戴河生命健康产业创新示范区。《北戴河生命健康产业创新示范区发展总体规划》获国家发改委等 13 个部委批复同意。

天生丽质难自弃，养生福地古而今。经过长达十年的努力，从秦皇求仙的海宇仙乡，到国家级的生命健康产业创新示范区，一座生命健康之城正在这里加速崛起。

北戴河生命健康产业创新示范区以北戴河新区、北戴河区、北戴河国际机场空港区为主要区域，规划面积 520 平方公里。新区坚持世界眼光、国际标准、中国特色、高点定位，以生命健康服务业、生命健康制造业和绿色健康农业为主攻方向，示范区构筑“一核五区”功能空间布局。“一核”即示范区核心区，由综合医疗、孵化创新、健身休闲、国医养生、抗衰美容、康养生活、国际会议 7 大功能板块组成；“五区”则包括休疗度假区、综合配套区、空港贸易区、绿色农业区和生态涵养区。

这里气候宜人，康养指标优越，年平均气温 10.3 摄氏度，空气质量常年达国家优良标准，空气负氧离子含量是一般城市的 40 倍以上；碧海、金沙、槐林、湖泊、湿地、水系、温泉，交织铺陈；森林覆盖率、建成区绿化覆盖率分别在 40% 和 60% 以上，被誉为“天然氧吧”……

除自然禀赋优异外，这里的区位优势同样明显：位于京津一小时经济圈，距北京 260 公里、天津 230 公里，拥有京秦铁路、大秦铁路等国铁干线。京沈高速、京哈高速、沿海高速等高速公路在此交会，北戴河国际机场相距不远，秦皇岛港眺望可见，陆、海、空三路通畅。

示范区首先着力于打基础，基础设施不断跃升。区域内四纵十横、180 公里的交通路网全面贯通；水电气讯等各类管网基本完成整合并纳入地下综合管廊；北戴河游客服务中心、阿尔卡迪亚国际会议中心等一批高端服务配套对外开放；圣蓝海洋公园、仙螺岛、渔岛温泉、沙雕大世界、心乐园等景区全面蝶变提升；阿那亚、地中海、安澜、阿尔卡迪亚、菲舍尔、万豪、渔田小镇、好莱坞魔法城等康养 + 旅游产业项目陆续建成；帆船帆板、恒博华贸网球、国际马术等高端体育运动项目，让示范区国际健康旅游目的地的品牌高声叫响，为示范区快速崛起注入无限活力。

示范区还具有政策配套、先行先试等方面的优势。这片绿色发展生态高地拥有旅游综合改革示范区、绿色节能建筑示范区、新能源示范产业园区、现代服务业综合改革示范区、智慧城市示范区、公共文化服务体系建设示范区等多张国字号名片。“一事一议、先行先试”，国家、河北省、秦皇岛市支持这里的生命健康产业发展，已形成一整套完善的政策支持体系。

围绕国家发改委、卫健委《建设国家区域医疗中心发展战略》，示范区把肿瘤和心血管病作为主攻方向，全力打造高端医疗平台，持续引进国内外领军医疗机构，许多项目纷纷落地；为坚持高质量发展，示范区健全完善了专家咨询委员会工作机制，首批聘请包括吴祖泽等9名中国科学院、中国工程院院士在内的15位医学生命科学领域著名专家担任专家咨询委员会委员，对入区项目进行安全性、有效性、技术先进性评估。同时建立河北省首家海外院士工作站、诺奖工作站，引入诺贝尔生理学或医学奖获得者爱德华·莫索尔、美国加州大学圣地亚哥分校人类基因组医学研究所所长张康等团队，进行精准医学、游离DNA等领域的科技研发。

待到风起时，扬帆济沧海，示范区已经连续成功举办了中国康复辅助器具产业创新大会、中国康养产业发展论坛、生命科学峰会等高端会议。

2021年6月10日，全国大健康产业园共同体成立大会暨签约仪式在北京隆重举行。北戴河生命健康产业创新示范区、海南博鳌乐城国际旅游先行区等12家园区共同发起组建全国大健康产业园区共同体，签订《全国大健康产业园共同体首期战略合作框架协议》，并联合发布“共同体宣言”作为共同体纲领性行动指南。全国大健康产业园共同体的成立，标志着探索具有中国特色的大健康产业园区发展新模式进入一个新阶段。

5年来，北戴河生命健康产业创新示范区已实施重点项目建设624个、总投资3548亿元。北戴河国家生命健康产业创新示范区利用生态、区位、文化底蕴等优势，通过政策创新、科技创新、产业创新、环境创新等综合创新，正在全力构筑“医、药、养、健、游”五位一体的生命健康产业格局，打造“一流国际康养旅游度假目的地”。

京东山海、康养乐土，“要想身体好，就来秦皇岛”，相信这句话将会为越来越多的人所认同。

99

国家长城公园：挖掘资源　传承开发

2017年5月7日，中共中央办公厅、国务院办公厅印发的《国家“十三五”时期文化发展改革规划纲要》提出：依托长城、大运河、黄陵、孔府、卢沟桥等重大历史文化遗产，规划建设国家文化公园，形成中华文化重要标识。2019年7月24日，习近平总书记主持召开中央深改委第九次会议，审议通过《长城、大运河、长征国家文化公园建设方案》。按照国家方案与《长城国家文化公园（河北段）建设保护规划》，为加快推进秦皇岛段长城国家文化公园建设，秦皇岛市在全省率先完成了《长城国家文化公园秦皇岛段建设保护实施规划》，阐明长城国家文化公园（秦皇岛段）建设保护的总体要求、目标定位和主要内容，并从多个方面对长城文化公园建设进行探索。

秦皇岛境内的长城是我国明长城最精华的地段之一，东起山海关老龙头入海石城，西至青龙满族自治县城子岭口，全长223.1公里，有单体建筑905座，关堡62座，其中，敌台565座，马面224座，烽火台107座。此外，秦皇岛市现已发现北朝长城21.1公里。

为全面做好长城保护工作，秦皇岛市近年来确立了“文化铸市”战略，出台了长城保护的相关政策，设立了对长城保护的地方性法规，谋划了山海关长城、抚宁界岭口关

秦皇岛长城

城、海港区板厂峪长城及长城窑址群大遗址、卢龙桃林口关城等保护项目，通过制定保护法规、强化保护管理、编制保护规划方案、实施保护工程、加强社会宣传等方式，积极做好各项长城保护工作。

其中，长城保护员制度是秦皇岛市为了保护长城而做出的一项有创造性的工作。2003 年，明长城资源丰富的抚宁在全市率先建立“长城保护员”机制，将境内的长城分成 18 段，由 18 位当地农民分段巡护，当时抚宁县驻操营镇城子峪村村民张鹤珊成为长城保护员之一，每年能得到 1000 多元的劳务费。这一事迹后来被广泛宣传，长城保护员从此成为长城沿线农民心中的一个光荣的职业。这个办法有效保护了古旧长城，秦皇岛市各长城沿线县区也陆续建立长城保护员制度。

截至目前，秦皇岛市现有长城保护员 258 名，全年对境内的长城进行巡查巡视，基本覆盖市内各重点长城段落。同时，秦皇岛市所辖各县、区成立了长城保护领导小组，对境内的长城保护管理工作进行统一领导，整体规划，建立完备的市、县、乡、村四级长城保护网，基本覆盖了境内各重点长城段落。

秦皇岛首创的长城保护员制度也引起了国家的重视，2006 年，长城保护员制度被写入了国务院颁布的《长城保护条例》。

“法制化”是秦皇岛保护长城的又一优势。秦皇岛在全国率先建立长城保护员制度的同时，2018 年 9 月 1 日，在全省率先推出首部地方性长城保护法规《秦皇岛市长城保护条例》。条例明确和延展了长城保护范畴，将长城窑址及附属建筑等相关历史遗存明确纳入长城保护范畴；明确了长城段落、长城保护范围和长城建设控制地带等概念；明确了禁止和限制在长城及其保护范围内从事的行为；条例完善了长城保护员管理机制；同时加强了长城文物管理，对已经散落在民间的长城建筑构件的回收问题作出了具体规定。

在修建长城的工作中，修旧如旧是长城保护的方向。20 世纪 80 年代以来，秦皇岛市以山海关长城为代表的长城维修项目开始进行，老龙头、角山长城、山海关关城等段长城得到了保护性修复。1992 年，秦皇岛市启动了修复九门口长城子母台的修缮工程，对子母台的墙体、券门、旋梯等因建筑年代久远和人为损坏等原因而造成的损毁部分进行了维修加固。

对长城的修缮，秦皇岛市相关部门从维护长城的真实性和完整性出发，本着局部修复、整体加固，力争最低程度扰动文物本体，最大限度地保持长城本体的原状，保留历史文化信息，按照“修旧如旧”的原则，加大对部分段落长城遗址的拯救性修缮。

在修建长城中，涌现出不少感人的事迹。31 年前，老一辈党和国家领导人邓小平、习仲勋题词“爱我中华、修我长城”，在全国掀起一股为保护长城、修复长城奉献爱心、捐助善款的热潮。当时，山海关区收到了来自全国24个省市、地区乃至世界上许多国家的捐款。其中以上海市民捐款人数最多，达86万人。为保护长城，感恩当年的捐款人，秦皇岛相继开展了“长城情·中国梦”——纪念“爱我中华、修我长城”题词30周年秦皇岛人感恩系列活动。秦皇岛人怀着感恩的心，走进上海等五城市，寻找、感谢当年捐款人；同时，在山海关举办设立“中国长城保护日”倡议大会及中国长城文化保护园区研讨会，在上海举办“感恩上海，携手长城”联谊会，组织秦皇岛“爱我中华、修我长城”爱心捐款等活动，为长城这一人类最伟大的奇迹得到有效传承贡献力量。

制定长城规划成为长城保护与开发的基础。近年来，秦皇岛市文物局组织编制了山海关长城，海港区板厂峪、九门口，抚宁界岭口，卢龙桃林口、刘家口，青龙花厂峪等段长城保护规划方案10项，用规划引领长城保护工作。“十二五”期间，秦皇岛长城保护项目被列入省“十二五”文物保护项目库。山海关长城、海港区板厂峪长城、抚宁界岭口关城、卢龙桃林口长城、青龙花厂峪长城等长城保护维修项目先后在国家文物局立项。陆续实施了山海关关城及东罗城城墙保护维修工程、山海关关城及东罗城护城河展示工程、山海关关城南墙靖边楼、山海关镇东楼及瓮城抢险加固工程、海港区板厂峪长城一期维修工程等。

挖掘资源，传承与开发优秀长城文化遗产。作为秦皇岛市唯一的世界文化遗产，由于长城分布范围广，又是拉动周边经济可持续发展的重要动力，近年来围绕长城旅游开发，秦皇岛创造了无数亮点，既有老龙头、“天下第一关”深蕴历史内涵的景区；也有三道关“倒挂长城”、九门口“一片石关”、董家口长城、板厂峪长城这样雄伟奇险的古建筑，还有与北京八达岭长城博物馆、嘉峪关长城博物馆并称为我国三大长城主题博物馆的山海关长城博物馆……古长城文化体验、山水田园观光已经成为秦皇岛长城旅游的特色。

2019年，秦皇岛市开展“走近秦皇岛长城”活动，全面踏察秦皇岛境内长城。活动将秦皇岛境内长城分为15段，每段成立一个踏察调研组，在市领导带队下，翻山越岭，拍摄照片，记录数据，掌握现状，解决问题。几个月来，踏察调研组共调研长城沿线村落75个，普查登记长城沿线文化遗存35处、长城文物850件（套），填写调查表967份，评估长城保护风险点25处，走访长城保护员75名，收集长城沿线民间故事33篇，征集文学作品45篇，拍摄长城风光照片235幅，对长城两侧影响长城景观风貌的建筑物提出了整改意见38条。

正是在这样的基础上，作为长城国家文化公园建设先行区的河北省委、省政府明确秦皇岛作为首批建设长城文化公园率先完成规划方案的地段，并在秦皇岛多次召开长城公园建设的座谈会、推进会，国家文旅部也在秦皇岛召开全国文化公园建设的工作会议。国家和省明确赋予了秦皇岛在全国长城文化公园建设中的先行与示范地位。

2019年4月，秦皇岛市委、市政府印发《关于建设一流国际旅游城市的意见》。在指导思想中提出瞄准一流国际旅游城市的战略目标。重点任务要求是：打造世界级文化古城，叫响“天下第一”品牌，包括打造天下第一关城，大力弘扬长城文化，打造长城文化公园等。秦皇岛早已将长城文化公园作为秦皇岛旅游走向世界的首要品牌来打造，其建设无疑在国家战略层面、国际文化旅游市场影响力层面给秦皇岛建设国际旅游城市提供强大的引擎和世界性品牌。

100 双拥模范城：双拥共建　富民强市

秦皇岛居东北华北之咽喉，为京津之屏障，是一片红色的土壤，自中国共产党创立以来，党政军民之间，就一直在共同努力、密切配合，融合发展，鱼水情深，可谓双拥底蕴深厚。从1994年以来，秦皇岛曾连续七次荣获全国双拥模范城荣誉称号。

秦皇岛是名副其实的“地域小市、驻军大市”，域内驻有多支建制团以上部队，囊括海陆空等多军兵种。多年来，秦皇岛市委、市政府始终坚持将双拥工作作为重要政治工作，摆在党委、政府工作的重要位置，以军地改革为契机，及时调整全市双拥工作组织构架，成立双拥工作领导小组，形成了“四级书记”抓双拥，职能部门抓落实的工作格局，构建了党政军“一把手”负总责、主管领导具体抓、各部门齐抓共管、全社会共同参与的双拥工作机制，为推动全市双拥工作深入开展夯实了坚定基础。

军地合作开展精准扶贫

在此基础上，秦皇岛市把双拥理论学习和国防宣传教育纳入党政干部的培训内容和全市宣传工作体系一并推进，军队住房、水、电、气、暖纳入社会化一体保障，国防道路建设纳入全市交通网络总体规划统筹部署一同实施，在全省率先建成了市退役军人服务中心，军转安置、子女入学、家属随军优先保障。

2016年以来，秦皇岛市全面贯彻落实习近平新时代中国特色社会主义思想和党的强军思想，站位国家安全和发展战略全局，把双拥工作摆在增强“四个意识”、坚定“四个自信”、做到“两个维护”的高度，推动双拥工作向纵深发展，让民拥军，军爱民。港城处处涌动着“拥军优属，拥政爱民”的双拥热潮，续写着军民鱼水新篇章。

“用心、用情、用力做好优抚安置工作，不折不扣全面落实惠军政策”是秦皇岛市一以贯之的做法。

多年来，秦皇岛市始终带着强烈的责任和使命担当，构建综合服务保障体系，扎实做好退役军人接收安置和就业创业帮扶工作。凡符合条件的军转干部、随调家属、军队离退休干部、士官等均得到妥善安置。秦皇岛市还专门筹建了退役军人创业孵化基地，入驻企业68家，参与创业的退役军人近百人，带动就业500余人；在全省率先启动设立退役军人劳动关系协调员工作，为切实做好退役军人就业创业帮扶工作奠定基础；出台《秦皇岛市军人随军家属就业安置实施办法》《秦皇岛市军人子女教育优待办法》，让军人家属安心工作、子女方便学习。

此外，秦皇岛市还积极组织民营科技企业到部队开展现场科技咨询，加强“军企”间技术交流合作，星箭玻璃、康泰医药等一批企业融入航天工程、军事医学、军工产品等领域，并发挥了突出作用；建设图书流动站，为官兵提供学习交流提升知识的平台；组织到驻秦部队开展心理、金融、保险咨询，义务巡诊，为官兵理发、包饺子等拥军活动；组织“嫁给最可爱的人”专场军地鹊桥会，解决驻秦大龄官兵婚恋难的问题……每一个举动、每一项政策，都彰显党委政府和全市人民对驻地官兵的浓浓深情。

各市级主要媒体开设了“优秀退役军人风采”“军民一家亲、共话鱼水情”等专题专栏，持续开展“最美军嫂”“最美退役军人”“最美双拥人物”等评选活动；各街道社区开设双拥宣传栏、张贴双拥标语；文艺工作者创作推广双拥文化作品，举办各类拥军慰问演出……双拥宣传形成了全方位、立体化、全覆盖格局。秦皇岛市委被中宣部、教育部、原总政治部和国家国教办联合授予“全民国防教育先进单位”荣誉称号。

人民对子弟兵献上一份真情，子弟兵也把驻地作为第二故乡，视群众为亲人。无论是在地方建设、脱贫攻坚、争创全国文明城市、国家森林城市和国家卫生城市等重大活动中，还是在抗疫、抗洪、抗灾等急难险重的“特殊战场”上，都活跃着广大驻秦官兵那抹“橄榄绿”。

面对2020年年初突如其来的新冠肺炎疫情，军地双方发挥双拥优势，合力打响了疫情防控的人民战争、总体战、阻击战。全市1.3万名退役军人成立259支志愿者服务队奋战在抗疫第一线，参与防疫消杀、排查宣传、社区服务、人员劝返等工作。秦皇岛军分区牵头驻秦部队建立联防联控机制，与市防控领导小组建立联动机制，配合海警、公安、卫健等部门协同作战。

军地协同抗“疫”，只是军爱民的一个缩影。

广大驻秦部队和官兵，主动作为，积极参与到地方经济与社会发展的大潮之中。在争创全国文明城市、国家森林城市和国家卫生城市期间，驻秦部队广泛开展“美丽家园”“我为港城添美丽”等多种形式的志愿服务活动，近3000名官兵和民兵预备役人员走上街头义务清理环境卫生，义务植树近4万棵，绿化荒山500多亩。

为贫困村修路、建造修缮桥梁、打井，援建村“两委”办公室、卫生室、图书室、文化活动中心，帮助中小学改善办学条件……在决胜脱贫攻坚的战场上，广大驻秦部队以青龙满族自治县为“主战场”，怀着对老区人民的深厚感情，全身心投入定点帮扶工作，围绕群众急需热盼的重点发力，在基础帮建、产业帮扶、助学兴教等方面真情帮扶，为青龙满族自治县儿女步入小康社会助力加油。

守一方热土、保一方平安。驻秦部队与地方政府及公安、应急管理等部门先后修订各类预案140多套，全市近9000名基干民兵常态备勤。广大官兵积极主动参与到抗击洪涝灾害、山体滑坡救援、扑救山火、旅游旺季等重要时期维稳和安保等急难险重任务之中，为维护全市人民群众的生命和财产安全奉献激情与热血。

驻秦部队还支持国防教育普及，派出官兵帮助大中小学组织军训，开放训练场地、部队营区、军史场馆，开展“军事日”“军营开放日”等宣教活动，在广大群众中营造出关心国防、热爱国防、建设国防的社会氛围。

“坚如磐石的军政军民关系是我们战胜一切艰难险阻、不断从胜利走向胜利的重要法宝。”秦皇岛市广大官兵和群众牢记习近平总书记的嘱托，继承和发扬双拥工作的优良传统，迎难而上，主动作为，融合发展，共同为建设“现代化国际化沿海强市、美丽港城”谱写着辉煌绚丽的新篇章。

本书参考资料

☆《秦皇岛英烈》

☆《秦皇岛红色记忆》

☆《长城风云》

☆《老岭风云》

☆《昌黎革命英烈》

☆《秦皇岛抗日斗争小故事》

☆《碣石儿女 》

☆《抚宁英烈》

☆《抚宁抗战》

☆《洋河怒潮》

☆《长城风暴》

☆《曾克林将军自述》

☆《滦东抗日根据地》

☆《抚宁抗战史料》

☆《十四个沿海开放城市纪实·秦皇岛卷》

☆《人民日报》、《秦皇岛日报》、《秦皇岛晚报》、长城网等媒体刊发文章